LONDRES

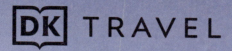

LONDRES

CONTENIDOS

DESCUBRE 6

Bienvenido a Londres 8	Itinerarios 26
Por qué visitar Londres 10	Londres a tu aire 32
Londres en el mapa 14	Un año en Londres 58
Conociendo Londres 16	Un poco de historia 60

EXPLORA 66

Whitehall y Westminster 68	Southwark y Bankside 204
Mayfair y St James's 86	South Bank 218
Soho y Trafalgar Square 104	Chelsea y Battersea 232
Covent Garden y el Strand 122	South Kensington y Knightsbridge 242
Holborn y los Inns of Court 136	Kensington, Holland Park y Notting Hill 260
Bloomsbury y Fitzrovia 150	Regent's Park y Marylebone 272
King's Cross, Camden e Islington 164	Hampstead y Highgate 286
La City 172	Greenwich y Canary Wharf 298
Shoreditch y Spitalfields 194	Fuera del centro 310

GUÍA ESENCIAL 332

Antes de partir 334	Índice 342
Llegada y desplazamientos 336	Agradecimientos 350
Información práctica 340	

Izquierda: el rascacielos Shard, en Southwark
Páginas anteriores: Piccadilly Circus y las fachadas en curva de Regent Street
Cubierta: Vista nocturna del centro de Londres

DESCUBRE

Vista aérea de Londres

Bienvenido a Londres 8

Por qué visitar Londres 10

Londres en el mapa 14

Conociendo Londres 16

Itinerarios 26

Londres a tu aire 32

Un año en Londres 58

Un poco de historia 60

BIENVENIDO A LONDRES

A pesar de su pompa y ceremonia, Londres siempre ha sido una capital cosmopolita. La variopinta ciudad lo tiene todo: arte excepcional y música innovadora, palacios reales, pubs históricos, parques pintorescos y rascacielos futuristas. Sea cual sea el viaje soñado, la Guía Visual de Londres es la mejor inspiración.

1 Relajándose en Hampstead Heath.

2 *Pub* típico de Londres.

3 Visitantes en la National Gallery.

4 Royal Festival Hall, en South Bank.

Es fácil seguir los pasos de los reyes y reinas en Londres, impregnada de historia, desde la imponente Torre de Londres al elegante palacio de Buckingham. La capital del Reino Unido es un coloso cultural lleno de museos, desde la National Gallery, con sus obras maestras renacentistas, hasta la Tate Modern, con su arte de vanguardia. También cuenta con una magnífica escena musical y teatral, con abundancia de salas de conciertos y más de 40 teatros solo en el West End. En este paraíso para *gourmets* hay puestos callejeros con comida de todo el mundo y una tentadora selección de restaurantes con estrellas Michelin. Maravillosos espacios verdes salpican el centro, incluidos ocho jardines reales, y parques tan bucólicos como el Hampstead Heath no quedan lejos. Pero hay mucho que explorar más allá del centro. Lugares como Brixton o Richmond muestran las diferentes cualidades de los municipios de la periferia. También se puede huir de las multitudes en los Kew Gardens o el Queen Elizabeth Olympic Park y pasear por sus senderos bordeados de flores.

Con tal variedad de lugares por descubrir, Londres es difícil de abarcar. Por eso se ha dividido la ciudad en zonas fáciles de recorrer, con itinerarios detallados, información contrastada y planos exhaustivos para que la visita sea perfecta. Tanto si la estancia va a durar un fin de semana como una semana o más tiempo, esta Guía Visual está diseñada para que el viajero vea lo mejor de la ciudad. Solo queda disfrutar de la guía y disfrutar de Londres.

POR QUÉ VISITAR LONDRES

En esta animada metrópoli cabe un mundo. Cada rincón tiene una historia que contar y cada londinense tiene sus propios motivos para amar la ciudad. He aquí algunas buenas razones para visitarla.

1 MUSEOS EXTRAORDINARIOS

En los incomparables museos londinenses es posible recorrer la historia del arte o toparse con un tremendo dinosaurio; además, todo ello sin pagar un penique.

2 UN PASEO A ORILLAS DEL TÁMESIS

Con 128 km de senderos ribereños entre Hampton Court, en el oeste, y las marismas del este de la ciudad, no hay mejor manera de ver los lugares de interés *(p. 40)*.

3 MERCADOS

Londres posee numerosos mercados donde se puede curiosear, regatear y comprar de todo, desde los sabrosos manjares de Borough *(p. 213)* a las flores multicolor de Columbia Road *(p. 202)*.

POMPA Y CEREMONIA 4

La State Opening of Parliament, el Lord Mayor's Show y el increíble Trooping the Colour *(p. 34)* representan lo mejor de las tradiciones londinenses.

ARQUITECTURA INSÓLITA 5

Hay sorpresas arquitectónicas por toda la ciudad: asombrosos rascacielos, centros de artes brutalistas e incluso un majestuoso templo hindú *(p. 322)*.

FESTIVALES 6

Londres ofrece multitud de atractivos festivales *(p. 58)* a lo largo del año, entre los que destaca el exuberante carnaval de Notting Hill *(p. 268)*.

SOUTH BANK 7
Situado junto a un meandro del Támesis, el barrio de South Bank *(p. 224)* está lleno de teatros, cines y salas de música para todos los públicos y animados bares de copas.

PARQUES Y JARDINES 8
En un hervidero de tráfico y ruido sorprende hallar tantos espacios verdes. De hecho, Londres es oficialmente la primera Ciudad-Parque Nacional del mundo *(p. 36)*.

9 CAPITAL DEL TEATRO
De Shakespeare a Pinter, Londres siempre ha gozado de una gran tradición teatral, especialmente en el West End *(p. 133)*, aunque hay salas soberbias por toda la ciudad.

10 GASTRONOMÍA GLOBAL

Gracias a su población multicultural, Londres alberga una envidiable diversidad de restaurantes para tentar a cualquier *gourmet*.

HOUSES OF PARLIAMENT 11

El palacio gótico de Westminster *(p. 76)* es el frenético centro del poder político y un emblema de la ciudad. Su sombrío interior ha sido testigo de una historia turbulenta y fascinante.

LA CIUDAD DE LOS *PUBS* 12

El *pub (p. 43)*, una perdurable institución británica, es el corazón de la vida londinense. Y la variedad es asombrosa: desde tascas tradicionales hasta bares *hipsters* con cervezas artesanales.

LONDRES
EN EL MAPA

Esta guía divide Londres en 17 zonas, cada una diferenciada con un color, como puede verse en el mapa. En las páginas siguientes se amplía la información de cada zona. Para más información sobre las visitas a las afueras de la ciudad ver la *p. 310*.

REGENT'S PARK Y MARYLEBONE
p. 272

KENSINGTON, HOLLAND PARK Y NOTTING HILL
p. 260

MAYFAIR Y ST JAMES'S
p. 86

SOUTH KENSINGTON Y KNIGHTSBRIDGE
p. 242

CHELSEA Y BATTERSEA
p. 232

REINO UNIDO

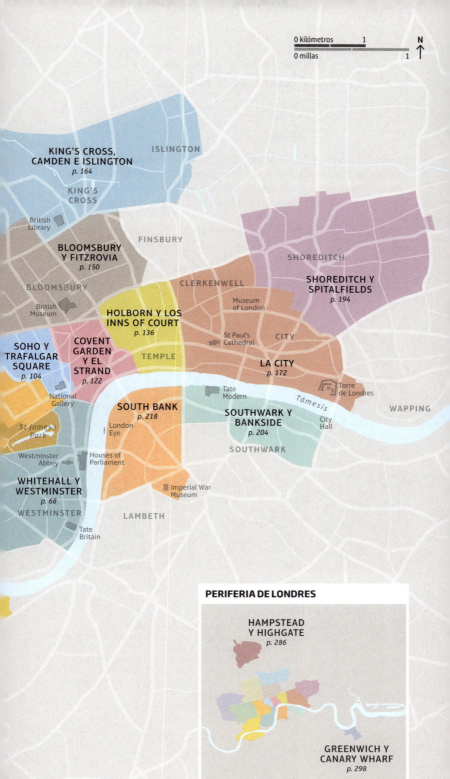

CONOCIENDO LONDRES

La vibrante capital del Reino Unido es conocida por sus lugares emblemáticos, su arquitectura regia y sus fascinantes calles y barrios. Como es habitual, los principales monumentos están en el centro. Sin embargo, hay lugares de interés repartidos por toda la ciudad.

WHITEHALL Y WESTMINSTER

Sede del poder desde hace un milenio, Westminster alberga dos de los edificios más imponentes de Londres: el palacio y la abadía de Westminster. La zona está abarrotada de una curiosa mezcla de funcionarios y turistas; muchos de ellos recorren Whitehall, la gran avenida que conecta Parliament Square con Trafalgar Square. Aquí apenas se ven londinenses de a pie y los clientes de los *pubs* tradicionales de la zona son, en su mayoría, empleados del Gobierno.

Lo mejor
Monumentos emblemáticos de Londres

Qué ver
Westminster Abbey, Houses of Parliament, Tate Britain

Experiencias
Visita a las tumbas de la realeza en la abadía de Westminster

MAYFAIR Y ST JAMES'S

PÁGINA 86

Hogar de algunas de las personas más acaudaladas de Londres (Mayfair es sinónimo de dinero), ninguno de estos elitistas barrios son exclusivamente para ricos. Por el contrario, albergan restaurantes buenos y asequibles, *pubs* acogedores y jardines encantadores. Al sur de la elegante aunque congestionada Piccadilly, las calles de St James's suelen ser tranquilas, algo insólito en el corazón de Londres. A pesar de que abundan los edificios históricos, aquí se viene a comprar ropa de marca y a mezclarse con la gente pudiente.

Lo mejor
Ropa de diseño y trajes hechos a medida

Qué ver
Buckingham Palace, Royal Academy of Arts

Experiencias
De compras por Bond Street, en Mayfair

SOHO Y TRAFALGAR SQUARE

PÁGINA 104

Punto de partida para ver lo más interesante de la ciudad, Trafalgar Square puede alardear de ser el epicentro turístico de Londres. Cerca se hallan la parte más animada del West End, Leicester Square y sus tiendas turísticas, Chinatown y sus farolillos, y el informal y nada convencional Soho, núcleo principal de la escena LGTBIQ+ de Londres. Sus calles repletas de excelentes restaurantes, bares y teatros hacen de este barrio un lugar perfecto para salir de noche.

Lo mejor
Comer fuera y disfrutar del ambiente

Qué ver
National Gallery, National Portrait Gallery, Chinatown

Experiencias
Una obra de teatro en el West End

PÁGINA 122

COVENT GARDEN Y EL STRAND

El peculiar Covent Garden siempre está animado, y tanto londinenses como turistas acuden a esta densa amalgama de mercados, comercios pequeños y restaurantes. Suele reinar un ambiente animado y familiar cuando los turistas se reúnen en la Piazza para observar a los artistas callejeros que esperan los aplausos. Por su límite sur discurre el Strand, una ajetreada avenida con la Courtauld Gallery, restaurantes y vistas al río, donde se halla la grandiosa Somerset House, con su extenso y elegante patio, a menudo escenario de eventos especiales.

Lo mejor
La animación de la Piazza

Qué ver
Covent Garden Piazza y Market, Somerset House

Experiencias
Los edificios de Neal's Yard, con sus vivos colores

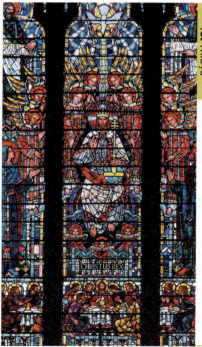

PÁGINA 136

HOLBORN Y LOS INNS OF COURT

Esta es una de las zonas más tranquilas del centro de Londres, sede tradicional de abogados y juristas. La relativa ausencia de tiendas y restaurantes hace que haya casi tantos abogados como visitantes. Inns of Court es un remanso de paz, un laberinto de callejuelas y jardines rodeados de bufetes de abogados. Si a ello se suman unos excelentes museos y la bonita plaza de Lincoln's Inn Fields, se convierte en el lugar ideal para huir del bullicio y las multitudes.

Lo mejor
Tranquilos rincones ocultos en el corazón de Londres

Qué ver
Inns of Court, Sir John Soane's Museum

Experiencias
Un pícnic en un jardín de los Inns of Court

PÁGINA 150

BLOOMSBURY Y FITZROVIA

Sin ser exactamente vanguardistas, estos barrios elegantes tienen un grato aire bohemio y relajado. Algunas zonas de Fitzrovia poseen una divertida mezcla de restaurantes semejante a la del Soho, pero en un entorno más tranquilo. Bloomsbury es en parte un barrio estudiantil y alberga varias instituciones universitarias, pequeñas librerías y amplias plazas ajardinadas, aunque el destino más famoso es, sin duda, el British Museum. Pero en toda la zona reina un apacible ambiente intelectual.

Lo mejor
Ambiente relajado y culto, e importante tradición literaria

Qué ver
British Museum

Experiencias
Contemplar algunas de los mayores tesoros del mundo en el British Museum

PÁGINA 164

KING'S CROSS, CAMDEN E ISLINGTON

King's Cross, un deprimido paraje industrial reconvertido ingeniosamente en un conjunto de centros culinarios, comerciales y artísticos, ha experimentado una asombrosa transformación en los últimos años. Las obras no están acabadas y aún le falta prestigio, al contrario que al vecino Camden, próspero de día y de noche gracias a su mercado alternativo y sus locales musicales. El último ingrediente a la mezcla lo pone el adinerado barrio de Islington, más burgués y lleno de *gastropubs*.

Lo mejor
Pasear por los canales y salir de compras y a comer

Qué ver
Camden Market, St Pancras Station, British Library

Experiencias
Moda y comida alternativa en el Camden Market

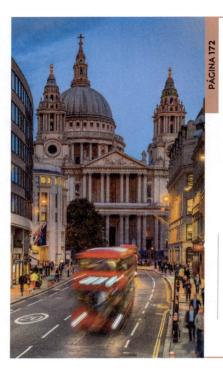

PÁGINA 172

LA CITY

Los altos rascacielos de la City se ciernen sobre el tradicional distrito financiero de Londres, animado los días laborables, cuando los ejecutivos trajeados se apresuran a la hora del almuerzo, pero desierto los fines de semana. También es el centro histórico de la ciudad, con restos de la ocupación romana. Los lugares de interés están dispersos en un área bastante amplia, pero son muy numerosos e incluyen la mayor concentración de iglesias medievales y posmedievales del país. La más famosa de ellas es la catedral de San Pablo.

Lo mejor
Acercarse a la asombrosa historia de Londres

Qué ver
St Paul's Cathedral, Torre de Londres, Barbican Centre

Experiencias
Visitar la centenaria Torre de Londres, con su pasado violento y glorioso

PÁGINA 194

SHOREDITCH Y SPITALFIELDS

Estos barrios atrajeron no hace mucho tiempo una población que era vanguardista y hoy es ya simplemente moderna. A pesar de su evidente aburguesamiento, el lugar conserva una seductora energía, en especial en el animado Shoreditch. Pero no todo es territorio *hipster:* Brick Lane alberga una gran comunidad bangladesí y los mercados de Spitalfields y Columbia Road conservan tradiciones anteriores a la última remodelación de la zona.

Lo mejor
Comer en los puestos callejeros y observar a la gente

Qué ver
Columbia Road Flower Market, Brick Lane

Experiencias
Algunos de los mercados más animados y eclécticos de Londres

PÁGINA 204

SOUTHWARK Y BANKSIDE

En la orilla opuesta de la City, en el *borough* de Southwark, Bankside alberga algunos de los lugares más interesantes del Támesis. La Tate Modern, el Shakespeare's Globe, los restaurantes y *pubs* ribereños y el Borough Market aseguran que el ajetreo sea constante a lo largo de este tramo del Thames Path. Al este del Puente de Londres (London Bridge) hay infinidad de lugares maravillosos para comer y beber, algunos en las alturas del mayor rascacielos de Europa occidental, el Shard.

Lo mejor
Pasear por la ciudad y disfrutar de las vistas junto al río

Qué ver
Tate Modern, Shakespeare's Globe

Experiencias
El arte llamativo y poco común de la Tate Modern

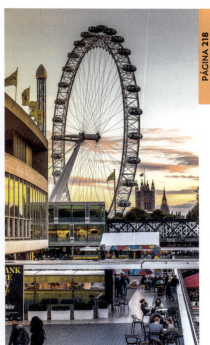

PÁGINA 218

SOUTH BANK

De noche es la parte más animada del río, pero son sus centros culturales y no sus discotecas los que atraen al público. Las salas de conciertos y la galería de arte del Southbank Centre, el National Theatre y el BFI Southbank forman un llamativo conjunto arquitectónico. Algunos huecos se han llenado con restaurantes mediocres, pero los puestos de libros, el *skate park* y el mercado de alimentos le dan una dimensión más vecinal. Las vistas desde el paseo ribereño –y desde lo alto del London Eye– hacen del concurrido South Bank uno de los barrios imprescindibles de Londres.

Lo mejor
Tomar una copa por la noche

Qué ver
Southbank Centre, Imperial War Museum, London Eye

Experiencias
Un paseo por el Thames Path

→

21

DESCUBRE Conociendo Londres

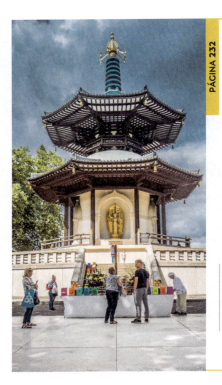

PÁGINA 232

CHELSEA Y BATTERSEA

El opulento Chelsea y Battersea están separados por el Támesis. Coches de lujo y ostentosos todoterrenos, a los que se suele llamar con sorna *tractores de Chelsea,* recorren la principal vía comercial, King's Road, donde las *boutiques* exclusivas se alternan con tiendas de lujo. Por lo demás, la zona es esencialmente residencial, aunque hay algunos *pubs* que merecen la pena, museos interesantes y jardines. Al otro lado del río, la renacida Battersea Power Station ocupa el centro de uno de los complejos más ambiciosos de Londres, con el descanso que ofrece su magnífico parque.

Lo mejor
Las tiendas de lujo y los jardines ribereños

Qué ver
Saatchi Gallery, Battersea Power Station

Experiencias
Ir de compras por King's Road

PÁGINA 242

SOUTH KENSINGTON Y KNIGHTSBRIDGE

El barrio de South Kensington concentra los tres mayores y mejores museos de Londres, dedicados a la historia natural, la ciencia y las artes decorativas. Para no desentonar con el espíritu de erudición que impregna la zona, sus anchas calles albergan varios colegios reales y sociedades importantes. En contraste, Knightsbridge, justo al lado, deja ver su riqueza en cada esquina y alberga uno de los grandes almacenes más emblemáticos de la ciudad, Harrods.

Lo mejor
Excelentes museos gratuitos

Qué ver
Victoria and Albert Museum, Natural History Museum, Science Museum

Experiencias
Los raros y maravillosos esqueletos y muestras del Natural History Museum

PÁGINA 260

KENSINGTON, HOLLAND PARK Y NOTTING HILL

Los barrios situados al norte de la opulenta Kensington High Street se extienden colina arriba, con sus lujosas residencias, algunos museos originales y el Holland Park. Este frondoso parque está muy bien diseñado y remarca su exclusiva ubicación con un caro restaurante y óperas al aire libre. Al norte está Notting Hill, más turístico que Kensington, en buena medida debido a su mercado de Portobello Road y famoso por su carnaval anual.

Lo mejor
Mercados, parques y bonitos barrios

Qué ver
Design Museum

Experiencias
Ir en busca de gangas a Portobello Road

PÁGINA 272

REGENT'S PARK Y MARYLEBONE

Con una de las calles más distinguidas de Londres, una oferta culinaria cada vez más amplia, espacios verdes y elegantes fachadas de ladrillo, Marylebone atrae a los más adinerados. El ambiente cambia perceptiblemente en la avenida que separa Marylebone y el Regent's Park, al norte, caracterizada por las largas colas del Madame Tussauds y un tráfico incesante. Todo ello se desvanece en el atractivo parque, con el gran encanto de sus bonitos jardines.

Lo mejor
Arquitectura georgiana y teatro al aire libre

Qué ver
London Zoo , Wallace Collection

Experiencias
Los espléndidos estantes de la maravillosa Daunt Books

→

23

PÁGINA 286

HAMPSTEAD Y HIGHGATE

Separados por las onduladas praderas y los bosques del Hampstead Heath y el evocador Highgate Cemetery –dos de los principales atractivos para el visitante–, Hampstead y Highgate conservan mucho de su singularidad y encanto rural, a pesar de la rápida expansión urbana. Las calles caóticas, sus *boutiques* y restaurantes de postín, que forman estos antiguos pueblos, son ideales para pasear por una parte de la ciudad cuyo ritmo de vida es mucho más lento.

Lo mejor
Conocer los villages y el verdor de Londres

Qué ver
Hampstead Heath, Highgate Cemetery

Experiencias
Un chapuzón en un frío estanque de Hampstead

PÁGINA 298

GREENWICH Y CANARY WHARF

Separados por el río pero unidos por un túnel peatonal que pasa por debajo de su lecho, Greenwich y Canary Wharf son muy diferentes entre sí. Construido en torno a los antiguos muelles en la década de 1980, el distrito empresarial de Canary Wharf carece de alma pero posee una historia oculta y varias rutas pedestres que lo hacen singular. En cambio, Greenwich rezuma historia por todos sus poros, con su conjunto de prominentes museos y edificios reales e históricos, su antiguo parque y su bello centro urbano.

Lo mejor
Conocer el Londres marítimo

Qué ver
National Maritime Museum, Cutty Sark, Greenwich Park, Royal Observatory

Experiencias
Ver el Meridiano de Greenwich en el Greenwich Park

FUERA DEL CENTRO

A pesar de su característica área central, la inmensa capital se extiende más allá de las riberas urbanas del Támesis. Vale la pena recorrer las afueras para conocer a los lugareños: familias urbanitas y profesionales jóvenes de diferentes naciones y culturas. La zona alberga lugares de gran interés –palacios reales, casas solariegas y exuberantes parques y jardines–, pero una excursión a las afueras de Londres brinda sobre todo una gran oportunidad de conocer a los habitantes de esta polifacética ciudad.

Lo mejor
Conocer la vida londinense fuera de las rutas habituales

Qué ver
Hampton Court, Kew Gardens, Queen Elizabeth Olympic Park, Warner Bros. Studio Tour: The Making of Harry Potter

Experiencias
Lugares, sonidos y olores del vigoroso Brixton

DESCUBRE Itinerarios

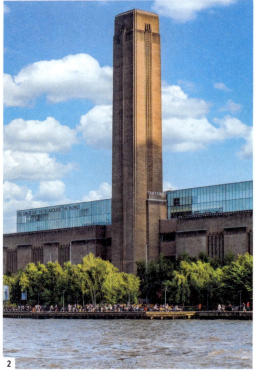

1 Vista del emblemático Tower Bridge.

2 Tate Modern, en una antigua central eléctrica.

3 St Paul's Cathedral.

4 London Eye.

Con tantas cosas que ver y hacer en Londres, es difícil decidir por dónde empezar. Aquí se sugieren algunos itinerarios para aprovechar la visita al máximo.

Mañana

Siguiendo el curso del río puedes ver muchos lugares sin ir muy lejos ni recurrir al transporte público. Desayuna en Butler's Wharf, cercano al Tower Bridge *(p. 188)* y lleno de restaurantes. Luego cruza el famoso puente que conduce a la Torre de Londres *(p. 180)* para sumergirte durante unas horas en mil años de historia y escándalos de la realeza. ¿Hora de comer? Siguiendo el río, el puente de Londres (London Bridge) cruza a la orilla meridional, donde puedes comprar comida en un puesto callejero o en el Borough Market *(p. 213)* y hacer un pícnic de *gourmet*.

Tarde

Merece la pena dar un paseo por las calles de Southwark, desde el *Golden Hinde*, Clink Street conduce al Shakespeare's Globe *(p. 210)* y a la Tate Modern *(p. 208)*. De camino, párate en el Millennium Bridge para disfrutar de las vistas de la St Paul's Cathedral *(p. 176)*, antes de llegar a la antigua estación eléctrica para admirar su arte moderno. Visita la última instalación de la Sala de Turbinas antes de subir hasta el Nivel 10 para tomar café y contemplar fabulosas vistas de la ciudad. Después continúa por el Thames Path, pegado a un meandro del río, hasta South Bank *(p. 218)*. Párate a mirar a los *skaters* o curiosear en los puestos de libros usados bajo el Waterloo Bridge antes de subirte en el London Eye, abierto al menos hasta las 18.00 la mayoría de los días. Conviene que reserves *(p. 228)*.

Noche

Se tarda media hora en volver a Southwark *(p. 216)* por el río. Puedes cenar en algunos de los numerosos restaurantes de la zona –entre ellos algunos magníficos en las calles en torno a Borough Market–. Termina el día con una pinta en el único *pub* con galería que queda en Londres: The George *(p. 213)*, del siglo XVII.

1 Barcos por el Regent's Canal.

2 Cenotaph.

3 Bicicletas de alquiler en el Hyde Park.

4 Artista callejero en Covent Garden.

2 DÍAS

Día 1

Mañana Disfruta de un genuino *English breakfast* en el marco *art déco* de St Pancras Brasserie, en la estación de St Pancras *(p. 169)*. Cerca está el renacido barrio de King's Cross *(p. 168)*, donde puedes pasear por la zona más nueva de la ciudad, tomar un café en algún local de Granary Square o Coal Drops Yard y relajarte en el Camley Street Natural Park. Sigue el sinuoso Regent's Canal hasta el Camden Market *(p. 170)*, perfecto para comprar algo original y comer en algún local informal.

Tarde Desde la estación de metro de Camden Town, toma la Northern Line hasta Embankment; desde aquí pasea solo 600 m por la orilla norte del río hasta las Houses of Parliament *(p. 76)*, una de las maravillas de Londres, y 300 m más a la Westminster Abbey *(p. 72)*, que impresiona por su arquitectura.

Noche Sube por Whitehall pasando por el número 10 de Downing Street *(p. 81)* y el Cenotaph *(p. 81)* hasta llegar a Trafalgar Square *(p. 114)*. Desde aquí, puedes dirigirte hacia el norte atravesando Leicester Square *(p. 115)* y Chinatown *(p. 112)* y seguir hasta el Soho, el barrio más animado y ecléctico del West End. Para cenar, prueba la escena culinaria actual de Londres en uno de los restaurantes de moda antes de acudir -siempre que hayas reservado- a Ronnie Scott's, el club de jazz más famoso de la ciudad. En los alrededores hay también numerosos bares.

Día 2

Mañana Empieza el día con un desayuno ligero o un *brunch* en Notes, un café animado al pie de St Martin's Lane. Después, cruza la calle y entra en la National Gallery *(p. 108)* para ver una de las mayores colecciones de arte del mundo; a la vuelta de la esquina, la National Portrait Gallery *(p. 110)* también merece una visita. Puedes tomar una deliciosa comida en el cercano Soho.

Tarde Desde el Soho, vuelve hacia el sur para atravesar la animada Piccadilly Circus *(p. 114)* y las majestuosas calles de St James's para llegar al bonito St James's Park *(p. 95)*; da un paseo para contemplar los pelícanos en el lago y cruza el puente azul, perfecto para fotografiar el Buckingham Palace *(p. 90)*. Vale la pena ver las grandiosas State Rooms del palacio, si están abiertas, y las Royal Mews, con sus carruajes ornamentados; si no, la preciosa colección de arte de la Queen's Gallery. Alquila una bicicleta *(p. 339)* en el extremo opuesto de Constitution Hill y disfruta la tarde pedaleando por el Hyde Park *(p. 257)*.

Noche Deja la bicicleta en una estación cerca del metro de Knightsbridge y toma la Piccadilly Line hacia el animado Covent Garden *(p. 126)*. Observa a los artistas callejeros en la animada Piazza y disfruta de una cena en alguno de los elegantes restaurantes situados en el corazón de Theatreland *(p. 133)*. Si es verano, acaba el día con una copa con vistas en la terraza junto al río de la Somerset House *(p. 128)*.

7 DÍAS

Día 1

Mañana Tras desayunar en el Leadenhall Market *(p. 190)*, puedes contemplar unas vistas deslumbrantes desde Horizon 22, la plataforma gratuita más alta de Londres *(p. 189)*. Explora la City (p. 192) y, después, puedes cruzar el río para comer en Borough Market *(p. 213)*.

Tarde Dirígete al oeste por el Thames Path hasta la Tate Modern *(p. 208),* donde se expone lo último del arte moderno mundial.

Noche Termina en el South Bank Centre *(p. 218)* para dar una vuelta en el London Eye *(p. 228)* y tomar una copa después de cenar.

Día 2

Mañana Elige entre los tres mejores museos de la ciudad –el Natural History Museum *(p. 250),* el Science Museum *(p. 252)* o el Victoria and Albert Museum *(p. 246)*– puede ocupar un día entero, pero, como son gratis, puedes visitar dos o incluso los tres.

Tarde Haz un pícnic en el cercano Hyde Park *(p. 257)*, y después prueba a navegar por el Serpentine.

Noche Si has reservado entrada, puedes disfrutar de un concierto en el Royal Albert Hall *(p. 254)*, o salir a cenar por el elegante South Kensington.

Día 3

Mañana Dirígete hacia el este hasta la Torre de Londres *(p. 180)* y disfruta de los 900 años de historia de esta fortaleza junto al río.

Tarde Puedes comer cerca y, luego, subir a una barca del río *(p. 339)* desde Tower Pier hasta Greenwich para descubrir siglos de historia marítima *(p. 302)*.

Noche Merece la pena caminar hasta lo alto del Greenwich Park *(p. 303)* para disfrutar de la puesta de sol.

Día 4

Mañana Toma el metro hacia el norte para disfrutar del ambiente alternativo del Camden Market *(p. 170)*. Entre sus puestos hay multitud de opciones para comer.

Tarde Dirígete hacia los encantadores *villages* de Highgate y Hampstead. Camina entre ambos por el Highgate Cemetery

1 National Maritime Museum.
2 Día soleado en el Southbank Centre.
3 Puestos de comida del Camden Market.
4 Ciervos pastando en el Richmond Park.
5 Columbia Road Flower Market.

(p. 292) y Hampstead Heath (p. 292).

Noche Disfruta de una relajada cena en uno de los excelentes *pubs* de Hampstead, como el Holly Bush (p. 295).

Día 5

Mañana Puedes viajar hacia el sur hasta Dulwich Village para ver la Dulwich Picture Gallery (p. 325) y contemplar el precioso parque (p. 325) al otro lado de la carretera.

Tarde Toma un tren en la estación de West Dulwich hacia Brixton, donde se hallan las galerías comerciales de Brixton Village y Market Row (p. 326), perfectas para un almuerzo tardío.

Noche En Brixton disfruta de música en directo en uno de sus locales, ve al cine Ritzy o simplemente da una vuelta por Pop Brixton, un complejo de contenedores lleno de puestos de comida y bares.

Día 6

Mañana Toma un tren desde London Waterloo hasta Kew Bridge, desde aquí puedes ir andando a los Kew Gardens (p. 318).

Tarde Da un paseo por el camino ribereño hasta Richmond (p. 327). Puedes almorzar de camino o, mejor aún, improvisar un pícnic en el gran Richmond Park.

Noche Disfruta de una cena cerca del Támesis para contemplar cómo cae el sol sobre el río desde uno de los elegantes restaurantes de Richmond.

Día 7

Mañana El Columbia Road Flower Market (p. 202) solo abre los domingos por la mañana y merece una visita, tanto si quieres comprar flores como si no. En él puedes ver a los vendedores o *barrow boys* alardeando de sus impresionantes despliegues florales.

Tarde Echa un vistazo a la programación del Barbican (p. 184) y el Rich Mix (p. 202), que ofrecen una gran variedad de películas, exposiciones y charlas.

Noche Pasa la tarde en el modernísimo Shoreditch, lleno de lugares para cenar y tomar copas, sobre todo en los locales de comida callejera de Boxpark (p. 202) o en Brick Lane (p. 199).

La Londres romana
Por toda la Square Mile hay restos romanos, incluida la muralla. Detrás de la Guildhall Art Gallery están los restos de un enorme anfiteatro *(p. 190)* y bajo la sede central de Bloomberg, un espectáculo de luz y sonido recrea en las ruinas de un templo una ceremonia religiosa *(p. 186)*. Continuamente se excavan nuevos hallazgos.

Llamativos objetos romanos expuestos en el London Mithraeum

LONDRES Y LA HISTORIA

Desde sus primeros tiempos como puesto comercial romano hasta los sombríos días del Blitz, Londres tiene infinidad de historias que contar. La abundancia de museos y atracciones destacados hacen que resulte entretenido completar el puzle de la compleja historia de la ciudad y los relatos de quienes la hicieron.

TOP 5 RESIDENCIAS FAMOSAS

Handel Hendrix House
Dos gigantes de la música separados por 200 años y una pared *(p. 99)*.

Apsley House
La majestuosa mansión Regency del duque de Wellington *(p. 98)*.

Freud Museum
Para ver el famoso diván del psicoanalista *(p. 295)*.

Strawberry Hill
Una fantasía gótica diseñada por el escritor Horace Walpole.

2 Willow Road
El estiloso hogar modernista del arquitecto Ernö Goldfinger *(p. 294)*.

Hogares históricos
Infinidad de figuras famosas del pasado han tenido su hogar en Londres. Muchas de esas viviendas siguen intactas o se les ha devuelto su esplendor con una restauración. Se puede husmear en las casas donde el doctor Johnson compiló su diccionario *(p. 146)* y donde Keats escribió su *Oda a un ruiseñor (p. 295)*. No hay que perderse la extraordinaria casa del arquitecto *sir* John Soane, una Wunderkammer llena de curiosidades *(p. 142)*.

↑ La recargada galería abovedada de Strawberry Hill en Twickenham

Estatua de la sufragista Millicent Fawcett en Parliament Square

Ciudad de sufragistas

Desde la rebelión de Boudica hasta el movimiento Extinction Rebellion, la capital se mantiene como centro de quienes quieren transformar el *statu quo*. De Karl Marx a Marcus Garvey, son muchos los que han espoleado a las multitudes desde el Speakers' Corner *(p. 257)* de Hyde Park, la esquina tradicional para las protestas. La que más éxito tuvo fue la del movimiento sufragista. Se puede seguir el rastro de estas activistas en una visita guiada por Westminster *(londonguidedwalks.co.uk)*, entrando en el parque donde la reunión del Domingo de las Mujeres de 1908 inició una campaña que cambió la historia.

> **CONSEJO DK**
> **Guías turísticos**
>
> Contratar a un guía experto es un magnífico modo de comprender la ciudad. Blue Badge Guides *(guidelondon.org.uk)* forma a sus guías durante dos años y ofrece docenas de visitas temáticas fascinantes.

Londres en guerra

La ciudad recibió un gran castigo en la Segunda Guerra Mundial, pero también fue centro neurálgico del contraataque de Europa. Se pueden explorar los pasadizos secretos de las Churchill War Rooms *(p. 81)*, donde el gabinete de guerra marcó la senda aliada hacia la victoria, y escuchar en el Imperial War Museum *(p. 227)* historias de la gente corriente. Se puede incluso dirigir el HMS Belfast, llevándolo hasta su posición en el Día D *(p. 215)*.

Sala de Emisiones de la BBC, en las Churchill War Rooms y *(arriba)* el HMS Belfast

33

Ceremonias y tradiciones

Varias ceremonias y tradiciones centenarias siguen vigentes hoy, a pesar de que la vestimenta y los rituales resultan a veces un tanto obsoletos. La más famosa es el cambio de guardia que tiene lugar en el Buckingham Palace y el Horse Guards Parade, en Whitehall. En junio se celebra el gran desfile militar Trooping the Colour con motivo del cumpleaños del rey. Las entradas se asignan por sorteo *(www.kbp.army.mod.uk)*

→

Los príncipes de Gales en el balcón del Buckingham Palace durante el Trooping the Colour

LONDRES Y LA
REALEZA

Londres es la capital del Reino Unido desde hace mil años y la mayor parte de la familia real, incluido el rey, vive en la ciudad. A través de los siglos, los sucesivos monarcas han contribuido a modelar el carácter de la ciudad, desde el diseño de los parques reales hasta los monumentos que dejaron tras de sí.

El legado de Victoria y Alberto

Hay mucho que agradecer a la reina Victoria y a su esposo, el príncipe Alberto. El árbol de Navidad, las viviendas para la gente sin recursos y los magníficos museos de South Kensington son solo algunas iniciativas de este matrimonio de ideas avanzadas. Se les rinde culto en el Victoria Memorial, fuera del Buckingham Palace, y en el Albert Memorial, en Hyde Park *(p. 255)*.

←

El Natural History Museum, legado del príncipe Alberto

La Torre de Londres

Ha sido palacio real, prisión y plaza de ejecución de cortesanos repudiados. La historia de la Torre de Londres *(p. 180)* es, en cierto modo, la historia de la monarquía inglesa. Construida por Guillermo el Conquistador a finales del siglo XI, en ella aguardó Ana Bolena su fatal destino tras perder el favor de Enrique VIII. Curiosamente, durante 600 años albergó también la Royal Menagerie, una colección de animales regalados a los reyes que incluía leones, tigres y un elefante. Actualmente es uno de los lugares más turísticos de Londres.

↑ Trooping the Colour, el desfile que celebra el cumpleaños del rey

> 💬 CONSEJO DK
> **De camino al cambio de guardia**
> Se puede ver a los miembros de la Household Cavalry y saliendo de los barracones de Hyde Park a las 10.28 entre semana de camino al cambio de la guardia del rey, que se realiza a diario en el Horse Guards Parade a las 11.00 (a las 10.00 domingo).

↑ La imponente fortaleza de la Torre de Londres

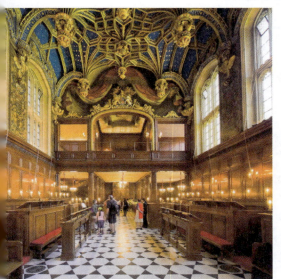

Palacios reales

Para descubrir cómo ha vivido la realeza a través de los siglos no hay nada como visitar sus residencias. Puede afirmarse que Hampton Court *(p. 314)* es la más impresionante, con su larga y rica historia, mientras que el Kew Palace, rodeado de bellos jardines *(p. 318)*, es relativamente modesto para el estándar real. En el famoso Buckingham Palace *(p. 90)*, residencia oficial de los monarcas en Londres desde 1837, se puede saludar al rey: si ondea el Royal Standard es que está en casa.

←

Visitantes en la Chapel Royal del Hampton Court Palace

Parques reales

En una jornada de turismo no pueden faltar los antiguos lugares de ocio de los reyes y reinas: remar en el lago del extenso Hyde Park *(p. 257)*, pasear por la elegancia paisajista de Kensington Gardens *(p. 256)*, o contemplar el Buckingham Palace desde St James's Park *(p. 95)*. Quien desee alejarse un poco de la capital puede pasar el día explorando el paisaje rural del Richmond Park *(p. 329)*. La colina del Greenwich Park *(p. 303)* ofrece amplias vistas del río, el broche perfecto para la jornada.

→
Descansando junto al Serpentine del inmenso Hyde Park

LONDRES Y LOS
PARQUES Y JARDINES

Con ocho millones de árboles y 3.000 parques, Londres es una de las capitales más verdes de Europa, tanto es así que en 2019 se convirtió en la primera Ciudad-Parque Nacional del mundo. Nada mejor que uno de esos espacios verdes para descansar del ajetreo urbano.

Un jardín inglés

Los ingleses mantienen un largo romance con sus jardines. Los amantes del paisajismo no deben perderse los preciosos jardines que rodean elegantes mansiones como Chiswick House *(p. 331)* y Syon House *(p. 329)*. Para tomarse un respiro vale cualquiera de las plazas ajardinadas de la ciudad, en particular las de Bloomsbury *(p. 158)*. En la cúspide están los Kew Gardens *(p. 318)*, visita obligada para cualquier jardinero en ciernes.

←

Los exquisitos Kew Gardens, un paraíso para los amantes de la jardinería

47

Número de espacios verdes en la ciudad, la mayoría abiertos al público.

Vuelta a las raíces

Hay casi 150 reservas naturales y extensiones de bosque en Londres, muchas de ellas no muy lejos del centro. Se pueden observar aves en las Walthamstow Wetlands, capturar bichos raros en el Camley Street Natural Park *(p. 168)* o pasear bajo árboles centenarios en el silvestre Sydenham Hill Wood *(p. 325)*.

→

Examinando bichos en el Camley Street Natural Park

Un paseo por la naturaleza

El Capital Ring, un itinerario circular de 126 km meticulosamente planeado, conecta muchos espacios verdes de la ciudad a través de ríos, canales, viejas vías férreas y senderos. Está bien señalizado y se pueden descargar las rutas gratuitamente en el teléfono con la aplicación Go Jauntly.

→

Parejas paseando por el Capital Ring

37

El fútbol en Londres

La capital del país donde se inventó el fútbol tiene más clubes profesionales y grandes estadios que cualquier otra ciudad del planeta. Las entradas para los partidos de la Premier League suelen estar reservadas para invitados corporativos y abonados. Para ver fútbol en directo la mejor opción es un partido de la English Football League, un torneo en el que hay más entradas disponibles y además son un poco menos caras.

→

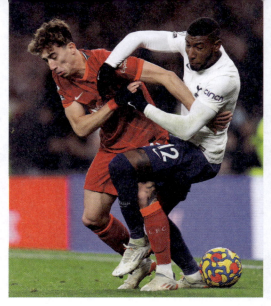

Dos futbolistas pugnan durante un partido de la Premier League entre el Tottenham y el Liverpool

LONDRES Y EL
DEPORTE

Gran Bretaña es una nación de aficionados al deporte y su capital no es una excepción. La única ciudad que ha acogido tres ediciones de los Juegos Olímpicos ofrece una enorme variedad de eventos y torneos de todos los deportes, desde fútbol a boxeo.

El legado olímpico

El Queen Elizabeth Olympic Park *(p. 312)* acogió los Juegos Olímpicos y Paralímpicos de 2012. Celebra eventos con frecuencia, desde carreras ciclistas hasta partidos de baloncesto de los London Lions, y posee instalaciones de primer nivel, a la altura de los futuros atletas olímpicos.

→

El Queen Elizabeth Olympic Park, con la ArcelorMittal Orbit

Museos deportivos y visitas a estadios

El patrimonio deportivo de Londres es enorme. Hay muchos espacios legendarios y todos tienen historias que contar. El visitante puede pasar por el túnel de vestuarios de Wembley, ver el interior de Twickenham -santuario del rugby de Inglaterra- o pisar las pistas de Wimbledon *(p. 324)*. En el campo de críquet de Lord's está el MCC Museum *(p. 279)*, el museo deportivo más antiguo del mundo, visita obligada para los aficionados a este deporte.

Wembley, sede de la selección nacional de fútbol

El calendario deportivo

El año arranca con el Torneo de las Seis Naciones de rugby, con algunos encuentros en Twickenham. La competida regata Oxford-Cambridge llega en primavera, seguida de cerca por el maratón y la popular final de la FA Cup. Las fresas y las quemaduras solares acompañan a los espectadores de Wimbledon y de los partidos internacionales de críquet en verano. A principios de agosto, tras el frenético mercado de fichajes, arranca la Premier League. Varios partidos de la NFL y de la Rugby Union Internationals rematan el año.

Corredores en el maratón de Londres *(arriba)* y espectadores en un partido de tenis de Wimbledon *(derecha)*

DESCUBRE Londres a tu aire

El maravilloso Albert Bridge, iluminado al anochecer ↑

LONDRES DESDE EL
TÁMESIS

Como muchas ciudades, Londres creció en torno a su río. Los romanos lo usaron de línea defensiva, los victorianos lo convirtieron en el mayor puerto del mundo y hoy es la vía más bonita de la ciudad. Acercarse al Támesis permite ver los monumentos de Londres desde un ángulo diferente y fantástico.

El Thames Path

Este itinerario serpentea paralelo al Támesis a través de Londres y se adentra en la campiña cercana. Tiene su inicio en las Cotswold Hills, muy al oeste de la ciudad, y atraviesa zonas como el majestuoso Hampton Court Palace *(p. 314)* o las marismas de agua salobre del norte de Kent sin apenas perder de vista al río. El mejor tramo para hacer turismo se halla entre el Westminster Bridge y el Tower Bridge, pero también hay otras secciones bonitas, llenas de *pubs* y espacios verdes, particularmente en el oeste, más allá de Putney Bridge.

→
Tramo del Thames Path en Richmond

Cruzando el río

Durante siglos, hasta 1750, el puente de Londres (London Bridge) fue el único puente que cruzaba el Támesis en Londres. Hoy existen más de 30, además de túneles. El más reconocible es el Tower Bridge *(p. 188)*, con sus torres gemelas y su famoso paso levadizo. Uno de los favoritos de los londinenses es el atractivo Albert Bridge, del siglo XIX, cercano al Battersea Park *(p. 238)* y espectacular de noche, cuando brilla con miles de luces. El Greenwich Foot Tunnel *(p. 305)*, un tanto inquietante, conecta la Isle of Dogs –donde se halla Canary Wharf– y Greenwich; es una inusual manera de ir de una orilla a la otra. Los peatonales Golden Jubilee Bridges, que flanquean el Hungerford Bridge *(p. 224)*, son ideales para hacer fotos y admirar las vistas.

Skylon
Local moderno y elegante en la primera planta del Royal Festival Hall, con hermosas vistas al río y cocina británica moderna.

📍 J6 📌 **Southbank Centre SE1** 🌐 skylon-restaurant.co.uk

££ £ £

Sea Containers
Para disfrutar de tacos de ceviche o de repollo hispi en una maravillosa terraza junto al río.

📍 K5 📌 **20 Upper Ground SE1** 🌐 seacontainerslondon.com

£ £ £

← El legendario Tower Bridge, con sus famosas torres

Un barco turístico pasando frente al Canary Wharf ↑

Desde el agua

En los Uber Boats de Thames Clippers se puede hacer turismo por menos dinero que en un crucero. La empresa opera dos rutas principales que cubren el tramo más concurrido del río, entre el London Eye y London Bridge. En las horas punta salen barcos casi cada 20 minutos.

LONDRES Y SUS FAMOSOS
PUBS

Los londinenses, como muchos británicos, se reúnen en los *pubs*. En ellos comen, beben, charlan, bailan y siguen competiciones deportivas. Tanto a orillas del río como en un parque o en una calle concurrida, no importa de qué barrio, seguro que hay un *pub* a la vuelta de la esquina.

Fabricantes de cerveza

Las cervezas artesanas son cada vez más numerosas e imaginativas, pero no hay que olvidar la cerveza tradicional, de grifo y servida a temperatura de bodega. Además, el gusto por las *IPA* de lúpulo se mantiene y en la ciudad hay más de 100 cerveceras y *pubs* que elaboran la suya. Los sábados, en la Bermondsey Beer Mile, se pueden catar todas.

→

Algunas de las auténticas cervezas producidas en Londres

La tradicional *public house*

Muchos establecimientos reclaman el título de *pub* más antiguo de Londres. Los primeros *pubs* y tabernas de la ciudad abrieron sus puertas hace un milenio. Hoy quedan algunos ubicados en edificios del siglo XVI, aunque muy pocos tienen interiores de más de 200 años. Los elementos clásicos de un *pub* de la época victoriana son los entramados de madera y los compartimentos separados por pantallas de cristal esmerilado.

← *Pub* victoriano Churchill Arms, en Kensington

Hoop and Grapes
Este *pub* del siglo XVI sobrevivió al Gran Incendio de Londres.
O4 47 Aldgate High Street St nicholsons pubs.co.uk

Ye Olde Mitre
Isabel I bailó alrededor del cerezo que se halla junto a este *pub* fundado en el siglo XVI.
K4 Ely Place yeoldemitre holborn.co.uk

↑ Pinta de cerveza de barril tradicional, fantástica para acompañar la comida de *pub*

Comida de *pub*

En la década de 1990 se produjo la explosión de los *gastropubs* en Londres. Aunque muchos *pubs* se han mantenido fieles a la tradición, algunos pueden competir con los mejores restaurantes. Entre los más famosos por su comida están The Anchor & Hope, en Waterloo, el Harwood Arms, en Fulham, y el Marksman, en Hackney.

↑ Impresionante asado dominical en un *gastropub* de Londres

Cines independientes

Íntimas salas de arte y ensayo, auditorios elegantes, locales en ladrillo de estilo ferroviario y modernos espacios industriales son solo algunos de los sitios donde se puede ver cine en la ciudad. El histórico Regent Street Cinema, el Electric Cinema, en Portobello Road, con su cafetería y sus sillones de piel, y el Castle, un estiloso cine comunitario de Hackney financiado colectivamente, están entre los más destacados. También llaman la atención las salas de las excelentes cadenas Picturehouse, Curzon y Everyman.

→
Lujosa sala del Electric Cinema, en Portobello Road

LONDRES PARA LOS
AMANTES DEL CINE

Desde las sucias y siniestras calles del Londres victoriano a los barrios típicos de la clase media, la capital ha sido escenario de incontables películas. Y también hay infinidad de lugares para disfrutar de la gran pantalla. Solo queda desconectar el teléfono móvil.

En la gran pantalla

No es de extrañar que las calles de Londres resulten familiares, dada su presencia en el cine. Hugh Grant cortejó a Julia Roberts en *Notting Hill* y Cillian Murphy contempló un Westminster posapocalíptico en *28 días después*. Paddington se salvó de terminar disecado en el Natural History Museum y a los fans de James Bond les sonarán muchos edificios. Y no hay que olvidarse de cierto niño aprendiz de mago que tomó el tren a Hogwarts en la estación de King's Cross, en el andén 9¾ *(p. 169)*.

←
Fans de Harry Potter de camino a Hogwarts

El British Film Institute (BFI)
El objetivo del Instituto de Cine Británico es promover y preservar el cine en el Reino Unido. Su sede central, el edificio BFI Southbank *(p. 225)*, cuenta con cuatro salas de cine, una tienda especializada y un archivo accesible al público. El instituto organiza el London Film Festival, que tiene lugar en octubre en varios cines del centro de la ciudad y dura 12 días.

← Tienda del BFI Southbank

→ El público se acomoda para ver una proyección del Luna Cinema, delante de Kensington Palace

> **CONSEJO DK**
> **Entradas para cine de verano**
>
> Se ponen a la venta con meses de antelación y suelen agotarse. La mejor web de consulta es thelunacinema.com. Las proyecciones raramente se suspenden, así que no devuelven el dinero si llueve: conviene llevar paraguas.

Cine de verano
Cada verano se habilitan espacios para ofrecer cine al aire libre. Para las proyecciones de arte y ensayo hay que ir a Sculpture Court, en Barbican *(p. 184)*. Las azoteas también son populares, entre ellas las del Bussey Building, en Peckham. La principal referencia es Luna Cinema, con una amplia programación en más de una docena de salas que incluyen parques y palacios reales.

Música clásica, ópera y ballet

La temporada de música clásica está dominada por los Proms, un ciclo de verano que dura ocho semanas y se celebra sobre todo en el Royal Albert Hall *(p. 254)*, pero la oferta dura todo el año: conviene consultar los programas del Royal Festival Hall *(p. 225)*, el Barbican *(p. 184)* y el Wigmore Hall *(p. 281)*. Para disfrutar de ópera y ballet, las referencias son el suntuoso London Coliseum *(p. 132)*, la Royal Opera House *(p. 129)* o Holland Park por su temporada de verano al aire libre (p. 266).

Última noche de los Proms, en el Royal Albert Hall

LONDRES EN
DIRECTO

"Cuando un hombre está cansado de Londres, está cansado de la vida", dijo Samuel Johnson, y es tan cierto en el siglo XXI como a finales del XVIII. Con una abrumadora oferta de espectáculos, desde comedia ligera a teatro de primera categoría, al visitante se le puede hacer difícil decidirse.

Música en la iglesia

En las bonitas iblesias de la City abundan los conciertos gratuitos de mediodía y en St Martin-in-the-Fields *(p. 114)* hay un destacado programa clásico. También ofrece veladas musicales periódicas en su Café in the Crypt. St John's Smith Square *(p. 83)*, en Westminster, programa conciertos casi cada noche. La Union Chapel, en Islington, es para muchos la mejor sala de conciertos de la ciudad, un lugar muy especial para escuchar música contemporánea de todo el mundo.

Concierto en la evocadora Union Chapel

¿Lo sabías?

Los músicos del metro deben pasar audiciones ante profesionales de la industria musical.

Música en el *pub*

Algunas estrellas de la música británica empezaron sus carreras en el circuito de *pubs* de Londres. Locales legendarios como el Windmill, en Islington, y el Dublin Castle, en Camden, ofrecen conciertos con regularidad. Los *pubs* también son esenciales en el ámbito de la comedia: destacan el Camden Head Pub en Angel y el Banana Cabaret de Bedford, en Balham.

←
Una banda en el
Dublin Castle, Camden

Una ciudad de teatro

El West End es el Broadway londinense y el teatro comercial, en su mayoría de buena calidad, tiene una salud envidiable. El teatro independiente también prospera. El National Theatre *(p. 229)* y el Barbican *(p. 184)* son buenas plataformas para nuevos directores y producciones experimentales, que inyectan dosis extra de creatividad a la escena teatral londinense.

> **CONSEJO DK**
> **Conseguir entradas**
>
> El quiosco de TKTS, en Leicester Square, vende entradas de última hora y con descuento para espectáculos del West End.

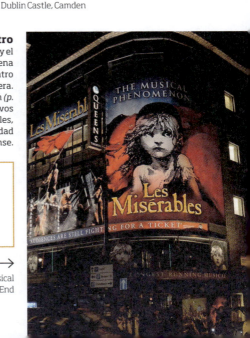

→
El famosísimo musical
Los Miserables, en el West End

Calles comerciales

Oxford Street es una bulliciosa calle de 2 km con unos 300 comercios. En ella se encuentra lo esencial del armario ropero británico, con sucursales de eternos favoritos como John Lewis, Marks & Spencer y Next, junto con populares marcas de importación como H&M o Nike. En la adyacente Regent Street hay famosas marcas nacionales e internacionales, como Hackett, Burberry y Ted Baker.

←

De compras por la majestuosa Regent Street, uno de los lugares más ajetreados del West End

LONDRES DE COMPRAS

Londres es la ciudad europea de las compras por antonomasia. Quizás sea más conocida por sus lujosos grandes almacenes, pero sus mercadillos, a cubierto y al aire libre, tienen mucho que ofrecer, y pasear entre los puestos es casi tan divertido como comprar.

A la clásica caza

Los fines de semana, los mercados de la capital se llenan, pero para encontrar joyas hay que saber dónde y cuándo mirar. Los expertos bajan a Bermondsey Square los viernes, pero hay que ser rápido porque las gangas vuelan. El mercado cubierto de Greenwich y el mercado al aire libre de Portobello ofrecen buenas piezas en los días establecidos.

→

Rebuscando en el mercado de Portobello Road

Pequeños comercios

En cada esquina se puede encontrar algo único, ya sean artículos de lujo o gangas de anticuario. Para comprar los mejores trajes de la ciudad es tradición ir a Savile Row o Jermyn Street. Las *boutiques* independientes abundan en Notting Hill y Hampstead. Para moda *vintage* y alternativa no hay mejores lugares que Brick Lane y Camden.

Echando un vistazo en una tienda *vintage* de Notting Hill

↑ Alta sastrería en una *boutique* de Londres

TOP 5 MERCADOS DE LONDRES

Camden Lock Market
Moda alternativa a orillas de un canal.

Portobello Road
Calle larga llena de infinidad de puestos y tiendas.

Old Spitalfields Market
Mercado cubierto con días temáticos, como el día de los discos vinilos.

Columbia Road Market
Flores y plantas a buen precio los domingos por la mañana.

Brick Lane Market
Tesoros *vintage*, artesanías y de todo un poco.

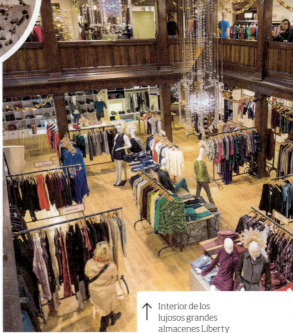

↑ Interior de los lujosos grandes almacenes Liberty

Grandes almacenes

En los grandes almacenes londinenses se puede comprar hasta perder el sentido, lo cual también puede ocurrir al ver algunos precios. La pura extravagancia de Harrods sin duda consigue animar al público, al igual que los históricos Liberty, ubicados en un edificio neotudor. Selfridges, los segundos más grandes tras Harrods, tienen fama no solo por la increíble amplitud y calidad de sus productos, sino también por sus artísticos e innovadores escaparates.

DESCUBRE Londres a tu aire

LONDRES DESDE LAS
ALTURAS

En los últimos años, Londres ha vivido un *boom* de los rascacielos, y la moda de socializar en las alturas crece al mismo ritmo que las torres. En las azoteas londinenses hay cines al aire libre, parques de aventura para adultos y animados bares, todos con excepcionales vistas del paisaje urbano.

Diversión por todo lo alto

El entretenimiento estival está en las azoteas. Roof East, en Stratford, es un parque de ocio con minigolf, jaulas de bateo y pistas de bolos rodeadas de puestos de comida. También es una de las sedes del Rooftop Film Club, que proyecta filmes clásicos en tres azoteas de la ciudad y proporciona a los espectadores auriculares inalámbricos y tumbonas para que la experiencia sea más grata; conviene reservar con antelación.

→

Pase de *Fiebre del sábado noche* en el Rooftop Film Club de Peckham

Jardines de altura

Muchas de las azoteas más encantadoras tienen jardines y algunas están abiertas al público. Es preciso reservar (gratis) para ver las palmeras y los helechos del Sky Garden *(p. 189)* o pasear entre la exuberante vegetación del Crossrail Place Roof Garden, en Canary Wharf. Puede que el Queen Elizabeth Hall Roof Garden sea modesto, pero su ubicación junto al río aumenta su valor.

← Vistas panorámicas del Sky Garden y detalle del Crossrail Place Roof Garden

SUSHISAMBA London
Carta creativa en el piso 38.
N4 110 Bishopsgate, EC2 sushisamba.com

£££

Oxo Tower Restaurant
Restaurante junto al Támesis con audaces platos de temporada.
K5 Barge House St, SE1 oxotowerrestaurant.com

£££

Madison
Vistas de St Paul desde la terraza.
L5 One New Change, EC4 madisonlondon.net

£££

Las mejores vistas

Para vistas increíbles hay que ir a Horizon 22, la plataforma gratuita más alta de Europa, en lo alto del rascacielos de 22 Bishopsgate *(p. 189)*. Sus 254 m de altura la elevan incluso sobre las megaestructuras de la City que la rodean. Más cerca del suelo están algunos de los lugares altos más antiguos de Londres; las galerías de las catedrales de St Paul y Westminster ofrecen bellas vistas en un evocador ambiente histórico.

↑ Las luces y los monumentos de Londres vistos desde Horizon 22

Bill's
Calidad, menú infantil con buena relación calidad-precio y muchos locales por todo Londres.

📍 S2 🚇 St Martin's Courtyard WC2 🌐 bills-website.co.uk

£ £ £

Giraffe
Animado y con una carta variada y global.

📍 U3 🚇 Southbank Centre SE1 🌐 giraffe.net

£ £ £

Diana Memorial Playground, en los Kensington Gardens ↑

LONDRES EN
FAMILIA

No es difícil encontrar lugares divertidos para los niños en Londres, con innovadores museos, abundantes parques y restaurantes familiares. Algunas atracciones son un tanto caras, pero hay multitud de actividades gratuitas y económicas.

Días lluviosos

Dado lo imprevisible del tiempo británico, es una suerte que algunos de los mejores destinos sean bajo techo. Destaca el Science Museum *(p. 252)*, un mundo apasionante que se complementa bien con un viaje por el Natural History Museum *(p. 250)*. En el estimulante Young V&A *(p. 203)* se incide en la creatividad y la imaginación de los niños, mientras que la London Dungeon *(p. 230)* recrea los hechos más sangrientos de la historia de la ciudad de un modo atractivo.

Cara a cara con los animales residentes en el Natural History Museum

Liberar energía

Los numerosos parques de Londres –grandes y pequeños– ofrecen espacios para que los niños puedan jugar. Se puede optar por el St James's Park *(p. 95)*, el Holland Park *(p. 266)*, el Regent's Park *(p. 276)*, Greenwich Park *(p. 303)* o los Kensington Gardens *(p. 256)*, todos ellos con parques infantiles. En Hyde Park también hay uno con establos, una piscina y un lago con barcas *(p. 257)*. Coram's Fields *(p. 161)*, en Bloomsbury, es un recinto diseñado para niños y jóvenes, con parques sensoriales y de aventura, y una piscina.

> CONSEJO DK
> **Los niños no pagan**
>
> Los menores de 11 años viajan gratis en los transportes públicos si van acompañados por un adulto y tienen descuentos en muchos lugares de interés. Muchas atracciones son gratuitas para los menores de cinco años.

Safari urbano

Las granjas urbanas, económicas o gratuitas, son ideales para familias de presupuesto ajustado. Una de las mayores está en el Mudchute Park and Farm, cerca de Canary Wharf *(www.mudchute.org)*, con unos 100 animales. En el zoo infantil del Battersea Park *(p. 238)* viven animales más exóticos, como monos, serpientes y emúes. Para ver a sus parientes mayores hay que ir al London Zoo *(p. 277)*.

→

Dando de comer a los burros del Mudchute Park and Farm

Al teatro

Los teatros infantiles ofrecen desde sencillos espectáculos de títeres a obras de vanguardia. Las marionetas del Puppet Theatre Barge actúan en Little Venice *(p. 268)*, y Richmond cuenta (en verano) con un curioso escenario flotante. El Unicorn Theatre del London Bridge programa varias obras infantiles cada año *(www.unicorntheatre.com)*.

←

Función en el Puppet Theatre Barge

El Londres de Dickens

Charles Dickens está muy ligado a la ciudad que inspiró sus obras. Para ambientarse se puede leer *Oliver Twist*, *Los papeles póstumos del Club Pickwick* o *La pequeña Dorrit*, y luego recorrer las calles que el autor hizo famosas con Dickens London Tours *(www.dickenslondontours.co.uk, solo en inglés)*, o visitar su casa, ahora el Charles Dickens Museum *(p. 159)*.

Interior victoriano del Charles Dickens Museum

LONDRES PARA LOS AMANTES DE LOS LIBROS

Quien ame los libros amará obligatoriamente Londres. Escritores y lectores tienen mucho que celebrar en una ciudad con la soberbia British Library, un pujante sector librero independiente y un patrimonio literario de siglos.

Lecturas recomendadas

Además de los clásicos de Dickens, hay muchas novelas ambientadas en Londres. *Última resaca* de Patrick Hamilton se desarrolla en la lóbrega Earl's Court de la década de 1930. *Dientes blancos*, de Zadie Smith, y *Solos en Londres*, de Sam Selvon, son reflexiones sobre la experiencia de la emigración. En *Capital*, John Lanchester analiza los cambios ocurridos en una calle de Londres durante la crisis financiera de 2008.

Librería Foyles, en Charing Cross Road

Un paseo literario

Es casi obligatorio dar un paseo por Bloomsbury y seguir los pasos del Grupo de Bloomsbury (p. 158) por Russell Square y Gordon Square. El Ministerio de la Verdad de la profética *1984*, de George Orwell, está inspirado en la imponente Senate House (p. 162). El itinerario puede acabar en la British Library (p. 168), que custodia grandes tesoros literarios.

→

Investigadores en la British Library y la imponente Senate House *(abajo)*

¿Lo sabías?

Leyendo cinco libros al día, un lector tardaría 80.000 años en acabarse todos los que guarda la British Library.

Foyles

Esta es una de las mayores y más famosas librerías de Londres. Data de 1903, cuando los hermanos William y Gilbert Foyle empezaron a vender los libros de texto que no necesitaban. Su sede central de cinco plantas en Charing Cross Road incluye una tienda de discos de jazz, una excelente sección de libros en lenguas extranjeras y unos 6 km de estantes.

R1 107 Charing Cross Rd foyles.co.uk

55

LONDRES PARA
COMIDISTAS

En Londres es posible probar comida de cientos de países en cualquier entorno, sea cual sea el presupuesto. Aunque sus restaurantes con estrellas Michelin deslumbran, la ciudad también se entrega con ganas a la pasión por la comida callejera. Aquí hay algunos lugares de visita obligada.

Eventos culinarios

Los amantes de la buena cocina pueden hacer coincidir su visita con un evento gastronómico. En junio llega Taste of London, un salón de alta cocina en el Regent's Park *(london.tastefestivals.com)*. Más informal y animado, con ambiente de festival musical, está Pub in the Park *(pubintheparkuk. com)*, una fiesta itinerante del *pub* británico que llega a la ciudad al menos un fin de semana al año. Y los Docklands de Londres se llenan de humo al final del verano cuando los chefs encienden las parrillas en Meatopia (meatopia.co.uk), una delicia para carnívoros que se celebra en Tobacco Dock.

→

Picoteando durante el Taste of London

Comer en la calle

Multitud de restaurantes se han subido al carro de la comida callejera, pero los genuinos establecimientos de *street food* –ya sean puestos de mercado, contenedores marítimos, camionetas u otros– surgen también allá donde hay gente. El lugar más conocido, aunque también el más caro, es el Borough Market (p. 213). El Southbank Centre Food Market (p. 224) está justo en el circuito turístico y vende de todo, desde curris mauritanos hasta pabellón venezolano. Quien desee vivir una experiencia más tradicional puede ir al Leather Lane Market (p. 147), el Berwick Street Market (p. 118), el Camden Market (p. 170) o el Maltby Street Market *(www.maltby.st)*.

Puesto de pan recién hecho en el Borough Market

TOP 5 CENTROS CULINARIOS

Brixton Village
Restaurantes y cafés en un viejo centro comercial *(brixtonvillage.com)*.

Flat Iron Square
Puestos en unas antiguas cocheras (p. 214).

Brick Lane
Curri, gastronetas y las mejores roscas de la ciudad (p. 199).

Seven Dials Market
Divertido salón gastronómico en un antiguo almacén de plátanos *(sevendialsmarket.com)*

Mercato Mayfair
Comida callejera y cerveza alemana en una hermosa iglesia restaurada.

Core by Clare Smyth y *(en el círculo)*, un plato de Hélène Darroze en el Connaught.

Alta cocina

Con más de 80 restaurantes con estrellas Michelin, la alta cocina está en auge. Casi todos los establecimientos más extravagantes están en el West End, la City, Kensington y Knightsbridge. Suelen ser formales, aunque hay excepciones, como Casa Fofò, un local del barrio de madera y ladrillo visto en Hackney, y el predilecto del África occidental Chishuru, que arrancó en Brixton Village. Casi todos estos lugares basan su prestigio en sus chefs, como el comedor del hotel Hayfair de Hélène Darroze o Core by Clare Smyth, en Notting Hill, ambos acreedores de las codiciadas tres estrellas Michelin.

57

UN AÑO EN LONDRES

ENERO

△ **Desfile de Año Nuevo** (*1 ene*). Un desfile anual de carrozas y bandas desde Piccadilly hasta Parliament.
Año Nuevo Chino (*finales ene*). Chinatown celebra con un desfile, actuaciones y mucha comida.

FEBRERO

△ **Seis Naciones** (*principios feb-mediados mar*). Twickenham es sede de Inglaterra en el torneo de la Unión de Rugby, que juegan también Italia, Francia Irlanda, Gales y Escocia.

MAYO

△ **Chelsea Flower Show** (*finales may*). Cinco días de jardines y flores en el Royal Hospital Chelsea.
FA Cup Final (*finales may*). La final anual del torneo más antiguo del fútbol mundial se celebra en el estadio de Wembley.
Críquet La temporada de críquet internacional está en marcha; se puede ver un partido en Lord's o en el Oval.

JUNIO

Open Garden Squares Weekend (*principios-mediados jun*). Más de 100 jardines privados se abren al público solo durante un fin de semana.
△ **Trooping the Colour** (*principios o mediados jun*). Un espectacular y extravagante desfile militar por el cumpleaños del rey.
Royal Academy of Arts Summer Exhibition (*jun-ago*). Exposición de centenares de obras en uno de los eventos más populares del año.

SEPTIEMBRE

Totally Thames Un festival de un mes con charlas, actuaciones, instalaciones y más a lo largo del el río.
△ **Open House** (*mediados sep-finales sep*). Durante dos semanas, edificios poco conocidos de la ciudad abren sus puertas al público gratuitamente.

OCTUBRE

△ **London Film Festival** (*principios oct-mediados oct*). Proyección de cientos de películas de todo el mundo en cines y salas grandes y pequeñas de todo el centro de la ciudad.

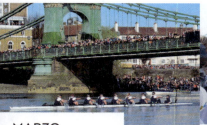

MARZO

△ **The Boat Race** *(finales mar o principios abr)*. Las tripulaciones masculina y femenina de remo de las universidades de Oxford y Cambridge se echan al río para esta regata anual entre Putney y Mortlake.

ABRIL

△ **Maratón de Londres** *(mediados o finales abr)*. Miles de personas recorren la ciudad desde Blackheath hasta The Mall para cubrir los 42,2 km de carrera.

Feast of St George *(alrededor del 23 abr)*. El día nacional de Inglaterra en Trafalgar Square con música, danza Morris y mucho más. Ideal para familias.

JULIO

Torneo de Tenis de Wimbledon *(principios jul-mediados jul)*. El único torneo del Grand Slam que se disputa sobre hierba.

The Proms *(mediados jul-mediados sep)*. Un festival de ocho semanas de música clásica y orquestal que termina con la exuberante y divertida Last Night of the Proms.

△ **Orgullo de Londres** *(principios jul)*. La culminación del Mes del Orgullo, con miles de personas desfilando por las calles para celebrar la comunidad LGTBIQ+.

Las Buckingham Palace State Rooms abren al público *(mediados jul-finales sep)*.

AGOSTO

All Points East *(mediados ago-finales ago)*. Un festival de música ecléctico y de varios días en el Victoria Park del este de Londres. Algunos artistas han sido Nick Cave y The Strokes.

△ **Carnaval de Notting Hill** *(último fin de semana agosto)*. El festival callejero más grande de Europa es una celebración bulliciosa de la música y cultura caribeñas.

NOVIEMBRE

Lord Mayor's Show *(2º sá)*. Un desfile de bandas, carrozas y destacamentos militares acompaña al alcalde o alcaldesa en su carruaje mientras se abre paso por la ciudad.

Remembrance Sunday *(2º do)*. Una ceremonia de agradecimiento a quienes participaron, combatieron y murieron en cualquier conflicto bélico desde la Primera Guerra Mundial. El cenotafio es el centro del evento de Londres.

△ **Festival de Jazz de Londres** *(mediados nov)*. Un festival con grandes nombres, músicos locales y una programación muy ecléctica pero fiel al jazz.

DICIEMBRE

Hyde Park Winter Wonderland *(mediados nov-principios ene)*. Mercados festivos, atractivos paseos y una gran pista de patinaje sobre hielo al aire libre en el mayor parque urbano de Londres.

△ **Fuegos artificiales de Nochevieja** *(31 dic)*. Una espectacular exhibición de fuegos artificiales que ilumina las Houses of Parliament, el London Eye y la South Bank.

UN POCO DE HISTORIA

Fundada por los romanos, Londres cambió de manos muchas veces en sus primeros mil años. A lo largo de los siglos siguientes, la ciudad resistió al fuego y la peste hasta convertirse en centro del comercio mundial y en la mayor metrópolis del planeta. Hoy sigue siendo una de las más grandes ciudades del mundo.

El Londres romano

El primer asentamiento permanente en lo que hoy es Londres se estableció tras la primera invasión romana de Gran Bretaña, en 55 a. C., aunque no se consolidó hasta casi un siglo después, a raíz de una invasión mayor, en 43 d. C. Los romanos tendieron puentes sobre el río y construyeron, en la orilla norte, su sede administrativa, Londinium, actual emplazamiento de la City. La ocupación romana duró unos 350 años. Tras su retirada, a principios del siglo V, durante el declive del Imperio romano, la ciudad quedó más o menos abandonada.

1 Mapa de Londres de 1570.

2 Construcción de la abadía de Westminster.

3 Invasión normanda de 1066.

4 Decenas de miles de personas murieron por la peste negra en 1348-1349.

Cronología

43 d. C.
Se funda Londinium.

55 a. C.
Julio César invade Gran Bretaña.

61 d. C.
Los icenos, britanos celtas liderados por la reina Boudica, saquean Londinium.

410
Los romanos abandonan Britania.

200
Se construye la muralla de la ciudad.

Sajones y vikingos

Los invasores sajones y vikingos lucharon por la ciudad en los siglos siguientes, tiempo durante el cual su importancia disminuyó a favor de ciudades como Winchester y Canterbury. Hasta 1016 no recuperó su condición de capital, bajo el rey Canuto. Eduardo el Confesor, el penúltimo rey anglosajón de Inglaterra, trasladó la sede del poder real a la City of Westminster, distinción que ha perdurado hasta hoy. También fundó la abadía de Westminster, donde fue coronado Guillermo el Conquistador en 1066, tras la invasión normanda.

El Londres normando y medieval

Guillermo concedió a la City of London cierto grado de independencia, al depender tanto él como sus sucesores del respaldo de la City, con su riqueza, para mantener el comercio. Los profesionales de la City fundaron sus propias instituciones y gremios, y eligieron a su primer alcalde en 1189. Hacia principios del siglo XIV, Londres era una de las ciudades más grandes de Europa, aunque gran parte de su población, estimada en unos 80.000 habitantes, vivía en la pobreza. Este número se redujo a la mitad por la epidemia de peste bubónica en 1348.

> **DÓNDE VER EL LONDRES MEDIEVAL**
>
> La White Tower (en la Torre de Londres) es el palacio del siglo XI más completo de Europa, mientras que la Temple Church (p. 141) data del siglo XII. La British Library (p. 168) guarda manuscritos, incluido el *Domesday Book*. Un rosetón del siglo XIV es lo que queda del palacio de Winchester, cerca del Clink Prison Museum (p. 214).

872
Los vikingos ocupan Londres.

1066
Eduardo el Confesor muere y Guillermo el Conquistador es coronado el día de Navidad.

1348
La peste negra mata al menos a la mitad de la población de Londres.

1209
Se termina el original London Bridge.

1381
Fracasa la Revuelta de los Campesinos.

61

El Londres de los Tudor

El reinado de los Tudor empezó en 1485 con Enrique VII. Esta dinastía pacificó Inglaterra, con lo que florecieron el arte y el comercio. En el reinado de Isabel I se sentaron las bases de la gran tradición teatral y literaria inglesa. En 1576 se construyo el teatro Globe, donde se estrenaron muchas obras de Shakespeare. También fue durante el reinado de Isabel I cuando comenzó la Era de las Exploraciones de Inglaterra, que situó a Londres como el principal mercado comercial del mundo y sembró la semilla de la ambición colonial.

Conflicto religioso y guerra civil

Justo dos días después de la muerte de Isabel I, los conspiradores católicos de Guy Fawkes intentaron asesinar al rey Jacobo I en las Houses of Parliament. A la reacción anticatólica le siguió un conflicto religioso y una lucha por el poder entre el Parlamento y la monarquía que llevó a la guerra civil en 1642. Londres, bastión parlamentario, se convirtió en punto clave. La victoria parlamentaria de 1649 estableció la Commonwealth, con el puritano Oliver Cromwell al mando. Pero su duración fue corta y la monarquía se restauró en la figura de Carlos II en 1660.

↑ Carlos I fue decapitado por los parlamentarios de Oliver Cromwell

Cronología

Década de 1580
Shakespeare llega a Londres.

1642
Empieza la guerra civil y Carlos I huye de Londres.

1649
Carlos I es decapitado en Whitehall y se instaura la Commonwealth.

1660
La monarquía se restaura con Carlos II.

1665
La Gran Peste mata a 100.000 londinenses.

3

Destrucción y reconstrucción

El 2 de septiembre de 1666, un incendio iniciado en una panadería de Pudding Lane, cerca del London Bridge, se extendió y, tras cinco días, destruyó gran parte de la City of London. La limpieza y reconstrucción posteriores sentaron las bases de la ciudad moderna. Con el surgimiento de nuevos asentamientos fuera de las murallas, la City of London pronto se extendió hasta la City of Westminster.

Expansión

La fundación del Banco de Inglaterra en 1694 estimuló el crecimiento y transformó Londres en un centro financiero. Hacia mediados del siglo XVIII, era la mayor ciudad de Europa y en el siglo siguiente se convirtió en la más poblada y rica del mundo. Las expectativas de empleo y dinero atrajeron a millones de campesinos ingleses y extranjeros. Se hacinaron en viviendas insalubres, muchas al este de la ciudad, donde los muelles daban trabajo. A partir de 1820, los alrededores de la ciudad –lugares como Brompton, Islington y Battersea– se llenaron de casas adosadas para la creciente población.

[1] Bajo Isabel I la ciudad vivió un gran cambio.
[2] Guy Fawkes tramó la caída del rey Jacobo I.
[3] El Gran Incendio de Londres, en 1666.

¿Lo sabías?

Tras el Gran Incendio, Christopher Wren diseñó 51 nuevas iglesias para la ciudad, además de la catedral.

1666
El Gran Incendio devasta Londres.

1710
Christopher Wren termina la catedral de San Pablo.

1801
El primer censo registra una población cercana al millón de personas.

1802
Con los West India Docks empieza la gran expansión del puerto de Londres.

1836
La primera terminal ferroviaria se abre en el London Bridge.

63

El Londres victoriano

La mayoría del Londres actual es victoriano. En esta magnífica era de la ingeniería británica se construyeron muchos de los grandes edificios e infraestructuras de la ciudad: las modernas Houses of Parliament, el Tower Bridge, la estación de St Pancras, el Royal Albert Hall y el metro. En 1855 se creó el Metropolitan Board of Works, una forma embrionaria de gobierno local. Su ingeniero jefe, Joseph Bazalgette, diseñó un alcantarillado subterráneo pionero que ayudó a aliviar la suciedad y la pestilencia de las calles y el río, y redujo los brotes de cólera ligados a la expansión urbana. A finales del siglo XIX, 4,5 millones de personas vivían en el casco urbano de Londres y otros 4 en sus inmediaciones.

Guerras mundiales y reconstrucción

Durante la Primera Guerra Mundial los dirigibles bombardearon la ciudad, pero los daños y el número de víctimas fueron mínimos comparados con los de la Segunda Guerra Mundial. Muchas partes de Londres, en especial el centro, fueron arrasadas, primero por los bombardeos de 1940 y 1941 y luego, hacia el final de la guerra, por los cohetes V-1 y V-2, primeros misiles de la historia. La importante reconstrucción que siguió a la guerra

↑ Winston Churchill, primer ministro durante la Segunda Guerra Mundial

Cronología

1837
La reina Victoria hace del palacio de Buckingham su residencia en Londres.

1851
Se celebra la Gran Exposición en el Hyde Park.

1858
El hedor del Támesis obliga al Parlamento a hacer un receso.

1863
La primera vía férrea subterránea del mundo abre entre Paddington y Farringdon.

1908
Londres acoge los Juegos Olímpicos.

coincidió con el declive del puerto y otras industrias victorianas. Surgieron enormes urbanizaciones en torno a la ciudad, algunas de las cuales se conservan aún. Todavía sigue en pie el Royal Festival Hall, erigido a orillas del Támesis para el Festival de Gran Bretaña de 1951, una celebración de la tecnología y la cultura británicas, a la que siguió la construcción de una serie de edificios brutalistas que conforman el Southbank Centre. La inmigración masiva desde antiguas colonias del extinto Imperio, en particular del subcontinente indio y de las Indias Occidentales, contribuyó a la diversificación de la población londinense.

El Londres actual

La ciudad recibió el nuevo milenio con grandes proyectos arquitectónicos y un gran optimismo, que alcanzó su apogeo con los Juegos Olímpicos de 2012, pero aguardaban tiempos peores. Lidiando con las repercusiones del Brexit, la escasez de vivienda, la crisis del coste de la vida, una creciente desigualdad sanitaria y el devastador legado –humano y económico– de la COVID-19, los londinenses se han visto un poco frenados en los últimos años. Sin embargo, es poco probable que esta ciudad resiliente, abierta y llena de energía no levante la cabeza muy pronto.

1 Gran Exposición de 1851.

2 Gente durmiendo en una estacion de metro, Segunda Guerra Mundial.

3 Festival de Gran Bretaña.

4 Ceremonia de apertura de las Olimpiadas de 2012.

¿Lo sabías?

En Londres se hablan más de 300 idiomas; más que en cualquier otra ciudad del mundo.

1951
El Festival de Gran Bretaña se celebra en South Bank.

2005
Los transportes públicos sufren un gran atentado terrorista.

2012
Londres acoge los Juegos Olímpicos por tercera vez.

2016
Sadiq Khan se convierte en el primer musulmán elegido alcalde de Londres.

2022
Un cuarto de millón de ciudadanos hacen colas de 17 horas para ver el féretro de Isabel II en su capilla ardiente.

EXPLORA

Vista de Londres desde el Sky Garden

Whitehall y Westminster 68

Mayfair y St James's 86

Soho y Trafalgar Square 104

Covent Garden y el Strand 122

Holborn y los Inns of Court 136

Bloomsbury y Fitzrovia 150

King's Cross,
Camden e Islington....................................164

La City 172

Shoreditch y Spitalfields.........................194

Southwark y Bankside..............................204

South Bank..218

Chelsea y Battersea 232

South Kensington
y Knightsbridge 242

Kensington, Holland Park
y Notting Hill...260

Regent's Park y Marylebone 272

Hampstead y Highgate 286

Greenwich y Canary Wharf 298

Fuera del centro 310

Interior de la magnífica abadía de Westminster

WHITEHALL Y WESTMINSTER

Whitehall y Westminster han sido el centro del poder político y religioso de Inglaterra desde hace mil años. El rey Canuto gobernó a principios del siglo XI y fue el primer monarca que construyó un palacio en lo que entonces era una isla entre el Támesis y el ya desaparecido Tyburn. Lo erigió junto a la iglesia que, unos cincuenta años después, amplió Eduardo el Confesor para convertirla en la abadía más grande de Inglaterra y que dio nombre al lugar (*minster* significa catedral). En los siglos posteriores se establecieron en la zona los diferentes departamentos de Estado, muchos de ellos en Whitehall. Esta gran calle toma su nombre del palacio de Whitehall, fundado por Enrique VIII a principios del siglo XVI como residencia de la corte real. El palacio fue pasto de las llamas en 1698, pero Whitehall permaneció en el núcleo del poder: hoy alberga el Ministerio de Defensa, el Ministerio de Relaciones Exteriores y de la Mancomunidad de Naciones, la Oficina del Gabinete y otros departamentos gubernamentales.

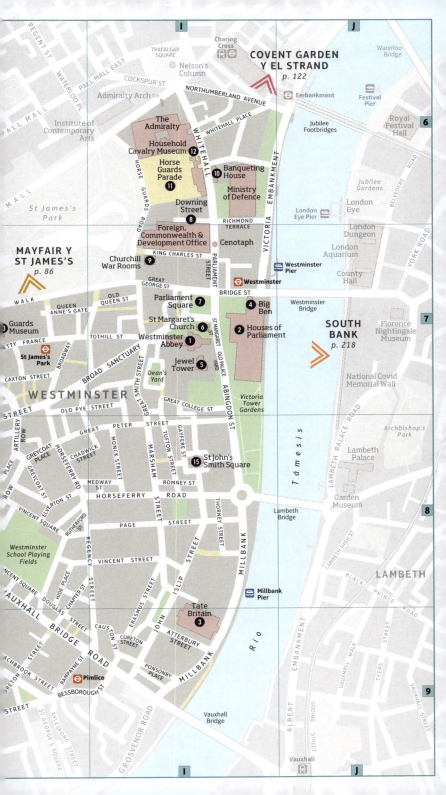

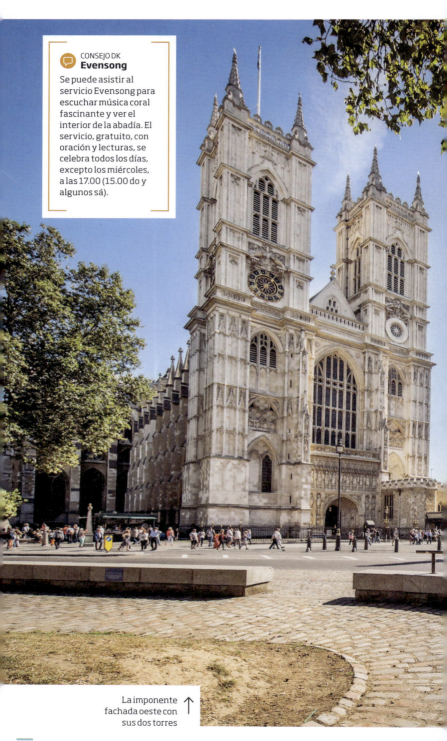

> **CONSEJO DK**
> **Evensong**
> Se puede asistir al servicio Evensong para escuchar música coral fascinante y ver el interior de la abadía. El servicio, gratuito, con oración y lecturas, se celebra todos los días, excepto los miércoles, a las 17.00 (15.00 do y algunos sá).

La imponente fachada oeste con sus dos torres

Esencial ☆

❶

WESTMINSTER ABBEY

📍 I7 🏛 Broad Sanctuary SW1 🚇 St James's Park, Westminster
🚆 Victoria, Waterloo 🕒 Los horarios varían para ciertas zonas de la iglesia, consultar página web 🌐 westminster-abbey.org

La gloriosa abadía gótica de Westminster alberga algunos de los mejores ejemplos de la arquitectura medieval londinense, y una de las colecciones de sepulcros más impresionantes del mundo.

En parte iglesia y en parte museo, la abadía forma parte de la conciencia nacional británica. Es el impresionante escenario de coronaciones, bodas reales y otras ceremonias cristianas, además de la última morada de 30 reyes y reinas británicos. Muchas de las personalidades de la historia británica están enterradas o son conmemoradas aquí, incluidos poetas, políticos, escritores y científicos.

Historia de la abadía

San Dunstan y un grupo de monjes benedictinos construyeron la primera iglesia en el siglo X. La actual estructura es en gran parte del siglo XIII; el nuevo diseño, de influencia francesa, se inició en 1245 a instancias de Enrique III. La abadía se libró de la orden de destrucción de edificios monásticos promulgada en el siglo XVI por Enrique VIII debido a que solo se utilizaba para las coronaciones.

←

Estatua de Ricardo I, conocido como Ricardo Corazón de León, frente a la parte trasera de la abadía

CORONACIÓN

La abadía es el suntuoso escenario de las coronaciones reales desde 1066. La coronación en 2023 *(derecha)* del rey Carlos III y la reina Camila fue un evento desbordante de pompa y boato que recordaba a la grandeza de la coronación de la reina Isabel II, que se produjo 70 años antes.

Dentro de la abadía

El interior de la abadía presenta una excepcional diversidad tanto arquitectónica como escultórica: desde el austero gótico francés de la nave hasta la asombrosa complejidad de la capilla de estilo Tudor de Enrique VII y los imaginativos mausoleos de finales del siglo XVIII. La moderna Weston Tower proporciona acceso al triforio y a las Queen's Diamond Jubilee Galleries, llenas de tesoros históricos.

Nicholas Hawksmoor diseñó las torres de la fachada oeste.

1 Monumento a William Shakespeare en el Poets' Corner.

2 Ejecutada por Isabel I en 1587, María I de Escocia fue enterrada en 1612 en la capilla de Enrique VII por orden de su hijo, Jacobo I de Inglaterra y VI de Escocia.

3 El coro de la abadía canta desde su sillería todos los días. Los asientos originales eran medievales; los actuales datan de 1848.

Cronología

1050 — ▲ Eduardo el Confesor comienza la nueva iglesia de la abadía benedictina.

1245 — Se inician las obras de la nueva iglesia a partir del proyecto de Henry de Reyns.

1269 — ▲ Los restos de Eduardo el Confesor se trasladan a un nuevo sepulcro en la abadía.

1745 — ▲ Se completa la torre occidental.

Esencial ☆

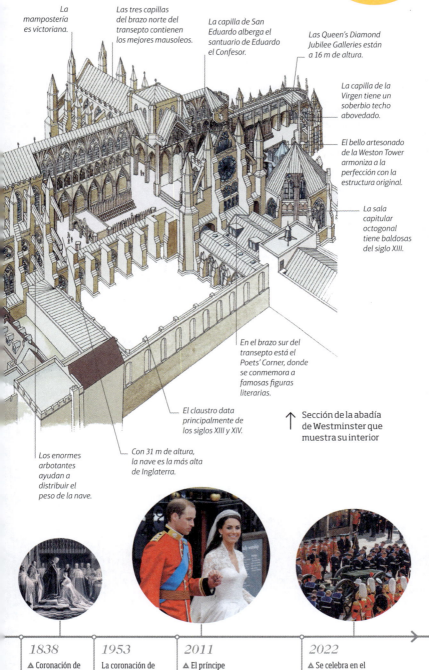

La mampostería es victoriana.

Las tres capillas del brazo norte del transepto contienen los mejores mausoleos.

La capilla de San Eduardo alberga el santuario de Eduardo el Confesor.

Las Queen's Diamond Jubilee Galleries están a 16 m de altura.

La capilla de la Virgen tiene un soberbio techo abovedado.

El bello artesonado de la Weston Tower armoniza a la perfección con la estructura original.

La sala capitular octogonal tiene baldosas del siglo XIII.

En el brazo sur del transepto está el Poets' Corner, donde se conmemora a famosas figuras literarias.

El claustro data principalmente de los siglos XIII y XIV.

↑ Sección de la abadía de Westminster que muestra su interior

Los enormes arbotantes ayudan a distribuir el peso de la nave.

Con 31 m de altura, la nave es la más alta de Inglaterra.

1838
▲ Coronación de la reina Victoria.

1953
La coronación de la reina Isabel II se televisa a toda la nación.

2011
▲ El príncipe Guillermo y Catherine Middleton se casan en la abadía.

2022
▲ Se celebra en el interior de la abadía el funeral de Estado de Isabel II.

75

HOUSES OF PARLIAMENT

◊I7 ◊SW1 ◊Westminster ◊Victoria ◊Westminster Pier ◊Consultar web para conocer detalles de visitas guiadas, entradas y cómo asistir a sesiones parlamentarias ◊Recesos: med feb, Semana Santa, 1 may, día de Pentecostés, verano (fin jul-principios sep), conferencia (fin sep-med oct), med nov, Navidades ◊parliament.uk/visiting

El palacio de Westminster está en el núcleo del poder político inglés. Se construyó en estilo neogótico junto al Támesis, cerca del puente homónimo, y tiene un aspecto impresionante, especialmente por la distintiva Elizabeth Tower.

Desde hace más de 500 años, el palacio de Westminster es la sede de las dos Cámaras del Parlamento, la de los Comunes y la de los Lores. La primera la constituyen los miembros del Parlamento (MP) de los distintos partidos políticos; el partido con mayor número de miembros forma el Gobierno, y su líder se convierte en primer ministro. La oposición la conforma la segunda fuerza más grande. Los debates de la Cámara de los Comunes los regula un *speaker*, que impone orden con ecuanimidad. El Gobierno formula la legislación, que debe ser aprobada por las dos Cámaras antes de convertirse en ley.

↑ Edificio del Parlamento, diseñado por *sir* Charles Barry

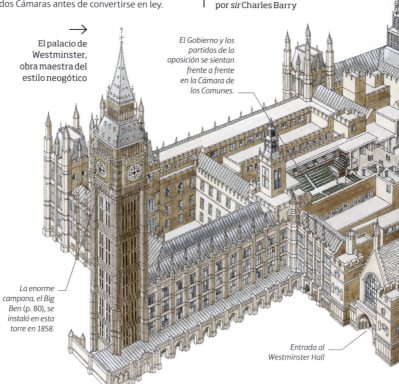

→ El palacio de Westminster, obra maestra del estilo neogótico

El Gobierno y los partidos de la oposición se sientan frente a frente en la Cámara de los Comunes.

La enorme campana, el Big Ben (p. 80), se instaló en esta torre en 1858.

Entrada al Westminster Hall

Esencial ☆

1605
▽ Guy Fawkes intenta atentar contra el rey y las Cámaras.

1941
▽ Las bombas de la última noche del Blitz destruyen la Cámara de los Comunes.

Cronología

c. 1050
▲ Comienzan las obras del primer palacio de Eduardo el Confesor.

1834
▲ Un incendio destruye el palacio; solo se salvan Westminster Hall y Jewel Tower.

Las visitas de los diputados esperan bajo un techo de ricos mosaicos en el Central Lobby.

La Cámara de los Lores está tapizada en rojo.

Entrada del Soberano

El Westminster Hall es una de las partes que se conservan del palacio original; data de 1097.

↑ Asientos verdes de piel de la Cámara de los Comunes, donde se sientan los parlamentarios

Majestuosa fachada de la Tate Britain, meca del arte británico

Esencial ☆

③ TATE BRITAIN

📍 I9 📫 Millbank SW1 🚇 Pimlico 🚉 Victoria, Vauxhall 🚢 Millbank Pier
🕐 10.00-18.00 diario (consultar página web para conocer detalles de aperturas nocturnas ocasionales) 📅 24-26 dic
🌐 tate.org.uk

Un fabuloso edificio neoclásico situado frente al río guarda entre sus muros la mayor colección de arte británico del país, que abarca desde el siglo XVI al XXI y muestra esculturas, instalaciones modernas y un ala dedicada a las temperamentales pinturas de J. M. W. Turner.

La Tate Britain expone una amplia variedad de obras, desde retratos de los Tudor y paisajes dieciochescos a una gran colección de escultura y arte moderno. Las exposiciones cambian con frecuencia y el amplio concepto de arte británico del museo se extiende a artistas no británicos que pasaron tiempo en el país, como Canaletto y James Whistler. Se fundó en 1897 con la colección privada del comerciante de azúcar Henry Tate y obras de la antigua National Gallery. Tiene nueve salas dedicadas a las pinturas de J. M. W. Turner, uno de los artistas más venerados del país. El Legado Turner, como es conocido, fue cedido a la nación por el gran paisajista a su muerte, en 1851. Se expone en su propia ala, llamada Clore Gallery, y consiste en unos 300 óleos, y unas 20.000 acuarelas y bocetos. Las exposiciones temporales siempre atraen a grandes multitudes.

↑ *Paz - Entierro en el mar* (1842), un tributo de Turner a su amigo y rival David Wilkie

↑ El arte adorna cada rincón de la Tate Britain

EL PREMIO TURNER

Cada dos años, la Tate Britain expone las obras finalistas del prestigioso y a menudo controvertido Turner Prize, instituido en 1984. Cuatro artistas contemporáneos representantes de todas las artes visuales se seleccionan cada año atendiendo a su obra del año anterior y un jurado elige al ganador. Entre los transgresores ganadores se cuentan Grayson Perry *(derecha)*, con sus obras de cerámica en 2003 y las obras de Lubaina Himid (2017) que abordan el legado de la esclavitud.

LUGARES DE INTERÉS

④

Big Ben

📍 I7 📍 Bridge St SW1 🚇 Westminster 🕐 Para visitas guiadas, consultar página web 🌐 parliament.uk

Big Ben no es el nombre del célebre reloj de cuatro caras situado en la torre de 96 metros que se alza sobre el Parlamento, sino el de la campana de 13,7 toneladas que está dentro y marca las horas. Se piensa que se la llamó así en honor de *sir* Benjamin Hall, el entonces presidente de la Comisión de Obras. El reloj es el más grande de Gran Bretaña, con cuatro esferas de 7 m de diámetro y un minutero de 4,2 m de largo, fabricado en cobre hueco. La torre fue rebautizada como Elizabeth Tower en 2012 en honor de la reina Isabel II, en su jubileo de diamante.

En 2023, la torre reabrió tras un proyecto de restauración de seis años, que restauró los colores de la esfera del reloj, en azul de Prusia y oro. Las visitas guiadas suben a los visitantes por los 334 escalones hasta el campanario, justo a tiempo de escuchar tañer las campanas del Big Ben. Las entradas están disponibles con tres meses de antelación cada segundo miércoles del mes a las 10.00, y se agotan enseguida.

⑤

Jewel Tower

📍 I7 📍 Abingdon St SW1 🚇 Westminster 🕐 Abr-oct: 10.00-17.00 diario; nov-mar: 10.00-16.00 sá y do (diario en vacaciones) 🚫 1 ene y 24-26 dic 🌐 english-heritage.org.uk

Este edificio del siglo XIV y el Westminster Hall (*p. 77*) son los vestigios del antiguo palacio de Westminster, destruido en un incendio en 1834. La torre se erigió en torno al año 1365 para guardar el tesoro de Eduardo III y conserva buena parte del original, como las bóvedas nervudas y los ornamentos del techo de la planta baja. La exposición incluye una réplica del palacio que ardió.

La torre albergó la oficina de pesos y medidas de 1869 a 1938; otra exposición muestra piezas de este periodo. Aún conserva restos del foso y de un muelle medieval.

Artist Residence

Este original hotel con encanto tiene diez habitaciones de bonito diseño, incluida una *suite*. El café y el salón del club son de primera.

📍 G9 📍 52 Cambridge St SW1 🌐 artistresidence.co.uk

£££

⑥

St Margaret's Church

📍 I7 📍 Broad Sanctuary SW1 🚇 Westminster 🕐 10.30-15.30 lu-sá, do solo para servicios religiosos 🌐 westminster-abbey.org/st-margarets-church

Esta iglesia de principios del siglo XII ha sido la preferida por la clase alta para celebrar sus bodas, como la del matrimonio Churchill. Conserva algunos elementos de época Tudor entre los que destaca

→ Teléfonos en la sala de mapas de las Churchill War Rooms

una vidriera que conmemora el matrimonio del rey Enrique VIII y su primera esposa, Catalina de Aragón.

⑦ Parliament Square

📍 I7 🚇 SW1 🚉 Westminster

Esta plaza, diseñada en 1868 para proporcionar mayor amplitud a los alrededores del Parlamento, hoy está atestada de tráfico. Las estatuas de estadistas las preside la figura de Winston Churchill mirando con el ceño fruncido al Parlamento. Entre las figuras más notables del lado oeste están las de Mahatma Gandhi y Nelson Mandela. La sufragista Millicent Fawcett es la única mujer representada en la plaza.

⑧ Downing Street

📍 I6 🚇 SW1 🚉 Westminster 🚫 Al público

La residencia y despacho oficial del primer ministro del Reino Unido es una de las cuatro casas que quedan de la hilera que construyó *sir* George Downing (1623-1684). Downing se fue a América de niño y regresó para luchar junto a los parlamentarios en la guerra civil. El edificio alberga el Comedor de Estado y la Sala del Gabinete, donde se celebran los consejos de ministros del Gobierno. Downing Street lleva cerrada al público desde 1989 por motivos de seguridad.

⑨   Churchill War Rooms

📍 I7 🚇 Clive Steps, King Charles St SW1 🚉 Westminster, St James's Park 🕘 9.30-18.00 diario (última adm: 17.00) 🚫 24-26 dic 🌐 iwm.org.uk

En este curioso laberinto de salas bajo el edificio del Treasury se escribió una página de la historia del siglo XX. Aquí se reunía el Gabinete de Guerra durante la Segunda Guerra Mundial, cuando las bombas alemanas caían sobre Londres. Incluyen dormitorios para los ministros y los altos mandos militares y la Cabinet Room, donde se decidían las estrategias. Se conservan como quedaron al final de la guerra, con el escritorio de Churchill, los equipos de comunicaciones y los mapas. El Churchill Museum es un museo multimedia que repasa la extraordinaria vida y carrera de Churchill; la exposición *Undercover: Life in Churchill's Bunker*, muestra historias personales, objetos y grabaciones de entrevistas con quienes trabajaron en las salas de guerra. La entrada incluye audioguía gratis.

EL CENOTAPH

En el Remembrance Sunday –el domingo más próximo al 11 de noviembre–, el Reino Unido conmemora a quienes perdieron la vida en conflicto desde la Primera Guerra Mundial. La ceremonia central se celebra en el Cenotaph, monumento construido por *sir* Edwin Lutyens en 1920 en Whitehall. Varios miembros de la familia real y otros dignatarios depositan coronas de flores y amapolas en su base.

← La Elizabeth Tower vista desde Albert Embankment

Horse Guards Parade, antiguo campo de justas de Enrique VIII

⑩
Banqueting House

📍 I6 🏛 Whitehall SW1
🚇 Embankment, Charing Cross, Westminster 🕐 Para visitas guiadas en días prefijados, consultar página web 🌐 hrp.org.uk

Este bello edificio tiene una considerable importancia arquitectónica, ya que fue el primero del centro de Londres en adoptar el estilo clásico paladiano que Inigo Jones importó de sus viajes a Italia. Terminado en 1622, su austera fachada de piedra presenta un fuerte contraste con los floridos torreones isabelinos y la recargada decoración exterior.

En 1630 Carlos I encargó a Rubens la decoración de los techos con una compleja exaltación de su padre, Jacobo I. Esta glorificación de la realeza se ganó el desdén de Oliver Cromwell y los parlamentarios, que decapitaron al rey Carlos I en un cadalso instalado frente a la Banqueting House en 1649. Once años después, la monarquía se restauró con la coronación de Carlos II.

Ahora el edificio se utiliza para actos oficiales y solo abre para visitas guiadas de una hora uno o dos días al mes y determinados días de cada mes.

⑪
Horse Guards Parade

📍 I6 🏛 Whitehall SW1
🚇 Westminster, Charing Cross, Embankment

Aquí tiene lugar cada año la ceremonia Trooping the Colour (p. 34), pero puede verse la pompa real a diario: el cambio de guardia del rey se realiza a las 11.00 (10.00 do) y hay una inspección de la guardia a las 16.00. Este era el campo de torneos de Enrique VIII; cerca aún quedan restos de la pista donde el rey jugaba al que se considera precedente del tenis actual. Los elegantes edificios, diseñados por William Kent, se completaron en 1755. En el lado opuesto, cubierta de hiedra, está la Citadel, una estructura a prueba de bombas construida en 1940 junto al Almirantazgo. En la Segunda Guerra Mundial se usó como centro de comunicaciones de la Armada.

QUEEN ANNE'S GATE

Cerca de la estación de metro de St James's Park se halla esta calle bien conservada y con espaciosas casas adosadas, muchas de ellas declaradas de interés excepcional. La mayoría datan de 1704 y destacan por los doseles de sus puertas. Las casas del extremo este de la calle se construyeron 70 años después; algunas lucen placas azules con los nombres de sus antiguos residentes, como lord Palmerston, primer ministro de la época victoriana. El nº 21 fue vivienda de Mansfield Smith-Cumming, fundador del Servicio Secreto de Inteligencia Británico, ahora MI6.

⑫ Household Cavalry Museum

📍 I6 🏛 Horse Guards, Whitehall SW1 🚇 Charing Cross, Westminster, Embankment 🕐 abr-oct: 10.00-18.00 diario; nov-mar: 10.00-17.00 mi-do 🚫 Viernes Santo, maratón de Londres, 24-26 dic; ceremonias 🌐 householdcavalry.co.uk/museum

Una colección de objetos y expositores interactivos recorre la historia de los regimientos con base en Horse Guards, desde la batalla de Waterloo (1815) hasta las misiones en Afganistán e Iraq a principios del siglo XXI. Se puede ver la actividad de los establos y los niños (grandes y pequeños) pueden probarse uniformes.

⑬ Guards Museum

📍 H7 🏛 Birdcage Walk SW1 🚇 St James's Park 🕐 10.00-16.00 diario 🚫 4 semanas med dic a med ene y ceremonias 🌐 theguardsmuseum.com

Al museo se accede desde Birdcage Walk y está situado bajo la gran explanada de Wellington Barracks, cuartel general de los cinco regimientos de la Guardia Real. Explica las batallas en las que ha participado la Guardia Real desde la guerra civil (1642-1651) hasta ahora. Se exhiben uniformes, armas y una fascinante colección de maquetas.

⑭ Westminster Cathedral

📍 H8 🏛 Victoria St SW1 🚇 Victoria 🕐 7.30-18.30 lu-vi, 7.30-19.00 sá, 7.30-20.00 do 🌐 westminstercathedral.org.uk

La catedral, uno de los pocos edificios neobizantinos de Londres, se construyó para la diócesis católica y se terminó en 1903. La torre, de 87 m de altura y construida en ladrillo rojo con franjas de piedra blanca, tiene un magnífico mirador. La rica decoración interior, con mármol policromado y trabajados mosaicos, choca con la desnudez de las cúpulas de la nave, que quedaron así por falta de financiación. Unos magníficos relieves del vía crucis, esculpidos durante la Primera Guerra Mundial por Eric Gill, adornan las columnas de la nave. El órgano es excepcional; hay recitales gratuitos casi todos los miércoles a la hora de comer, además de conciertos que requieren entrada.

Tower Viewing Gallery
🕐 11.00-15.30 vi-do

⑮ St John's Smith Square

📍 J8 🏛 Smith Sq SW1 🚇 Westminster 🕐 Solo para conciertos 🌐 sjss.org.uk

La imponente iglesia de Thomas Archer, obra maestra de la arquitectura barroca inglesa, parece querer salirse de la plaza. Hoy se emplea sobre todo como auditorio. Su historia es accidentada: se terminó en 1728, se quemó en 1742, le cayó un rayo en 1773 y la destruyeron los bombardeos en 1941. Hay un café en la cripta (10.00-17.00 lu-vi) que también abre las noches de concierto.

Los Life Guards forman parte de la Household Cavalry

UN PASEO
WHITEHALL Y WESTMINSTER

Distancia 1,5 km (1 milla) **Tiempo** 30 minutos
Metro St James's Park

Comparada con otras capitales, Londres cuenta con escasa arquitectura monumental, pero un paseo por la sede histórica del Gobierno y la Iglesia descubre unas avenidas anchas y elegantes, concebidas para exhibir su fastuosidad. Entre semana están repletas de funcionarios; los fines de semana las frecuentan sobre todo los turistas que visitan algunos de los lugares más famosos de la ciudad.

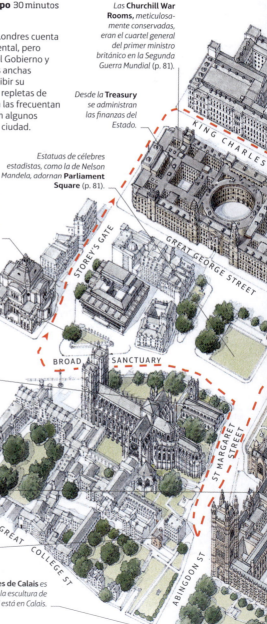

*Las **Churchill War Rooms**, meticulosamente conservadas, eran el cuartel general del primer ministro británico en la Segunda Guerra Mundial (p. 81).*

*Desde la **Treasury** se administran las finanzas del Estado.*

*Estatuas de célebres estadistas, como la de Nelson Mandela, adornan **Parliament Square** (p. 81).*

Central Hall, *erigido en 1911 como lugar de encuentro metodista, es un florido ejemplo del estilo beaux arts. En 1946 acogió la primera Asamblea General de las Naciones Unidas.*

Westminster Abbey *es la iglesia más importante de Londres (p. 72).*

*Las bodas de la alta sociedad suelen celebrarse en la **St Margaret's Church** (p. 80).*

*La **Westminster School** se fundó en el Dean's Yard en 1540.*

*Estatua del rey del siglo XII **Ricardo I Corazón de León**, obra de Carlo Marochetti (1860).*

*Los monarcas guardaban sus pertenencias más valiosas en la **Jewel Tower** (p. 80).*

Los burgueses de Calais *es una copia de la escultura de Rodin; la original está en Calais.*

84

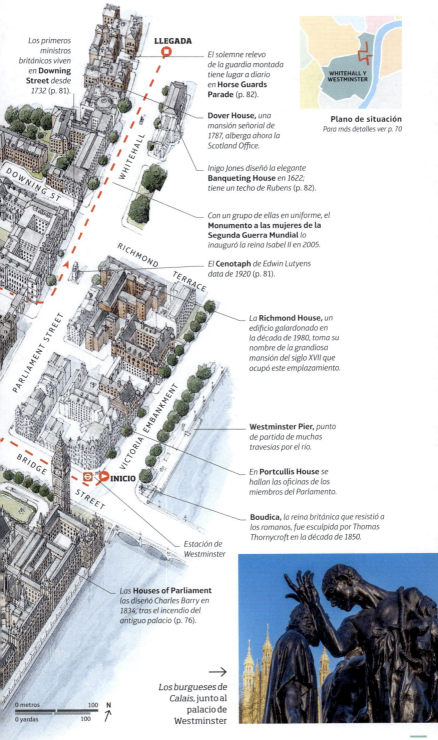

*Los primeros ministros británicos viven en **Downing Street** desde 1732 (p. 81).*

LLEGADA

*El solemne relevo de la guardia montada tiene lugar a diario en **Horse Guards Parade** (p. 82).*

Plano de situación
Para más detalles ver p. 70

WHITEHALL Y WESTMINSTER

Dover House, *una mansión señorial de 1787, alberga ahora la Scotland Office.*

*Inigo Jones diseñó la elegante **Banqueting House** en 1622; tiene un techo de Rubens (p. 82).*

*Con un grupo de ellas en uniforme, el **Monumento a las mujeres de la Segunda Guerra Mundial** lo inauguró la reina Isabel II en 2005.*

*El **Cenotaph** de Edwin Lutyens data de 1920 (p. 81).*

*La **Richmond House,** un edificio galardonado en la década de 1980, toma su nombre de la grandiosa mansión del siglo XVII que ocupó este emplazamiento.*

Westminster Pier, *punto de partida de muchas travesías por el río.*

*En **Portcullis House** se hallan las oficinas de los miembros del Parlamento.*

Boudica, *la reina británica que resistió a los romanos, fue esculpida por Thomas Thornycroft en la década de 1850.*

INICIO

Estación de Westminster

*Las **Houses of Parliament** las diseñó Charles Barry en 1834, tras el incendio del antiguo palacio (p. 76).*

→

Los burgueses de Calais, junto al palacio de Westminster

0 metros 100
0 yardas 100
N

Interior de los grandes almacenes Fortnum & Mason

MAYFAIR Y ST JAMES'S

La exclusividad de los barrios más aburguesados de Londres, con sus vínculos regios, tiene siglos de antigüedad. El St James's Palace fue la primera residencia real que se construyó en esta zona, en la década de 1530 por orden de Enrique VIII, quien también dispuso el coto de caza que se convertiría en el St James's Park. En el siglo XVII se añadieron grandes mansiones de aristócratas que querían estar cerca de la corte. Mayfair no emergió como barrio hasta finales del siglo XVII, cuando se trasladó al lugar la May Fair, una feria anual que venía instalándose en el actual Shepherd Market. La feria se suprimió en 1764 por su mala fama: el libertinaje y las reyertas no agradaban a los ricos residentes llegados al barrio con la expansión de la ciudad hacia el oeste. Se construyeron tres grandes plazas y Mayfair quedó en manos de unos pocos propietarios con grandes haciendas, como la familia Grosvenor, dueña de Grosvenor Estate.

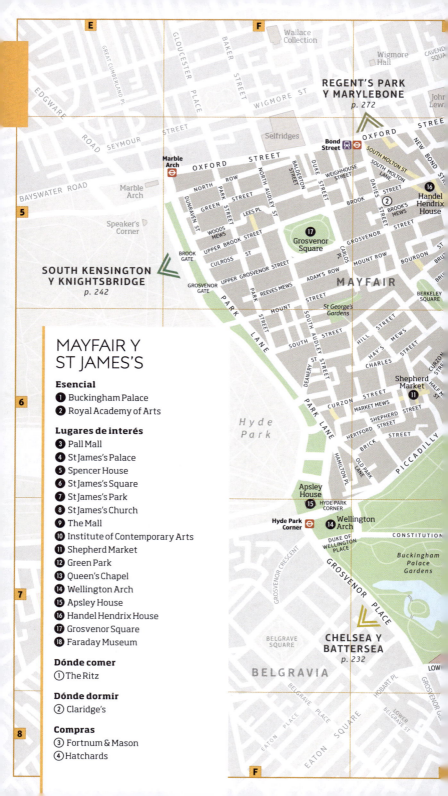

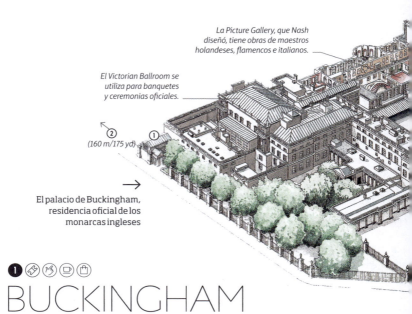

La Picture Gallery, que Nash diseñó, tiene obras de maestros holandeses, flamencos e italianos.

El Victorian Ballroom se utiliza para banquetes y ceremonias oficiales.

② (160 m/175 yd) ①

→ El palacio de Buckingham, residencia oficial de los monarcas ingleses

BUCKINGHAM PALACE

G7 SW1 St James's Park, Victoria Victoria State Rooms: ju-lu: med jul-ago 9.30-19.30 (último acceso: 17.15); sep 9.30-18.30 (último acceso: 16.15); visitas guiadas en días prefijados nov-may, consultar página web rct.uk

La residencia oficial del rey en Londres es uno de los puntos de referencia de la capital. En los opulentos salones oficiales se puede ver cómo vive la realeza.

Oficina administrativa y hogar familiar, el palacio de Buckingham es la residencia oficial de la monarquía británica en Londres. También se utiliza para recepciones de dignatarios extranjeros y para la reunión semanal entre el rey y el primer ministro. John Nash transformó la Buckingham House original en un palacio para Jorge IV (reinó de 1820 a 1830). Tanto él como su hermano Guillermo IV (reinó entre 1830 y 1837) murieron antes de que se completaran las obras. La reina Victoria fue la primera que residió en el palacio y añadió una cuarta ala para incorporar más dormitorios.

↑ La Queen's Gallery expone porcelana y obras de maestros antiguos

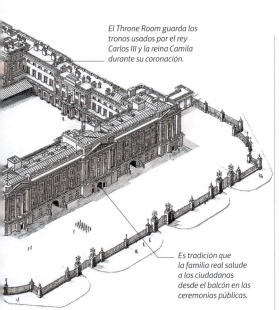

El Throne Room guarda los tronos usados por el rey Carlos III y la reina Camila durante su coronación.

Es tradición que la familia real salude a los ciudadanos desde el balcón en las ceremonias públicas.

→ Soldados participando en la ceremonia Trooping the Colour

↑ Anochecer sobre la East Front, incorporada al palacio en 1913

Esencial ☆

①

The Queen's Gallery

📍G7 🚇St James's Park, Victoria 🕐10.00-17.30 ju-lu (último acceso: 16:15) 🚫25, 26 dic; consultar página web entre exposiciones

La familia real posee una de las colecciones de arte más valiosas del mundo, que incluye obras de Johannes Vermeer y Leonardo da Vinci. La Galería de la Reina tiene un programa rotatorio con las obras más impresionantes de la colección real, basado en exposiciones temporales de arte, porcelana, joyas, mobiliario y manuscritos.

②

Royal Mews

📍G7 🚇St James's Park, Victoria 🕐10.00-17.00 diario (último acceso: 16.00) 🚫Puede cerrar sin previo aviso, consultar página web

Los aficionados al boato deben visitar las caballerizas y cocheras diseñadas por Nash en 1825, que alojan los caballos y carruajes que utiliza la familia real en las celebraciones oficiales. Su extensa colección de carruajes, automóviles y carrozas incluye la carroza de Estado irlandesa comprada por la reina Victoria para la Apertura del Parlamento, el landó descapotable de 1902, que ofrece a la multitud la mejor vista de las parejas reales recién casadas y el carruaje de cristal usado también en las bodas reales. El más reciente es el Diamond Jubilee State Coach, construido en 2012. La joya de la colección es el Gold State Coach, fabricado para Jorge III en 1762, con paneles de dioses y diosas romanos de Giovanni Cipriani; Este carruaje se ha usado para todas las coronaciones desde 1831.

ROYAL ACADEMY OF ARTS

H6 Burlington House, Piccadilly W1, 6 Burlington Gardens W1 Piccadilly Circus, Green Park, Oxford Circus, Bond St 10.00-18.00 ma-do (hasta 21.00 vi) 24-26 dic royalacademy.org.uk

Aunque posee una de las grandes colecciones de arte del país, la Real Academia de las Artes es más conocida por sus exitosas exposiciones temporales y por su famosa exposición estival anual.

Esta histórica institución siempre ha estado dirigida por sus académicos, nombrados de entre los propios artistas cuyas obras forman el grueso de la colección, que se reparte en dos edificios de estilo italiano llamados Burlington House y Burlington Gardens. En la primera planta de Burlington Gardens, la Collection Gallery tiene una pequeña exposición permanente de obras maestras. Los dos edificios, con entrada independiente, están unidos por un pasillo que discurre bajo las galerías e incluye el Julia and Hans Rausing Hall, de paredes de ladrillo y con esculturas de figuras anatómicas empleadas antes como modelos para los alumnos.

↑ Exterior de Burlington House, Royal Academy of Arts

→ Conjunto de obras expuestas en la anual Summer Exhibition

Esencial ☆

[1] *Sir* Joshua Reynolds intentó competir con el maestro holandés Rembrandt con su autorretrato, expuesto en la Collection Gallery.

[2] La única escultura en mármol de Miguel Ángel en Gran Bretaña es el *Tondo Taddei* (1504-1505); representa a la Virgen, el Niño y san Juan Bautista.

[3] La Collection Gallery alberga también esta copia de *La última cena* de Leonardo da Vinci, pintada por varios discípulos suyos.

LA SUMMER EXHIBITION

El plato fuerte del calendario de la academia y uno de los eventos más populares del arte británico es la exposición estival anual que se celebra desde 1769. Cualquiera puede enviar sus obras para que sean consideradas, con lo que el evento puede lanzar la carrera de artistas desconocidos, aunque los consagrados también exponen. Se seleccionan más de 1.500 obras de varias disciplinas –pintura, grabado, escultura, fotografía, cine y arquitectura– y se exponen entre junio y agosto en las calles del West End. Se cobra entrada al público y la mayoría de las obras están a la venta.

¿Lo sabías?

Entre los famosos participantes de la Summer Exhibition está *sir* Winston Churchill, que envió su obra con un seudónimo.

LUGARES DE INTERÉS

❸ Pall Mall

📍 H6 🏠 SW1 🚇 Charing Cross, Piccadilly Circus, Green Park

Esta calle noble toma su nombre del juego del *pall-mall,* una mezcla entre croquet y golf que se jugaba aquí a comienzos del siglo XVII. Pall Mall ha sido durante más de 200 años el lugar de Londres donde se han asentado los clubes para caballeros, formados por miembros de la élite.

Sus sedes son una buena forma de conocer a los arquitectos de moda en la época. En el extremo este, a la izquierda, está la entrada entre columnas al nº 116, el United Service Club (1827), obra de Nash, favorito del duque de Wellington y ahora sede del Institute of Directors. Frente a él, al otro lado de Waterloo Place, está el Athenaeum (nº 107), creado tres años después por el arquitecto Decimus Burton, y centro neurálgico del *establishment* británico desde entonces. Junto a él, hay dos clubes obra de *sir* Charles Barry, el cerebro detrás del Parlamento (*p. 76*): el Travellers en el nº 106 y el Reform en el nº 104. Los lujosos interiores están bien conservados, pero solo pueden entrar los socios y sus invitados.

❹ St James's Palace

📍 H6 🏠 Pall Mall SW1 🚇 Green Park 🎫 Al público 🌐 royal.uk

Enrique VIII construyó el palacio en la década de 1530 sobre una antigua leprosería y ha sido residencia real pocas veces, sobre todo durante el reinado de Isabel I y a finales del siglo XVII y principios del XVIII. En 2022, el rey Carlos III fue proclamado aquí monarca y los embajadores extranjeros aún presentan su acreditación oficial en este palacio. El ala norte, vista desde St James's Street, es uno de los conjuntos Tudor más hermosos de Londres. Sigue siendo residencia de, entre otros, la princesa real y la princesa Alexandra, y sus apartamentos se usan para actividades durante visitas de Estado.

❺ Spencer House

📍 H6 🏠 27 St James's Pl SW1 🚇 Green Park 🕒 Sep-jul: 10.30-16.00 do 🌐 spencerhouse.co.uk

Este palacio estilo palladiano, concluido en 1766 para el primer conde de Spencer, antepasado de la princesa Diana de Gales, ha recuperado su esplendor dieciochesco tras un proyecto de rehabilitación. Contiene magníficas pinturas y muebles de época. La casa está abierta al público los domingos, solo para visitas reservadas con guía.

❻ St James's Square

📍 H6 🏠 SW1 🚇 Green Park, Piccadilly Circus 🕒 8.00-16.30 lu.vi

Las plazas de Londres, cuadrángulos de casas elegantes en torno a jardines, son uno de los rasgos más atractivos de la ciudad. La de St James, una de las más antiguas, se diseñó en la década de 1670 y se rodeó de grandes casas para los que, por su negocio, debían vivir cerca de St James's Palace. Muchos edificios datan de los siglos XVIII y XIX y han tenido inquilinos ilustres. Durante la Segunda Guerra Mundial, los generales Eisenhower y De Gaulle tuvieron aquí su residencia.

El nº 10 lo ocupa Chatham House (1736), sede del Royal Institute of International Affairs, y en el nº 14 está la London Library (1896), biblioteca privada de préstamo fundada en 1841 por el

¿Lo sabías?

La reina Isabel II nació en el 17 de Bruton Street, Mayfair, en 1926.

←

La elegante Spencer House, junto al Green Park

→ El regio St James's Park, famoso por sus flores

historiador Thomas Carlyle (*p. 237*) y otros. Una estatua ecuestre de Guillermo III erigida en 1808 preside los hermosos jardines centrales.

❼
St James's Park

📍H6 ⌂SW1 🚇St James's Park ⏰5.00-24.00 diario 🌐royalparks.org.uk

Mucha gente de las oficinas cercanas toma el sol en verano entre los coloridos parterres de flores del parque más ornamental de la capital. En invierno, funcionarios bien abrigados discuten sus asuntos mientras pasean junto al lago, entre pelícanos, patos y gansos (se les da de comer a las 14.30 todos los días). Originalmente era una pradera que se inundaba,

↑ Vidriera de la St James's Church, diseñada por Wren

pero el parque fue drenado por Enrique VIII e incorporado a su coto de caza. A su regreso del exilio en Francia, Carlos II encargó su remodelación con un estilo más continental como jardín de recreo, con un aviario en el lado sur (de ahí Birdcage Walk, el nombre de la calle que discurre junto al parque).

Aún es un lugar muy popular para escapar del ajetreo de la ciudad, con una bonita vista de los tejados de Whitehall y del Buckingham Palace, una cafetería abierta a diario.

❽
St James's Church

📍H6 ⌂197 Piccadilly W1 🚇Piccadilly Circus ⏰10.00-16.00 lu-sá, 10.15-18.00 do 🌐sjp.org.uk

Entre las muchas iglesias que diseñó Christopher Wren, dicen que esta era una de sus preferidas. Ha sufrido varias reformas y una bomba la dejó medio derruida en 1940, pero conserva los rasgos principales de 1684: las grandes ventanas en arco y la esbelta aguja (una réplica de 1966). El retablo es uno de los mejores trabajos del maestro tallista del siglo XVII Grinling Gibbons. El artista y poeta

Fortnum & Mason

La sección de alimentación y las plantas de rebajas de lujo son el sello distintivo de Fortnum & Mason, uno de los grandes almacenes más célebres y caros de la ciudad, fundado en 1707.

📍H6 ⌂181 Piccadilly W1 🌐fortnumandmason.com

Hatchards

Fundada en 1797, esta elegante librería, ahora propiedad de Waterstones, es la más antigua de Londres. Tiene muchos libros sobre la casa real.

📍H6 ⌂187 Piccadilly W1 🌐hatchards.co.uk

William Blake y el primer ministro georgiano Pitt el Viejo fueron bautizados aquí.

La iglesia ofrece conciertos, charlas y otros eventos. Apretado a un lado, su sosegado Southwood Garden ofrece un respiro frente al bullicioso Piccadilly y en el patio hay un popular café.

95

Turistas en The Mall de camino a Buckingham Palace

❾ The Mall

 H6 SW1 Charing Cross, Piccadilly Circus, Green Park

Esta amplia avenida triunfal de acceso al Buckingham Palace fue creada por Aston Webb cuando rediseñó la parte frontal del palacio y el Victoria Memorial en 1911. Sigue el antiguo camino que bordeaba St James's Park, trazado en la década de 1660 durante el reinado de Carlos II, cuando era el paseo más elegante de Londres. Cuando un jefe de Estado extranjero visita Londres ondea la bandera de su país a ambos lados de The Mall. El maratón anual de Londres termina aquí, en medio de una multitud que vitorea con entusiasmo tanto a los exultantes corredores profesionales como a los que llegan rezagados.

---

❿ Institute of Contemporary Arts

I6 12 Carlton House Terrace SW1 Charing Cross, Piccadilly Circus 16.00-23.00 ma-ju; las salas de exposiciones cierran a las 21.00 ica.art

El Instituto de Artes Contemporáneas se fundó en 1946 con el fin de ofrecer a los artistas británicos instalaciones parecidas a las que el Museum of Modern Art de Nueva York procuraba a los suyos. Sus primeras exposiciones se celebraron en Oxford Street, antes de alojarse en Dover Street. Desde 1968 ocupa la neoclásica Carlton House Terrace (1833) de John Nash. Tiene su entrada en The Mall y es un amplio complejo con salas de exposiciones, cine, auditorio, librería y café-bar. También hay conciertos, teatro, danza y noches de discoteca. La entrada a las exposiciones es gratis los martes.

⓫ Shepherd Market

G6 W1 Green Park

Este atractivo enclave peatonalizado con pequeños comercios, restaurantes, *pubs* y cafés al aire libre, entre Piccadilly y Curzon Street, recibe su nombre de Edward Shepherd, que lo construyó a mediados del siglo XVIII. Desde la década de

Afternoon Tea at the Ritz

La merienda más sofisticada de la ciudad, acompañada por un piano y un arpa. Sandwiches, *scones* y exquisitos pasteles. Los hombres deben ir con chaqueta y corbata.

G6 150 Piccadilly W1 theritzlondon.com

£££

1680 hasta la de 1760 tuvo lugar aquí la May Fair anual, de 15 días de duración (por la que recibe su nombre la zona), hasta que la cerraron por ser muy tumultuosa. Más tranquilo (y mucho más orientado al negocio) a día de hoy, Shepherd Market sigue siendo en buena medida el corazón de Myfair.

⓬ Green Park

G6 **SW1** **Green Park, Hyde Park Corner** **5.00-medianoche diario** **royalparks.org.uk**

Carlos II adaptó este antiguo coto de caza de Enrique VIII para uso público en la década de 1660. Se trata de un espacio natural de onduladas praderas y árboles (además de preciosos narcisos en primavera). Era el lugar favorito para batirse en duelo durante el siglo XVIII; en 1771 el poeta Alfieri fue herido aquí por el marido de su amante, el vizconde de Ligonier, pero pudo volver al Haymarket Theatre a tiempo de ver el último acto de una obra. Hoy es un lugar popular para alejarse del bullicio.

⓭ Queen's Chapel

H6 **Marlborough Rd SW1** **Green Park**

Esta capilla del arquitecto Inigo Jones se construyó en 1627 para la esposa francesa de Carlos I, Enriqueta María. Destinada a formar parte del St James's Palace, fue la primera iglesia clásica construida en Inglaterra, a la que contribuyeron Grinling Gibbons y Christopher Wren. Jorge III se casó aquí con Carlota de Mecklemburgo-Strelitz en 1761. Solo abre para el servicio dominical (8.30 y 11.15) de Semana Santa a finales de julio.

> **GALERÍAS COMERCIALES**
>
> En la zona de Piccadilly hay cuatro galerías comerciales con arquerías construidas en los siglos XIX y XX. Estos elegantes pasadizos cubiertos eran los centros comerciales de lujo de la época y hoy siguen albergando tiendas sofisticadas. La primera que abrió, en 1819, fue Burlington Arcade, que marcó la pauta para las otras tres galerías: Royal, Princes y Piccadilly.

← Descansando en el sombreado y pintoresco Green Park

⑭ Wellington Arch

F7 Hyde Park Corner SW1 ⊖Hyde Park Corner ⏱ Abr-oct: 10.00-17.00 mi-do y festivos; nov-mar: 10.00-16.00 mi-do 🗓24-26 dic 🌐english-heritage.org.uk

Concebido originalmente como puerta exterior de Buckingham Palace, este arco se erigió en 1828 y en 1846 se le añadió una gigantesca y controvertida estatua del duque de Wellington. En la década de 1880, el arco se trasladó a su actual ubicación sin la estatua. La escultura de Niké, diosa alada de la victoria, obra de Adrian Jones, se añadió en 1912. Antes de instalarla, Jones sentó a tres personas a cenar sobre uno de los caballos.

Las salas interiores del arco acogen exposiciones, y al pie de la escultura hay un mirador que ofrece magníficas vistas de los parques y jardines del Buckingham Palace.

CASAS DE SUBASTAS

Sotheby's, Bonhams y Christie's encabezan la lista de casas de subastas de Mayfair y St James's. Las tres se fundaron en el siglo XVIII y han supervisado la venta de muchas de las antigüedades y obras de arte más valiosas del planeta. En 1836, Bonhams vendió una colección de muebles del Buckingham Palace; la obra *Los girasoles,* de Van Gogh, se vendió en Christie's en 1987 por 24,75 millones de libras; y en 2016 se vendió la colección de arte de David Bowie por casi 33 millones de libras en la sala de Sotheby's en New Bond Street.

⑮ Apsley House

F7 Hyde Park Corner W1 ⊖Hyde Park Corner ⏱ Ene-mar: 11.00-16.00 sá y do; abr-dic: 11.00-17.00 mi-do y festivos 🗓Semana Navidad 🌐englishheritage.org.uk

Situada en la esquina sureste de Hyde Park, Apsley House, conocida también como Number One London, fue construida por Robert Adam para el barón Apsley en 1778. Cincuenta años después, el arquitecto Benjamin Dean Wyatt amplió y reformó el edificio para el duque de Wellington, político y soldado que venció a Napoleón en Waterloo (1815) y fue primer ministro durante dos mandatos (1828-1830 y 1834). Su colección de arte se exhibe entre las sedas y dorados del interior. Se pueden admirar obras de Goya, Velázquez, Tiziano y Rubens junto a piezas de porcelana, plata y mobiliario. Entre los objetos personales del duque, destaca irónicamente una colosal

estatua de Napoleón, esculpida por Antonio Canova y exhibida en el hueco de la escalera.

⓰
Handel Hendrix House

📍 **G5** 🏠 **25 Brook St W1** 🚇 **Bond Street** 🕐 **10.00-17.00 mi-do (último acceso 16.00)** 🚫 **2 semanas en Navidad/Año Nuevo** 🌐 **handelhendrix.org**

Un par de casas georgianas de Brook Street tienen conexiones musicales muy distintas. En el nº 25 vivió Georg Friedrich Händel desde 1724 hasta que murió en 1759, y su casa se ha restaurado para que recupere el aspecto georgiano que tuvieron en vida del compositor, con retratos e instrumentos musicales.

En 1968, Jimi Hendrix se trasladó al apartamento del último piso del edificio contiguo. Una exposición habla de la época que pasó en Londres y

 Guitarra de Jimi Hendrix expuesta en la Handel Hendrix House

su dormitorio también se ha recreado cuidadosamente, con sus ceniceros y la colección de guitarras del músico. Hay que consultar la página web para conocer detalles de conciertos íntimos en el comedor de Händel y de jam sessions y talleres de guitarra en el dormitorio de Hendrix.

⓱
Grosvenor Square

📍 **F5** 🏠 **W1** 🚇 **Bond Street**

Mayfair acoge desde hace mucho parte de las mejores viviendas de Londres, sobre todo en una serie de prestigiosas plazas, construidas a principios del siglo XVIII.

Tomando el sol en Grosvenor Square; un pórtico ofreciendo su sombra *(arriba)*

Claridge's
Hotel histórico y glamuroso en un edificio *art déco* abierto desde 1812. En sus 200 lujosas habitaciones se alojan celebridades y miembros de la realeza. Todo un clásico.

📍 **G5** 🏠 **49 Brook St W1** 🌐 **claridges.co.uk**

£££

Grosvenor Square es la más grande y mantiene desde hace mucho vínculos con EE. UU., pues John Adams vivió en el nº 9 entre 1785 y 1789. La cara oeste está ocupada por lo que fue la embajada estadounidense hasta 2017. Este edificio brutalista de Eero Saarinen está siendo convertido en un lujoso hotel de 139 habitaciones por David Chipperfield Associates, cuya apertura se prevé para 2025. Una estatua de Franklin D. Roosevelt –32º presidente de EE. UU.– se alza en la cara norte de la plaza.

⓲
Faraday Museum

📍 **G5** 🏠 **The Royal Institution, 21 Albemarle St W1** 🚇 **Green Park** 🕐 **9.00-17.00 lu-vi** 🚫 **Festivos** 🌐 **rigb.org**

Michael Faraday fue uno de los pioneros del siglo XIX en el uso de la electricidad. El museo, parte de la Royal Institution, organismo dedicado al estudio científico, contiene una recreación del laboratorio de Faraday y parte de sus aparatos científicos, así como muestras del trabajo de otros grandes científicos.

EXPLORA Mayfair y St James's

UN PASEO
ST JAMES'S

Distancia 2,5 km (1,5 millas) **Tiempo** 35 minutos
Metro Green Park

Después de que Enrique VIII mandara construir el
St James's Palace, en la década de 1530, la zona se
convirtió en la más exclusiva de Londres, y así lo ha
sido desde entonces. Sus históricas calles, plazas y
galerías comerciales atraen a un público realmente
internacional… y muy rico. Un paseo a través del
distrito pasa ante tiendas de marcas mundiales
exclusivas y comercios británicos clásicos que han
abastecido a la realeza y la aristocracia desde hace
siglos. El barrio alberga además la Royal Academy
y muchas galerías de arte independientes.

La mansión **Albany**
es uno de los edificios
más elegantes de
Londres desde su
apertura, en 1803.

Sir *Joshua Reynolds fundó la* **Royal
Academy of Arts** *en 1768. Ahora
ofrece importantes exposiciones
muy populares (p. 92).*

*Conserjes uniformados
impiden cualquier conducta
inadecuada en* **Burlington
Arcade,** *una galería
comercial del siglo XIX (p. 97).*

*Un lacayo de la reina Ana
fundó* **Fortnum & Mason**
en 1707 (p. 95).

*Fundado por César Ritz
en 1906, el* **Ritz Hotel** *sigue
haciendo honor a su fama.*

Ryder Street *está llena de
galerías de arte.*

*Un antepasado de la princesa
Diana construyó la* **Spencer
House** *en 1766 (p. 94).*

¿Lo sabías?
En 1807, Pall Mall fue la
primera calle del
mundo iluminada por
alumbrado de gas.

Clarence House,
*diseñada por
John Nash para
Guillermo IV.*

0 metros   100
0 yardas   100

N

INICIO

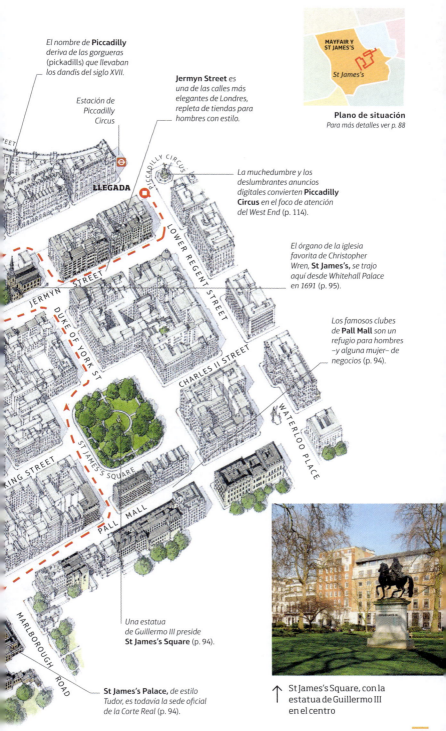

St James's Square, con la estatua de Guillermo III en el centro

UN RECORRIDO LARGO
DE MAYFAIR A BELGRAVIA

EXPLORA Mayfair y St James's

Distancia 5 km (3 millas) **Tiempo** 70 minutos
Metro Green Park

Este espectacular recorrido va desde Green Park a Hyde Park, atravesando el corazón de dos de los barrios georgianos residenciales más elegantes de Londres: Mayfair y Belgravia. Incluye un tonificante paseo por Hyde Park y la posibilidad, para los más activos, de alquilar una barca de remos y navegar por el Serpentine. A lo largo del camino hay muchos *pubs* acogedores y encantadores cafés en los que poder parar para un merecido descanso.

En **Park Lane**, *en su época la calle residencial más solicitada de la ciudad, están varios de los hoteles más lujosos de Londres.*

Al entrar por Hyde Park, hay que buscar el **Speaker's Corner** (p. 257), *donde los domingos se reúne toda clase de gente para dar discursos.*

Atravesando el parque, mientras se disfruta de las vistas, se llega a **Boat House,** *donde se pueden alquilar barcas de remos de abril a octrubre.*

Si se gira a la izquierda y se sigue el sendero, se encuentra el **Serpentine Bar and Kitchen** *para tomar algo.*

El **Pantechnicon** *es una extravagante estructura de 1830, con inmensas columnas dóricas en la fachada. Ahora es un centro culinario de referencia.*

Cruzando Knightsbridge se llega caminando entre la multitud a uno de los grandes almacenes más famosos de la ciudad, **Harrods** (p. 254). *Si se prefiere, Harvey Nichols está justo a la salida de la estación de metro de Knightsbridge.*

En Belgravia se puede parar en **Nags Head,** *uno de los pubs más pequeños de Londres. Desde la misma calle arrancan hermosas callejuelas.*

Plano de situación
Para más detalles ver p. 244 y p. 88

Los oficinistas de la zona disfrutan del sol en Berkeley Square

Hacia el norte se llega hasta **Mount Street Gardens**, un remanso de paz en la parte de atrás de la Jesuit Church of the Immaculate Conception.

En la frondosa **Berkeley Square** se encuentran algunas maravillosas casas del siglo XVIII.

Por el sur de la plaza, se sigue hasta girar en **Charles Street**, que en los n°s 40 y 41 conserva unos bonitos faroles antiguos.

Bajándose en la parada de Green Park, lo primero que aparece es el precioso hotel **Ritz** (p. 96). Luego se gira a la izquierda en Berkeley Street.

Para picar algo el **Shepherd Market** (p. 96) es ideal. Lo diseñó Edward Shepherd, que también construyó la cercana Crewe House en 1730.

El paseo termina en la estación de metro de **Hyde Park Corner**. Desde aquí se puede pasar más tiempo en cualquier Royal Park de los alrededores.

0 metros 400
0 yardas 400
N

↑ Cena al aire libre en los elegantes cafés de Shepherd Market

103

Kingly Court, en Soho, popular destino gastronómico

SOHO Y TRAFALGAR SQUARE

En el siglo XVII, ricos terratenientes empezaron
a desarrollar el Soho, un antiguo coto de caza real.
Sus aristocráticos residentes, al contrario que los
del vecino Mayfair, se marcharon pronto y su
influencia en el carácter de la zona se fue con ellos.
El barrio se convirtió en sinónimo de bohemia e
inmigración. Hugonotes franceses, judíos, griegos,
italianos, malteses, chinos y otros llegaron al
Soho en números significativos entre finales del
siglo XVII y mediados del XX. También acudieron
escritores, músicos y otros artistas, así como
gánsteres y jugadores, y la zona tuvo un aire
provocador y alternativo hasta finales de la década
de 1980. En contraste, Trafalgar Square, con sus
grandiosos edificios y su proximidad a Whitehall,
siempre ha tenido estrechos vínculos con el
establishment, aunque tradicionalmente también
ha sido escenario de protestas. La plaza en sí, que
durante siglos albergó los establos reales, data
del siglo XIX y recibió su nombre en 1830.

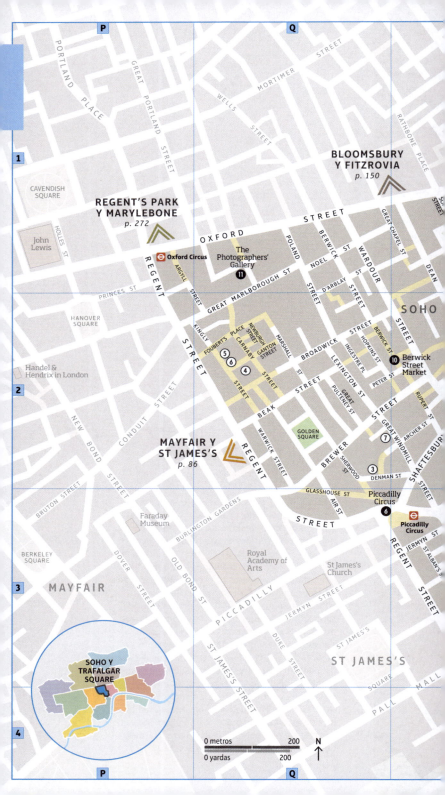

NATIONAL GALLERY

S3 Trafalgar Sq WC2 Charing Cross, Leicester Sq, Piccadilly Circus Charing Cross 10.00-18.00 diario (21.00 vi); conviene reservar entradas online para evitar colas 24-26 dic, 1 ene nationalgallery.org.uk

Erigida en el corazón del West End para que sea accesible para todos, la National Gallery contiene las pinturas más famosas del mundo de maestros como Rubens, Velázquez, Monet y Van Gogh.

La National Gallery ha ido ganando prestigio desde su nacimiento. En 1824 la Cámara de los Comunes adquirió 38 importantes pinturas, entre ellas obras de Rafael y Rubens, con las que se inauguró la pinacoteca nacional. Hoy día la colección reúne más de 2.300 cuadros de la tradición pictórica europea occidental. La galería principal fue diseñada en estilo neogriego por William Wilkins y construida entre 1833 y 1838; más tarde se amplió y en 1876 se añadió la cúpula. A su izquierda está la Sainsbury Wing, cerrada por reformas hasta 2025.

La colección

Alojada sobre todo en una planta, la colección abarca desde finales del Medievo hasta principios del siglo XX, incluyendo el Renacimiento italiano, los maestros holandeses y flamencos y el impresionismo francés. Hay obras de artistas como Botticelli, Leonardo, Rembrandt, Turner y Goya. Destacan *El matrimonio Arnolfini*, de Van Eyck, la *Virgen de los claveles*, de Rafael, *Un baño en Asnières*, de Seurat, y *Los girasoles*, de Van Gogh.

Fachada de la National Gallery desde Trafalgar Square

Grupos de visitantes contemplan el trabajo de los maestros en las amplias salas

NG200

Debido a la celebración del bicentenario en 2024-2025, la galería está reubicando toda su colección, poniendo más énfasis en los temas que en la cronología. Ello traerá un cierre temporal de salas y otras incidencias, así que habrá que consultar la página web o pedir ayuda a un guía si se pretende ver una obra concreta.

Esencial ☆

CONSEJO DK
Con guía

Las visitas guiadas de una hora a la colección son de martes a jueves, a las 15.00. Estas visitas informativas recorren las obras más emblemáticas del museo.

↑ Una pausa en frente de las obras maestras de la galería

NATIONAL PORTRAIT GALLERY

◎ S3 ⌂ St Martin's Place WC2 ⊖ Leicester Sq, Charing Cross ⇌ Charing Cross ⊙ 10.30-18.00 (hasta 21.00 vi y sá) ⊗ 24-26 dic ⊛ npg.org.uk

Ubicada un tanto injustamente a la sombra de la National Gallery, contigua y más popular, esta National Portrait Gallery, con más de 220.000 obras que abarcan seis siglos, acoge la mayor colección de retratos del mundo.

> **GALLERY GUIDE**
>
> La colección principal discurre cronológicamente, desde los populares Tudor, en el Nivel 3, hasta los retratos del siglo XXI del ala Westong en el Nivel 1. Hay más retratismo contemporáneo, incluidas parte de las adquisiciones más recientes, en la galería History Makers Now, en el Nivel 0, que acoge las exposiciones temporales. Conviene consultar la página web para informarse sobre charlas y visitas guiadas diarias.

La galería cuenta la historia de Gran Bretaña desde finales de la Edad Media con los retratos de todo un elenco de personajes que ponen rostro a nombres habituales en los libros de historia y resaltan en primer plano otras figuras menos conocidas. Fundada en 1856, la primera adquisición del museo fue una de las representaciones más famosas de William Shakespeare, el conocido como "retrato de Chandos" y que se considera la única imagen que se pintó de él en vida. Ese retrato todavía cuelga en el museo junto a imágenes de reyes, reinas, músicos, artistas, pensadores, héroes y villanos desde el siglo XIV. Otra de las obras más antiguas de la galería es un cartón de Hans Holbein de Enrique VIII, mientras que la colección también acoge retratos de iconos británicos modernos como David Beckham o Judi Dench.

Retratos de los siglos XVIII y XIX, expuestos siguiendo el modelo salón ↑

Esencial ☆

↑ Patio y entrada principal de la National Portrait Gallery

TOP 5 RETRATOS DESTACADOS

Isabel I
Espléndido retrato de Ditchley, de los varios de la reina que se exhiben.

Samuel Pepys
El famoso *Diario de Pepys* es la mejor crónica del Londres del siglo XVII.

Hermanas Brontë
El único retrato conjunto de las tres hermanas escritoras.

Mary Seacole
Enfermera nacida en Jamaica, famosa por su trato a los heridos de la Guerra de Crimea.

Tim Berners-Lee
Vívida escultura en bronce del inventor de Internet.

→ Retrato de Henry Purcell *(h.* 1695), del estudio de John Closterman

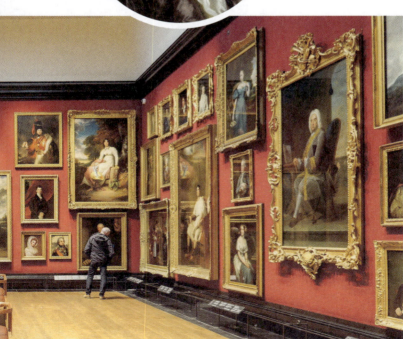

CHINATOWN

R2 Gerrard St y alrededores W1 Leicester Sq, Piccadilly Circus chinatown.co.uk

Aun siendo mucho menor que sus equivalentes en Nueva York y San Francisco, el Chinatown londinense tiene encanto. Sus abundantes restaurantes y el constante ajetreo atraen a un nutrido público.

Chinatown ocupa una pequeña red de calles peatonales al norte de Leicester Square, aunque la vida gira en torno a su vía principal, Gerrard Street. La comunidad china de Londres, formada por unas 120.000 personas, procede sobre todo de Hong Kong. Al principio se concentró en Limehouse, en el East End. En la década de 1960 se trasladó a su actual asentamiento del Soho, pero con el tiempo acabó dispersándose por toda la ciudad. Chinatown es un pequeño pero animado barrio caracterizado por sus arcos ornamentales y, muy a menudo, cubierto de farolillos de papel. El lugar está lleno de restaurantes y supermercados chinos tradicionales, con panaderías, tiendas de té de burbujas, herbolarios y centros de acupuntura y masajes.

EL AÑO NUEVO CHINO

Basado en ciclos lunares, el Año Nuevo chino cae entre el 21 de enero y el 20 de febrero. En Chinatown se celebra bulliciosamente bajo un cielo de farolillos rojos, al son de petardos y entre el aroma de los puestos de comida. La celebración dura una quincena, pero la fiesta principal es en domingo: un desfile recorre el barrio y Shaftesbury Avenue se cierra al tráfico; en esta calle y en Trafalgar Square se montan escenarios para espectáculos de danza y artes marciales.

Gerrard Street, corazón de Chinatown, durante el Año Nuevo chino

1 Arcos chinos adornan Chinatown, en el Soho.

2 Existen muchos lugares tradicionales para probar la variada gastronomía china.

3 Las tiendas de Chinatown venden artículos chinos tradicionales.

¿Lo sabías?

Hay más de 100 restaurantes concentrados en Chinatown.

Shu Xiangge

Especialistas en el puchero tradicional de Sichuan, con 80 ingredientes para añadir a sus olorosos caldos. El interior tradicional luce un mural pintado a mano.

🏠 10 Gerrard St W1
🌐 shuxiangge.uk

££ £

Bun House

Local especializado en *bao* cantonés, hay colas hasta la calle. Después de llenarse con los esponjosos bollitos al vapor se puede acabar con la deliciosa tostada francesa con mermelada *kaya*, servida con nata montada.

🏠 26-27 Lisle St WC2
🌐 bun.house

££ £

113

LUGARES DE INTERÉS

Trafalgar Square

S3 **WC2** **Charing Cross**

La plaza, el lugar preferido en Londres para celebrar actos públicos, fue proyectada por John Nash y construida en su mayor parte durante la década de 1830. La preside una columna de 52 m en honor del almirante lord Nelson, quien murió heroicamente en la batalla de Trafalgar en 1805. Erigida en 1842, 14 canteros cenaron en su parte alta antes de instalarla. Los cuatro leones de Edwin Landseer custodian la base. El lado norte de la plaza lo ocupa ahora la National Gallery (p. 108), mientras que Canada House se alza en el lado oeste y South Africa House hacia el sur. Tres pedestales sustentan estatuas de importantes personalidades. El dinero se acabó y no se pudo ocupar el cuarto pedestal, en la esquina noroeste de la plaza. Actualmente, se exhiben aquí obras que cambian cada uno o dos años, convirtiendo esta esquina en uno de los espacios expositivos más singulares de Londres.

St Martin-in-the-Fields

S3 **Trafalgar Sq WC2** **Charing Cross** **9.00-17.00 diario (12.00-19.30 mi)** **stmartin-in-the-fields.org**

Este lugar ha estado ocupado por un templo desde el siglo XIII. Muchos personajes célebres están enterrados aquí, como la amante de Carlos II, Nell Gwynne, y los pintores William Hogarth y Joshua Reynolds.

La iglesia actual la proyectó James Gibbs y se terminó en 1726. Arquitectónicamente fue de las más influyentes: marcó un estilo que se imitó por toda América del Norte. Un rasgo peculiar de su interior es el palco real situado al mismo nivel que la galería, a la izquierda del altar.

De 1914 hasta 1927 la cripta dio cobijo a soldados y otras personas sin hogar; en la Segunda Guerra Mundial fue refugio antiaéreo. Hoy aún atiende a los necesitados. Cuenta también con un café, una tienda de regalos y un taller de grabado en latón. La iglesia ofrece conciertos a la hora de comer y por la tarde (hay que sacar entrada) y en la cripta hay veladas de cabaret. También hay eventos musicales con frecuencia y cualquiera es bien recibido durante los servicios, que se celebran casi todos los días.

Piccadilly Circus

Q3 **W1** **Piccadilly Circus**

Hace años que la gente se reúne al pie de la estatua de Eros erigida en 1892 en homenaje al conde de Shaftesbury, un filántropo victoriano. En su origen, la estatua quiso representar a un ángel, pero fue rebautizado

Trafalgar Square con St-Martin-in-the-Fields al fondo ↓

↑ Las concurridas aceras de Piccadilly Circus, con la estatua de Eros al fondo

por el imaginario público con el nombre del dios griego del amor. Con sus alas y su arco, se ha convertido casi en un símbolo de la capital. Piccadilly Circus, que formaba parte del proyecto urbanístico de Nash para Regent Street, ha experimentado importantes reformas durante los últimos años y ahora se compone principalmente de tiendas de recuerdos y grandes cadenas. Los inmensos, curvados y chillones anuncios digitales de neón son la entrada al barrio más alegre de la ciudad, el Soho, lleno de cines, teatros, discotecas, restaurantes y *pubs*.

Leicester Square

Q R2 **M** WC2 **S** Leicester Sq, Piccadilly Circus **W** leicestersquare.london

Cuesta imaginar que este agitado corazón del West End fuera la zona residencial de moda. Diseñada en 1670 al sur de Leicester House, una antigua residencia real, entre los que vivieron aquí destacan *sir* Isaac Newton y los artistas Joshua Reynolds y William Hogarth.

Llegado el siglo XIX, la zona perdió prestigio y se abrieron aquí los auditorios más populares, entre ellos el Empire (nombre que conserva el cine que ocupa su lugar) y el Alhambra, que fue sustituido en 1937 por el Odeon, de estilo *art déco*. En la cara sur de la plaza hay una taquilla de TKTS que vende entradas de teatro con descuento. La fuente central, con su estatua de William Shakespeare, es de 1874. Por toda la plaza también hay estatuas de leyendas de la gran pantalla, desde Paddington hasta Mary Poppins, que se pueden examinar siguiendo una ruta interactiva.

La zona está directamente orientada al turismo y las calles del Soho y Chinatown hacia el norte (p. 112) son una buena opción para comer o beber algo.

Café in the Crypt
Cafetería popular con comida sencilla en la cripta de una iglesia. Sirven alcohol.

Q S3 **M** St Martin-in-the-Fields, Trafalgar Sq WC2 **W** stmartin-in-the-fields.org

---

Barrafina
Restaurante español ultramoderno con decoración industrial.

Q R2 **M** 26 Dean St W1 **W** barrafina.co.uk

££££

Kricket
Cocina india de *gourmet* servida en tapas.

Q Q2 **M** 12 Denman St W1 **W** kricket.co.uk

££££

Pastaio
Especialista en pasta con mesas compartidas.

Q Q2 **M** 19 Ganton St W1 **W** pastaio.co.uk

££££

Kolamba
Restaurante de Sri Lanka con estilo y una carta breve que destila lo mejor de la variada cocina de la isla.

Q Q2 **M** 21 Kingly St W1 **W** kolamba.co.uk

←

Estatua de William Shakespeare en el centro de Leicester Square

Trafalgar Square, dominada por la columna de Nelson y rodeada de edificios grandiosos

Shaftesbury Avenue, el corazón del distrito de los teatros de Londres

8

Charing Cross Road

S2 WC2 Leicester Sq

En esta antigua meca de los bibliófilos muchas librerías han tenido que cerrar por la subida de los alquileres. Aun así, aquí sigue ubicada la principal tienda de la venerable librería Foyles *(p. 55)*. El extremo norte de la calle, cerca del cruce con New Oxford Street ha sido objeto de remodelación en los últimos años. En el lado oeste, @sohoplace es el primer teatro de nueva construcción en más de 50 años. Enfrente está el Outernet London, un lustroso y moderno *distrito de ocio inmersivo* con dos locales de actuaciones en directo e inmensas pantallas digitales, en cambio constante.

Ain't Nothin' But
En este clásico londinense, conocido popularmente como el Blues Bar, el ambiente nunca se enfría. Una animada clientela se divierte en su salón de luces tenues.

Q2 20 Kingly St W1

The Lyric
Este acogedor y animado bar victoriano atrae a los amantes del lúpulo con una de las mejores selecciones de cerveza del Soho. Además, la comida está muy bien.

Q2 37 Great Windmill St W1
lyricsoho.co.uk

9

Shaftesbury Avenue

R2 W1 Piccadilly Circus, Leicester Sq

Por antonomasia calle de los teatros, con seis de ellos y tres cines, también está llena de restaurantes, bares y discotecas, por lo que está muy animada por la noche. La avenida se abrió siguiendo un viejo camino a través de una zona de chabolas entre los años 1877 y 1886, y se llama así por el conde de Shaftesbury (1801-1885), cuyos intentos por mejorar las condiciones de habitabilidad fueron de gran ayuda para los necesitados de la zona.

→
Exposición de imágenes del Deutsche Börse Photography Foundation Prize 2018 en la Photographers' Gallery

10

Berwick Street Market

R2 W1 Piccadilly Circus 8.00-18.00 lu-sá thisissoho.co.uk/the-market

Este mercado data de finales del siglo XVIII. Fue uno de sus comerciantes, Jack Smith, quien introdujo el pomelo en

Londres en 1890. Hoy casi todos los viejos comercios han sido sustituidos por puestos de comida callejera, aunque todavía quedan algunos puestos de fruta y verdura. Berwick Street atrae desde hace mucho a los amantes de los discos de vinilo, con Reckless Records en el nº 30 y Sister Ray en el 75, y también se puede encontrar un ecléctico puñado de tiendas de ropa poco común y cafés de moda. En su extremo sur se estrecha y se convierte en el callejón donde el famoso local de *streaptease* Raymond Revuebar (la cara respetable del Soho más sórdido) ofreció su *festival de erotismo* desde 1958 hasta 2004.

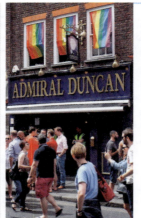

EL LATIDO DEL SOHO

En el corazón del Soho está Old Compton Street, llena de restaurantes, bares, discotecas y tiendas. Hogar durante siglos de escritores y músicos, hoy es un santuario LGTBIQ+, que cuenta con locales muy populares, entre ellos el *pub* Admiral Duncan. En Frith Street están el club de jazz Ronnie Scott's y el Bar Italia, sobre cuyo techo John Logie mostró una televisión por primera vez en 1926.

¿Lo sabías?

En la década de 1960, una banda de la mafia maltesa, el Syndicate, controlaba cuatro de cada cinco locales de *streaptease* del Soho.

The Photographers' Gallery

Q1 16-18 Ramillies St W1 Oxford Circus 10.00-18.00 lu-sá, 11.00-18.00 do thephotographersgallery.org.uk

Esta pionera galería expone obras de fotógrafos nuevos y consagrados y ofrece conferencias, talleres (especialmente para jóvenes fotógrafos) y proyecciones de filmes. Los jueves y viernes abre hasta tarde (20.00) y los viernes la entrada es gratuita para Friday Lates, a partir de las 17.00. Cuenta con un café y una librería que vende cámaras y grabados.

UN PASEO
SOHO Y TRAFALGAR SQUARE

Distancia 1,5 km (1 milla) **Tiempo** 20 minutos
Metro Leicester Square

Soho es el barrio más animado de Londres, con numerosos restaurantes, cines, teatros y bares. El paseo recorre avenidas amplias pobladas de regios edificios de oficinas, deambulando hasta Trafalgar Square, uno de los ejes del West End y punto de encuentro para turistas.

Charing Cross Road (p. 118) *es famosa por sus librerías especializadas y de segunda mano.*

INICIO

Shaftesbury Avenue (p. 118), *llena de teatros, con famosos espéctaculos de larga duración y estrenos, es el centro teatral de referencia en Londres.*

Los farolillos chinos engalanan **Chinatown** (p. 112), *un barrio atestado de pintorescos restaurantes y tiendas.*

Notre Dame de France, *en otro tiempo un teatro, se convirtió en iglesia en la década de 1860. Los frescos de Jean Cocteau del interior son de 1959.*

Una estatua de William Shakespeare del siglo XIX domina **Leicester Square** (p. 115), *el barrio cinéfilo de la ciudad.*

Theatre Royal Haymarket *luce un pórtico de John Nash.*

← La gente se reúne cerca de la fuente central en Leicester Square

↑ Visitantes en Trafalgar Square, con sus fuentes y dominada por la columna de Nelson

Plano de situación
Para más detalles, ver p. 106

The Hippodrome, una antigua discoteca, fue en su día un teatro de variedades, y hoy es un casino.

Estación de Leicester Square

Cecil Court *está repleta de tiendas de libros de viejo y nuevos, y grabados.*

El **Edith Cavell Memorial** *conmemora a esta enfermera británica de la Primera Guerra Mundial.*

¿Lo sabías?

En 2006 se descubrió que la columna de Nelson era en realidad 5 m más corta de lo que se creía.

0 metros 100
0 yardas 100
N

St Martin-in-the-Fields (p. 114), *la obra maestra de James Gibbs, inspiró el estilo colonial estadounidense.*

En la **National Portrait Gallery** (p. 110) *se exhiben obras de arte de figuras influyentes de la vida británica.*

La excepcional **National Gallery** (p. 108) *alberga más de 2.300 cuadros.*

El **cuarto pedestal** *en una de las esquinas de Trafalgar Square presenta distintas obras de artistas modernos de vanguardia.*

Trafalgar Square (p. 114) *atrae cada año a millones de turistas, además de haber sido escenario de manifestaciones y conciertos.*

Columna de Nelson

Admiralty Arch, *la entrada al Mall, se diseñó en 1911.*

121

Artista callejero en Covent Garden

COVENT GARDEN Y EL STRAND

El huerto de un convento medieval fue transformado en una plaza de estilo italiano en la década de 1630 por Inigo Jones, cuya iglesia de San Pablo sigue dominando el lado oeste. Covent Garden fue en su origen uno de los lugares más de moda de la ciudad, pero la proliferación de cafés, burdeles y puestos de alimentos cambió la reputación de la zona y los residentes ricos se esfumaron. Para dar cabida a esa expansión comercial se construyó en la década de 1830 un mercado permanente, cuya elegante estructura neoclásica domina hoy el centro de la plaza. Albergó un mercado de alimentos hasta 1974, cuando este se trasladó a un espacio más apropiado para su gran tamaño en Nine Elms, entre Vauxhall y Battersea. El comercio todavía ocupa el edificio de Covent Garden, pero ahora está más enfocado al turismo, con tiendas de recuerdos y artesanía y restaurantes.

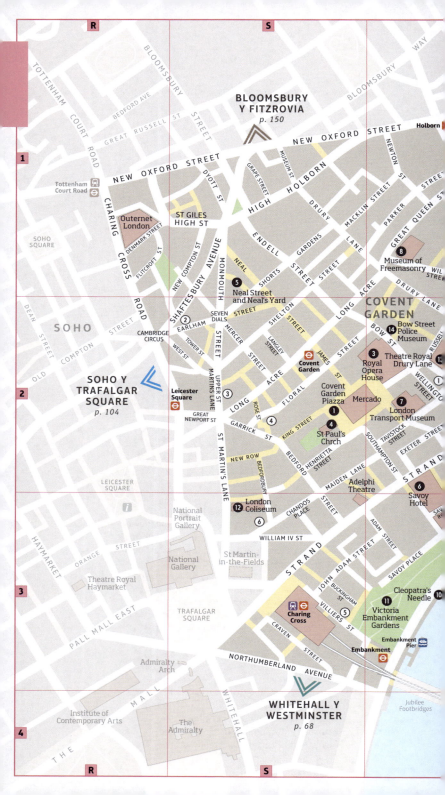

De paseo y picoteo bajo el tejado de hierro y vidrio del Apple Market ↑

COVENT GARDEN PIAZZA Y MERCADO

S2 Covent Garden WC2 Covent Garden, Leicester Sq Charing Cross coventgarden.london

Covent Garden, uno de los barrios más inconfundibles y animados de Londres, posee una vibrante plaza donde actúan artistas callejeros y un mercado con tiendas, cafés y, en ocasiones, cantantes de ópera. Es un lugar imprescindible, a donde la gente acude siempre.

El Apple Market, un mercado cubierto diseñado en 1833 para mayoristas de fruta y verdura, alberga hoy un surtido de puestos y pequeñas tiendas de ropa de diseño, grabados, artesanía, artículos decorativos y antigüedades. El arquitecto del siglo XVII Inigo Jones diseñó la zona para convertirla en una elegante plaza residencial tomando como modelo la Piazza Grande de Livorno, en la Italia central. Aunque casi todos los edificios que rodean la plaza, incluida la Royal Opera House, son victorianos, y casi ninguno es residencial. Los puestos de alimentos se extienden hacia el sur hasta el Jubilee Hall, construido en 1903. Las columnas de las Bedford Chambers, en el norte, dan una pista sobre el plan de Jones, aunque estos edificios tampoco son originales: se reconstruyeron y reformaron en 1879. A pesar delos cambios, la tradición de los artistas callejeros perdura desde el siglo XVII.

Esencial
☆

The Ivy Market Grill
La primera de las antaño exclusivas sucursales del restaurante Ivy. Elegante interior *art déco*. Carta basada en marisco y carne.

🏠 1a Henrietta St WC2
🌐 theivymarket grill.com

££££

Tuttons
Este baluarte de Covent Garden tiene mesas en la Piazza y un refinado comedor. Cocina inglesa clásica.

🏠 11/12 Russell St WC2
🌐 tuttons.com

££££

[1] El Punch & Judy es un popular *pub* con mesas dentro del Apple Market y en una terraza con vistas a la Piazza.

[2] Los artistas callejeros son una apreciada tradición en la Piazza. Los músicos, artistas circenses y magos deben pasar una audición para poder actuar en la calle.

[3] En el Jubilee Market se venden recuerdos, joyas y baratijas, pero los lunes, en ese mercado y en el Apple Market, se ofrecen antigüedades y objetos de coleccionista.

127

Patio de la Somerset House, con sus fuentes y mesas al aire libre

❷

SOMERSET HOUSE

📍 T2 🏠 Strand WC2 🚇 Temple, Charing Cross 🚆 Charing Cross ⛴ Embankment Pier 🕐 Patio: 8.00-23.00 diario; Courtauld Gallery: 10.00-18.00 diario 🌐 Somerset House: somersethouse.org.uk; Courtauld Gallery: courtauld.ac.uk

Este grandioso edificio georgiano, con cuatro alas neoclásicas en torno a un enorme patio empedrado, es un innovador centro artístico y cultural que ofrece eventos y exposiciones en un bello entorno ribereño.

La Somerset House es conocida por albergar la Courtauld Gallery, con una excelente colección de pintura impresionista. También es un marco único y muy popular que acoge ferias de arte, instalaciones y conciertos al aire libre en verano.

Construida en la década de 1770, su primera inquilina fue la Royal Academy of Arts. Diez años después albergó el Navy Board. El edificio conserva algunos elementos arquitectónicos llamativos, como el grandioso y clásico Seamen's Hall y la espectacular escalera de la rotonda de cinco plantas, llamada Nelson Stair, ambos en el ala sur. Atravesando el ala desde el patio se llega a una terraza en el lado del río con un bar al aire libre en verano, perfecto para tomar algo al anochecer. Debajo están las modernas Embankment Galleries, que acogen variadas exposiciones de arte contemporáneo que incluyen fotografía, diseño y moda.

Spring
Verdura de temporada pulcramente preparada en un entorno exquisito. El menú Scratch de primera hora de la noche, con una magnífica relación calidad-precio, es una innovadora cena a base de restos.

🏠 New Wing
🌐 springrestaurant.co.uk

£££

WatchHouse
Este bar elabora un magnífico café, y también sirve dulces, pequeños platos y un copioso *brunch* todo el día.

🏠 East Wing
🌐 watchhouse.com

£££

LUGARES DE INTERÉS

3

Royal Opera House

📍 T2 📌 Bow St WC2
🚇 Covent Garden 🕐 Desde las 12.00 diario; cierra a las 22.00 (18.00 do) o después de la función de la noche
🌐 roh.org.uk

Construido en 1732, el primer edificio que ocupó este lugar fue más bien un teatro corriente, aunque en él se estrenaron muchas óperas y oratorios de Haendel. Como su vecino, el Theatre Royal Drury Lane *(p. 133)*, fue pasto de las llamas en 1808 y de nuevo en 1856. E. M. Barry diseñó la actual ópera en 1858. El friso del pórtico, que representa la tragedia y la comedia, es obra de John Flaxman y sobrevivió al incendio de 1808.

Hoy es la sede de la Royal Opera Company y la Royal Ballet Company. Las mejores entradas pueden costar más de 200 libras (aunque se venden entradas de gallinero con visión limitada por solo 9 libras). La Opera House es ahora menos exclusiva, y ha abierto sus estancias a visitas diarias. El café del vestíbulo es un oasis de paz frente al bullicio de Covent Garden, y la terraza de la quinta planta ofrece vistas de toda la Piazza. Hay visitas guiadas entre bastidores.

4

St Paul's Church

📍 S2 📌 Bedford St WC2
🚇 Covent Garden 🕐 8.30-17.30 lu-vi, 9.00-13.00 do
🌐 actorschurch.org

San Pablo es conocida como la iglesia de los actores y contiene placas que recuerdan a famosos intérpretes teatrales. Inigo Jones situó el altar en el lado oeste, de forma que el majestuoso pórtico diese al este, a la Piazza. Al rechazar el clero tan poco ortodoxa colocación, el altar se trasladó de nuevo a la parte este, pero Jones mantuvo su diseño exterior original, de modo que a la iglesia se entra por el oeste y el pórtico este es falso.

El recinto ajardinado es un lugar agradable para descansar; sorprende su quietud en contraste con el ajetreado Covent Garden.

¿Lo sabías?

El patio de Somerset House se convierte en una pista de hielo en Navidad, con un brillante árbol navideño.

Courtauld Gallery

Es una galería célebre por su colección de pinturas impresionistas y postimpresionistas, pero también tiene obras de Botticelli, Brueghel el Viejo y una destacada colección de Rubens. En la Great Room de la galería, escenario original de la Royal Academy's Summer Show, se exhiben cuadros famosos de Monet, Gauguin, Modigliani y Renoir, así como *Un bar del Folies-Bergères,* de Manet, *Autorretrato con la oreja vendada,* de Van Gogh, y *Jugadores de cartas,* de Cézanne.

También hay una pequeña sala dedicada al Grupo de Bloomsbury. La hermosa tienda bajo la bóveda merece una visita.

↑ Floral Hall –ahora llamado Paul Hamlyn Hall– de la Royal Opera House

↑ Los coloridos almacenes de Neal's Yard y la tienda original de Neal's Yard Remedies

 LA MEJOR FOTO
Neal's Yard

Este revoltijo de muros y marcos de ventana coloridos y cestos de flores, oculto en el triángulo que forman Monmouth Street, Neal Street y Short's Gardens, es perfecto para obtener la mejor foto.

Neal Street y Neal's Yard

Q S1 **Q** WC2 **Q** Covent Garden

En esta atractiva calle se pueden identificar los almacenes del siglo XIX por los mecanismos de carga y descarga que aún conservan sus fachadas. Los edificios han sido rehabilitados como tiendas y restaurantes. Junto a Neal Street está Neal's Yard, un luminoso y alegre patio con restaurantes y tiendas, la mayoría con fachadas de vivos colores. En la Homeslice sirven trozos de pizza de 50 cm y en la St John Bakery, pastas y rosquillas; cualquiera de los dos prepara para una buena tarde de compras. Neal's Yard Remedies vende pócimas y lociones, y Neal's Yard Dairy es una de las mejores tiendas de quesos de Londres.

Savoy Hotel

Q T2 **Q** Strand WC2 **Q** Charing Cross, Embankment **W** thesavoylondon.com

Este gran hotel, uno de los primeros con baño en las habitaciones y luz eléctrica, abrió en 1889 en el sitio del Savoy Palace, un palacio medieval y fue objeto de una reforma *art déco* en la década de 1920. El hotel siempre fue del gusto de los famosos. Fue aquí, por ejemplo, donde Oscar Wilde tuvo su aventura con lord Alfred Douglas y donde Bob Dylan recibió una visita de los Beatles en la década de 1960. El magnífico American Bar, uno de los primeros en servir cócteles en Europa, se votó como el mejor bar del mundo.

Pegado al hotel está el Savoy Theatre, construido para la ópera de D'Oyly Carte, famosa por representar las óperas de Gilbert y Sullivan.

SEVEN DIALS

Esta columna que marca el cruce de siete calles sostiene seis relojes de sol (la aguja central hace de séptimo). En el siglo XIX, este barrio pobre era una cueva de ladrones; con siete vías de escape, los delincuentes solían evadirse de sus perseguidores. Hoy Seven Dials es una vibrante zona de tiendas y restaurantes perfecta para pasear. Sus calles adoquinadas y sus patios escondidos están llenos de comercios únicos, lujosas tiendas de ropa y cosmética, restaurantes y bares.

London Transport Museum

T2 The Piazza WC2 Covent Garden 10.00-18.00 diario (última admisión: 17.00) ltmuseum.co.uk

No se necesita ser aficionado a los trenes para disfrutar de esta interesante colección, instalada en el pintoresco Victorian Flower Market, la cual muestra el pasado y el presente del transporte público. La historia del transporte público de Londres es, esencialmente, la historia social de la capital, un fiel reflejo de su crecimiento.

La Global Poster Gallery del museo alberga una notable colección de arte comercial del siglo XX. Las compañías de autobuses y trenes de Londres han sido prolíficos mecenas del arte contemporáneo. En la tienda del museo se pueden adquirir los carteles más afamados, entre los que destacan los diseños *art déco* de E. McKnight Kauffer, así como de otros artistas de la década de 1930 como Graham Sutherland y Paul Nash.

Está lleno de objetos manipulables, incluyendo los de la galería de Future Engineers, donde se puede probar a conducir un tren de la línea Elizabeth.

El museo también organiza Hidden London, un programa de actividades y visitas guiadas por estaciones en desuso de toda la ciudad; más información en la página web. El acceso es gratuito hasta los 17 años y todas las entradas permiten visitas ilimitadas durante un año.

Museum of Freemasonry

T1 Freemasons' Hall, 60 Great Queen St WC2 Covent Garden 10.00-17.00 lu-sá (hasta 20.00 primer ju del mes) museumfreemasonry.org.uk

Este edificio *art déco* que asoma en una esquina de Great Queen Street se construyó en 1933 para conmemorar la muerte de 3.000 masones en acto de servicio en la Primera Guerra Mundial. Es la sede de la masonería inglesa, y las tradiciones de esta organización secreta se explican en el museo del edificio, donde se exhiben objetos ceremoniales como un trono descomunal del *Grand Master*, con orbes y una corona, hecho para Jorge I en 1791. En uno de los salones donde se reúnen los masones, con aspecto de juzgado, cuelgan retratos de los anteriores *Grand Secretaries* (líderes de la logia masónica).

Opera Tavern
Las carrilleras de buey estofadas y la tempura de brócoli están entre sus deliciosas tapas.

T2 23 Catherine St WC2 saltyard group.co.uk

££££

Chick 'n' Sours
Pollo frito, cócteles y una potente banda sonora. El pollo frito es fuera de serie.

S2 1a Earlham St WC2 chickn sours.co.uk

££££

Dishoom
Brasserie de Bombay que sirve delicias de Irán.

S2 12 Upper St Martin's Lane WC2 dishoom.com

££££

← Autobuses antiguos en el London Transport Museum

9
St Mary-le-Strand

T2 Strand WC2
12.00-16.00 lu-vi
Temple stmary
lestrand.com

Situada en el tranquilo extremo oriental peatonalizado del Strand, se alza esta agradable iglesia consagrada en 1724. Fue el primer edificio público de James Gibbs, que también diseñó St-Martin-in-the-Fields en Trafalgar Square *(p. 114)*.

A pesar de la influencia de uno de sus mentores, *sir* Christopher Wren, la decoración de la fachada se inspira más en las iglesias barrocas de Roma. Su torre con arcos presenta varios niveles, como una tarta de bodas, y culmina en una cúpula y una linterna. El interior está decorado de blanco y oro, con un techo de bóveda de cañón muy ornamentado.

La iglesia acoge conciertos con frecuencia, entre ellos los gratuitos de algunos jueves a la hora de comer.

10
Cleopatra's Needle

T3 Embankment WC2
Embankment, Charing Cross

Erigido en Heliópolis hacia el año 1500 a. C., este curioso monumento de granito rosa es mucho más antiguo que la propia ciudad de Londres. Se lo regaló el virrey de Egipto, Mohammed Alí, a Gran Bretaña en 1819 y se instaló en 1878. Sus inscripciones celebran las hazañas de los faraones del Antiguo Egipto.

11
Victoria Embankment Gardens

T3 WC2 Embankment, Charing Cross
7.30-anochecer diario

Este estrecho parque público, creado cuando se construyó el Embankment, posee parterres de flores y estatuas de ilustres británicos; en verano hay conciertos.

Su principal curiosidad histórica es la compuerta York, en la esquina noroeste, construida desde la (hoy demolida) York House hasta el Támesis, para la entrada triunfal del duque de Buckingham en 1626.

12
London Coliseum

S3 St Martin's Lane WC2 Leicester Sq, Charing Cross Solo para funciones london coliseum.org

El mayor teatro de Londres y uno de los más ornamentados, rematado por un gran globo, fue diseñado en 1904 y tuvo el primer escenario móvil de Londres. También fue el primer teatro de Europa con ascensores. En sus inicios teatro de variedades, hoy es sede de la English National Opera, que representa obras innovadoras cantadas en inglés.

THEATRELAND

El West End está tan atestado de teatros que se ha ganado el apodo de Theatreland, que se verá escrito en las señales viales, sobre todo en los alrededores del Soho y de Covent Garden. El teatro despegó en Londres a finales del siglo XVI, pero hizo falta el patrocinio de Carlos II (en el trono tras el interregno de los aguafiestas puritanos en 1660) para que consolidara una tradición duradera. La zona prosperó más aún en el siglo XIX; en el Strand se construyó en 1806 el Adelphi y, después, tras la Ley de Teatros de 1843, nacieron varias docenas más para atender el gusto victoriano por el teatro de variedades. Hoy día en el West End hay unos 40 teatros en activo.

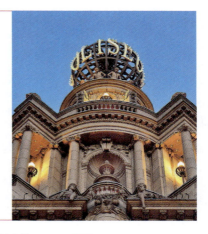

Theatre Royal Drury Lane

T2 Catherine St WC2 Covent Garden 10.00-23.00 diario thelane.co.uk

El primer teatro que hubo aquí lo construyó en 1663 Carlos II, cuya amante, Nell Gwynne, pisó las tablas. La estructura actual se concluyó en 1812. Unas atractivas visitas guiadas (consultar horarios en página web) exploran el majestuoso auditorio y se aventuran entre bambalinas; hay que estar atento al fantasma que allí habita. Durante el día, los espacios para comer y beber en el teatro, incluido el Grand Saloon para tomar el té por la tarde, están abiertos a todo el mundo.

Bow Street Police Museum

T2 28 Bow St WC2 Covent Garden 11.00-16.30 vi-do bowstreetpolicemuseum.org.uk

Encajada a un costado del llamativo NoMad Hotel, la antigua comisaría de policía de Bow Street y hoy bonito museo traza la historia de la primera fuerza policial de Londres, los Bow Street Runners. Creado en el siglo XVIII para patrullar las peligrosas calles de Covent Garden, este cuerpo prosperó hasta que fue absorbido por el Met en 1839. En 1881 el edificio se inauguró como comisaría y tribunal de justicia y fue el escenario de algunos de los juicios más célebres. La exposición muestra las celdas, conservadas tal como estaban hasta el cierre de la comisaría en 1992.

Tulipanes en torno a la estatua de Robert Burns en Victoria Embankment Gardens

---

The Lamb & Flag
Este popular *pub* está en una calleja que une las calles Garrick y Floral. Los clientes suelen desbordarse en la calle. Compite por ser el más antiguo de Londres.

S2 33 Rose St WC2 lambandflagcoventgarden.co.uk

Gordon's Wine Bar
Una vieja bodega con mucho ambiente donde se sirven vinos de Oporto y de Jerez de toneles que hay tras la barra. Magnífica variedad de vinos.

S3 47 Villiers St WC2 gordonswinebar.com

The Harp
Acogedor *pub* tradicional que sirve cerveza y sidra artesanas de primera; un lugar para ir a pasar la tarde.

S3 47 Chandos Pl WC2 harpcoventgarden.com

133

EXPLORA **Covent Garden y el Strand**

UN PASEO
COVENT GARDEN

Las vistosas y coloridas **Neal Street y Neal's Yard** *albergan encantadoras tiendas y cafés (p. 130).*

Distancia 1,5 km (1 milla) **Tiempo** 25 minutos
Metro Leicester Square

Aunque ya no cobra vida con los reclamos de los fruteros y verduleros del mercado, visitantes, vecinos y artistas callejeros atestan la Piazza de Covent Garden como debía de ocurrir hace siglos. Vale la pena pararse a observar a la gente mientras se pasea por esta animada zona, entrando por el camino en las tiendas y en los *pubs* históricos.

Una réplica de un monumento del siglo XVII marca el cruce de **Seven Dials.**

El espacioso Thomas Neal's Warehouse alberga la zona de restaurantes de moda **Seven Dials Market** *(p. 57).*

Ching Court *es un patio posmodernista del arquitecto Terry Farrell.*

El **St Martin's Theatre** *ofrece la obra que más tiempo lleva en cartel en el mundo:* La ratonera.

Stanfords, *fundada en 1853, es la mayor tienda de mapas y guías de viajes del mundo.*

Algunas partes del pub **Lamb & Flag,** *uno de los más antiguos de Londres, datan de 1623 (p. 133).*

El exclusivo **Garrick Club** *es uno de los más viejos del mundo.*

INICIO

New Row *está llena de curiosos comercios pequeños y cafés.*

Goodwin's Court *es un pequeño y encantador callejón con edificios del siglo XVII con arcadas.*

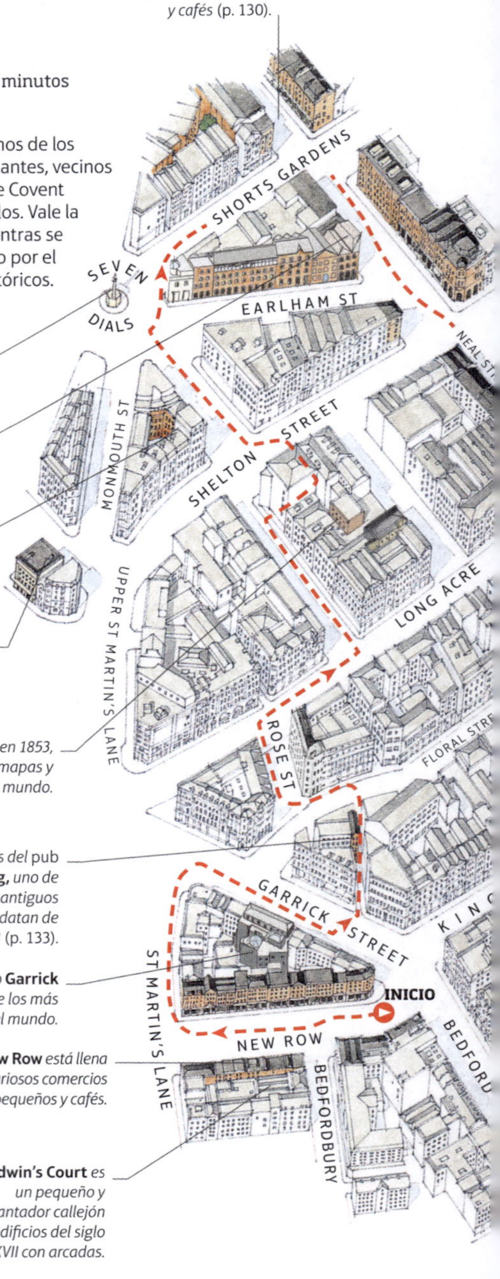

¿Lo sabías?

Eliza Doolittle, de la obra de Bernard Shaw *Pigmalión* (1913), era una florista de Covent Garden.

134

Plano de situación
Para más detalles ver p. 124

↑ Bares al aire libre flanquean las calles adoquinadas del evocador Covent Garden

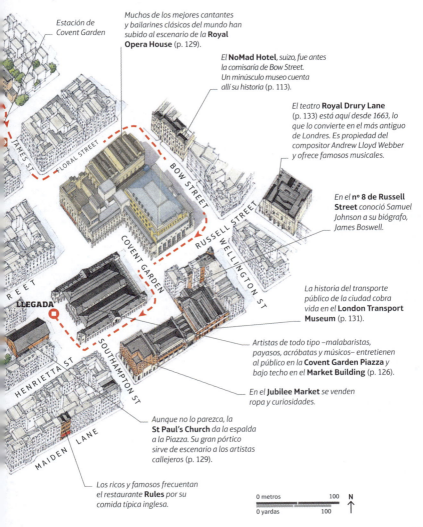

Estación de Covent Garden

Muchos de los mejores cantantes y bailarines clásicos del mundo han subido al escenario de la **Royal Opera House** *(p. 129).*

El **NoMad Hotel**, *suizo, fue antes la comisaría de Bow Street. Un minúsculo museo cuenta allí su historia (p. 113).*

El teatro **Royal Drury Lane** *(p. 133) está aquí desde 1663, lo que lo convierte en el más antiguo de Londres. Es propiedad del compositor Andrew Lloyd Webber y ofrece famosos musicales.*

En el **nº 8 de Russell Street** *conoció Samuel Johnson a su biógrafo, James Boswell.*

La historia del transporte público de la ciudad cobra vida en el **London Transport Museum** *(p. 131).*

Artistas de todo tipo –malabaristas, payasos, acróbatas y músicos– entretienen al público en la **Covent Garden Piazza** *y bajo techo en el* **Market Building** *(p. 126).*

En el **Jubilee Market** *se venden ropa y curiosidades.*

Aunque no lo parezca, la **St Paul's Church** *da la espalda a la Piazza. Su gran pórtico sirve de escenario a los artistas callejeros (p. 129).*

Los ricos y famosos frecuentan el restaurante **Rules** *por su comida típica inglesa.*

135

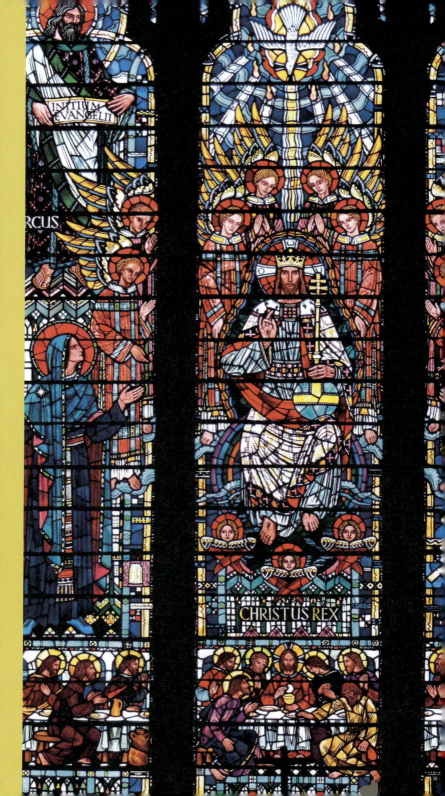

Vidrieras de la iglesia de Santa Eteldreda

HOLBORN Y LOS INNS OF COURT

Holborn es la sede tradicional de la profesión jurídica londinense desde el siglo XIII. Los enormes Royal Courts of Justice (Reales Tribunales de Justicia) se construyeron donde confluyen el Strand y Fleet Street entre 1873 y 1882. Mucho más antiguos son los Inns of Court (colegios de abogados), que datan de la Edad Media y proveen de letrados y jueces a los tribunales. Aunque las fechas de fundación de los cuatro Inns of Court son inciertas, el motivo de su ubicación se remonta a un decreto de Enrique III de 1234. En él se estipulaba que en la City of London no se podía impartir formación legal, lo cual obligó a la profesión jurídica a desplazarse a Holborn, fuera de los límites de la City. Aunque ahora se puede estudiar derecho en cualquier lugar, para graduarse es necesario pertenecer a uno de los colegios.

HOLBORN Y LOS INNS OF COURT

Esencial

1. Inns of Court (Lincoln's Inn; Inner Temple; Middle Temple; Gray's Inn)
2. Sir John Soane's Museum

Lugares de interés

3. Lincoln's Inn Fields
4. The Old Curiosity Shop
5. Hunterian Museum
6. Fleet Street
7. St Clement Danes
8. Temple Bar Memorial
9. Royal Courts of Justice
10. St Bride's Church
11. Dr Johnson's House
12. Ye Olde Cheshire Cheese
13. St Etheldreda's Church
14. The London Silver Vaults
15. St Andrew, Holborn
16. Leather Lane Market

Dónde beber

1. El Vino

Compras

2. Twinings

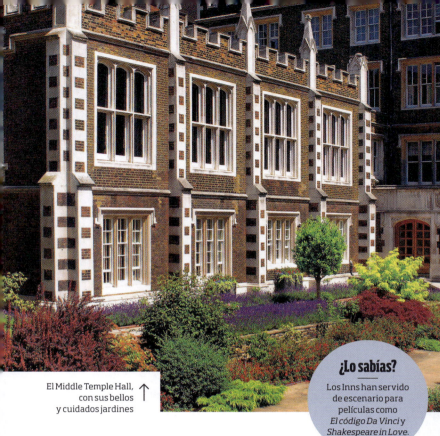

El Middle Temple Hall, con sus bellos y cuidados jardines

¿Lo sabías?

Los Inns han servido de escenario para películas como *El código Da Vinci* y *Shakespeare in Love*.

INNS OF COURT

Parecidos a los *colleges* de Oxford o Cambridge, los cuatro Inns of Court –Lincoln's Inn, Gray's Inn, Inner Temple y Middle Temple– son un oasis de paz en medio de Londres y el lugar perfecto para un relajante e interesante paseo por la historia.

Los Inns of Court son las sedes centenarias de la abogacía en Inglaterra y Gales, y todo abogado debe pertenecer a uno de ellos. Se fundaron a finales del Medievo y los letrados los han utilizado para estudiar, practicar e incluso alojarse. Sus frondosos recintos, cada uno con su capilla, su salón histórico y su cuidado jardín, son lugares ideales para almorzar al aire libre. Vale la pena explorar sus marañas de pasadizos, rincones ocultos y patios. Temple, el campus común del Inner Temple y el Middle Temple, fue la sede de los caballeros templarios en el siglo XIII. Su iglesia es uno de los monumentos más destacados de los cuatro Inns; está entre los templos más históricos de Londres y es una de las cuatro iglesias redondas medievales del país.

Esencial
☆

Lincoln's Inn

K7 ❑Lincoln's Inn Fields WC2 ❺Holborn, Chancery Lane ❏8.00-19.00 lu-vi (visita guiada en inglés) ❦lincolnsinn.org.uk

Algunos de los edificios del Lincoln's Inn, los mejor conservados de los Inns of Court, se remontan a finales del siglo XV. El arco de entrada de Chancery Lane luce el escudo de armas de Enrique VIII, y la pesada puerta de roble pertenece a la misma época. Se cuenta que Ben Jonson, contemporáneo de Shakespeare, colocó algunos ladrillos del Lincoln's Inn durante el reinado de Isabel I. La capilla, de principios del siglo XVII, es de estilo gótico. Tanto Tomás Moro como John Donne, poeta del siglo XVII, estudiaron aquí, así como Muhammed Ali Jinnah, fundador de Pakistán.

Inner Temple y Middle Temple

K5 ❑Temple EC4 ❺Temple ❦innertemple.org.uk; middletemple.org.uk

Este conjunto de patios y edificios comprende dos de los cuatro Inns of Court: el Middle Temple y el Inner Temple. Su nombre viene de los caballeros templarios, orden con base aquí en la Edad Media, cuyos ritos iniciáticos se celebraban posiblemente en la cripta de la **Temple Church.** Esta iglesia, construida en el siglo XII y mantenida por los Inns desde 1608, posee un impresionante órgano isabelino en el presbiterio y efigies del siglo XIII de caballeros templarios en el deambulatorio.

Uno de los edificios antiguos es el Middle Temple Hall isabelino, abierto a los que no son socios a la hora del almuerzo casi todos los días de diario (reservar en la web). Por detrás de Temple hay jardines que llegan hasta el Embankment.

Temple Church

❏10.00-16.00 lu-vi ❑Semana de Navidad ❦templechurch.com

Gray's Inn

K4 ❑High Holborn WC1 ❺Holborn, Chancery Lane ❏24 h diario ❦graysinn.org.uk

Este antiguo centro de estudios jurídicos data del siglo XIV, aunque fue reconstruido en buena medida tras los daños sufridos en la Segunda Guerra Mundial. *La comedia de las equivocaciones,* de Shakespeare, se estrenó en 1594 en el Gray's Inn Hall, cuyo cancel del siglo XVI aún se conserva. Aquí trabajó de oficinista un joven Charles Dickens entre 1827 y 1828. Estos encantadores jardines creados por *sir* Francis Bacon en 1608, en otra época escenario de duelos y conocidos como The Walks, están abiertos al público a la hora del almuerzo durante la semana.

LA ORDEN DEL TEMPLE

Los caballeros templarios fundaron Temple y construyeron la Temple Church. Esta orden religiosa militar protegía a los peregrinos de Jerusalén en el siglo XII. La ciudad santa había sido tomada a finales del siglo XI por los cruzados cristianos, pero las rutas de peregrinación estaban llenas de peligros. La orden se disolvió en 1312.

> **CONSEJO DK**
> **En verano**
>
> El mejor momento para visitar los Inns of Court es en verano para hacer un pícnic. Los jardines están abiertos a la hora de comer lu-vi (los horarios de cada jardín varían).

↑ Lincoln's Inn Fields, un lugar perfecto para relajarse

141

SIR JOHN SOANE'S MUSEUM

📍 J4   🏠 13 Lincoln's Inn Fields WC2   🚇 Holborn   🕐 10.00-17.00 mi-do; último acceso 16.30
🚫 24-26 dic y 1 semana med ene por conservación   🌐 soane.org

El arquitecto *sir* John Soane legó a la nación esta extraordinaria casa en 1837. Ahora es uno de los museos más encantadores e inusuales de Londres, con una ecléctica colección de objetos bellos y peculiares.

Aunque está repleto de estatuas clásicas y otros objetos llamativos e inusuales, es el diseño interior lo que diferencia a este lugar de cualquier otro museo. El edificio está lleno de sorpresas e ilusiones arquitectónicas. La cuidadosa colocación de los espejos ofrece juegos con la luz y el espacio. Desde el centro del sótano se extiende un atrio hasta el tejado, cuya cúpula de cristal ilumina las galerías de cada planta. En la Picture Room de la planta baja, las paredes resultan ser paneles móviles que los expertos conservadores abren para revelar más cuadros y, aún más sorprendente, una extensión de la propia sala con más pinturas todavía.

↑ El museo está formado por tres inmuebles que Soane compró uno a uno

Ecléctica colección de estatuas antiguas en una sala ↑

Esencial ☆

¿QUIÉN FUE *SIR* JOHN SOANE?

Nacido en 1753, hijo de un albañil, John Soane llegó a ser uno de los principales arquitectos de Gran Bretaña en el siglo XIX. La mayoría de sus edificios son de estilo neoclásico. Él diseñó la Dulwich Picture Gallery *(p. 325)*, la Pitzhanger Manor *(p. 330)* y el Bank of England *(p. 186)*.

LUGARES DE INTERÉS

❸
Lincoln's Inn Fields
📍 J4 🏠 WC2 🚇 Holborn
🕐 7.30-anochecer diario

En esta frondosa plaza utilizada para ejecuciones públicas en la época de los Tudor y los Estuardo murieron mártires religiosos y sospechosos de traición a la Corona. En la década de 1640, el promotor William Newton quiso construir en la zona, pero los alumnos del Lincoln's Inn y otros residentes le obligaron a prometer que el lugar siempre sería público. Gracias a esta temprana protesta, hoy se juega aquí al tenis todo el año y los abogados pueden leer sus informes al aire libre.

❹
The Old Curiosity Shop
📍 J4 🏠 13-14 Portsmouth St WC2 🚇 Holborn

Sea o no la que inspiró la novela *La tienda de antigüedades* de Charles Dickens en el siglo XIX, esta es una tienda genuina del siglo XVI. Con sus vigas de madera y su planta alta en voladizo da una idea del paisaje urbano londinense anterior al Gran Incendio de 1666. Hoy día el edificio forma parte del inmenso campus de la LSE.

❺
Hunterian Museum
📍 J4 🏠 38-43 Lincoln's Inn Fields WC2 🚇 Holborn, Chancery Lane 🕐 10.00-17.00 ma-do 📅 Semana de Navidad
🌐 hunterianmuseum.org

Nació en el seno del Royal College of Surgeons of England como colección particular de John Hunter (1728-1793), uno de los principales profesores de cirugía de su tiempo, que acumuló una ingente cantidad de especímenes humanos y animales para sus enseñanzas. No es un museo para aprensivos, pero entre las innumerables filas de criaturas metidas en frascos y afilado instrumental quirúrgico hay muestras interactivas que cuentan la llamativa historia de Hunter. Las salas dedicadas al desarrollo de las técnicas quirúrgicas son cautivadoras.

↑ La Old Curiosity Shop da una idea del aspecto que tenía Londres antes de 1666

143

↑ Fleet Street, una de las calles más antiguas de Londres, donde antes se escuchaba el sonido de las imprentas

6

Fleet Street

Q K5 **A** EC4 **S** Temple, Blackfriars, St Paul's

William Caxton instaló la primera imprenta de Inglaterra a finales del siglo XV. Hacia 1500, su ayudante abrió negocio propio en Fleet Street y la zona se convirtió en el centro de la industria editorial de Londres. Los dramaturgos Shakespeare y Ben Jonson fueron clientes de la antigua Mitre Tavern, ahora en el nº 37. En 1702 vio la luz en Fleet Street *The Daily Courant,* el primer diario inglés, perfectamente situado entre Westminster y la City, donde se encontraban las fuentes de noticias. Más adelante, esta calle se convertiría en sinónimo de la prensa. El grandioso edificio art déco con decoración egipcia del nº 124 es la antigua redacción de *The Daily Telegraph.* Al lado de la iglesia de St-Dunstan-in-the-West (que, en su mayoría, data de la década de 1830) hay un edificio que está adornado con los nombres de antiguos periódicos.

Las imprentas situadas bajo las oficinas de los periódicos dejaron de funcionar en 1987, cuando las nuevas tecnologías hicieron que las imprentas de Fleet Street quedaran obsoletas, y la producción se fue a Wapping y los Docklands. Las redacciones se marcharon de Fleet Street, aunque todavía quedan algunos antros de periodistas, como el Ye Olde Cheshire Cheese (p. 146), y el legendario El Vino (p. 145), situado en el extremo oeste de la calle, frente a Fetter Lane.

7

St Clement Danes

Q J5 **A** Strand WC2 **S** Temple **O** 10.00-16.00 lu-vi, 10.00-15.00 sá y do **C** 26 dic-2 ene, festivos **W** stclementdanesraf.org

Christopher Wren diseñó esta magnífica iglesia en 1680. Su nombre procede de un templo anterior construido por descendientes de los invasores daneses, a los que Alfredo el Grande permitió quedarse en Londres en el siglo IX. Del siglo XVII al XIX se enterró en ella a mucha gente, cuyas placas conmemorativas están en la cripta. Fuera, al este, hay una estatua (1910) de Samuel Johnson (p. 146), que acudía aquí a los servicios religiosos.

Tras quedar casi destruida en la Segunda Guerra Mundial, se reconstruyó y se convirtió en la principal iglesia de la Royal Air Force (RAF). Su interior está decorado con símbolos y recuerdos de esta fuerza aérea. En las naves laterales, unas vitrinas guardan libros con los nombres de unos 150.000 hombres y mujeres que murieron sirviendo a la RAF.

Las campanas ejecutan diversas melodías, incluida la de la vieja nana inglesa *Oranges and Lemons,* en cuya letra aparece la iglesia. A veces hay conciertos de las bandas de la RAF y los segundos domingos de mes hay recitales gratuitos a la hora de comer.

8

Temple Bar Memorial

Q K5 **A** Fleet St EC4 **S** Holborn, Temple, Chancery Lane

En medio de Fleet Street se alza un monumento que se asemeja en cierto modo a una garita gigante, con la reina Victoria a un lado y su hijo, el

¿Lo sabías?

Se dice que Sweeney Todd, el barbero diabólico de la calle Fleet, tenía su salón en el nº 152.

El Vino

Inmortalizado como Pomeroys en la serie *Rumpole of the Bailey* de John Mortimer, este bar de vinos revestido de madera es famoso por los largos almuerzos de los abogados y, en el pasado, de los periodistas.

Q K5 **A** 47 Fleet St EC4
W elvino.co.uk

príncipe de Gales, al otro. Data de 1880 y señala el punto donde estaba la Temple Bar, una magnífica puerta de Christopher Wren. Esta era la principal entrada a la City of London. La tradición estipulaba que el monarca, cuando iba en procesión oficial a la Torre de Londres o a la catedral de San Pablo, debía detenerse y pedir permiso al Lord Mayor para entrar. La puerta original se desmontó en 1878 y pasó casi un siglo en una casa de campo en Hertfordshire antes de volver a erigirse a la entrada de Paternoster Square, cerca de St Paul (*p. 176*), en 2004.

9

Royal Courts of Justice (Law Courts)

Q K5 **A** Strand WC2
E Holborn, Temple, Chancery Lane **O** 9.30-16.30 lu-vi **C** Festivos
W theroyalcourtsofjustice.com

Frente a este edificio gótico victoriano se suelen concentrar grupos de personas y cámaras de televisión a la espera de la resolución de algún caso polémico, ya que aquí se encuentran los principales tribunales civiles del país, donde se dicta sentencia sobre divorcios, difamaciones, responsabilidad civil y apelaciones. Los asuntos penales se juzgan en el Old Bailey (*p. 189*), a 10 minutos a pie desde aquí. El público puede acceder a todas las salas y hay una lista con los casos que se juzgan. Este inmenso edificio neogótico se terminó en 1882 y cuenta con 1.000 salas y 5,6 km de pasillos.

10

St Bride's Church

Q K5 **A** Fleet St EC4
E Blackfriars **O** 8.00-17.00 lu-vi, 10.00-15.30 sá, 10.00-18.30 do **C** Festivos
W stbrides.com

St Bride es una de las iglesias más hermosas de Wren. Su proximidad a Fleet Street la ha convertido en el lugar tradicional para los funerales de periodistas. Las placas de los muros recuerdan a eminentes periodistas e impresores. También hay un monumento conmemorativo a Mary Ann Nichols, la primera víctima de Jack el Destripador. Su hermoso chapitel octogonal se convirtió en modelo para las tartas nupciales casi desde que fue colocado en 1703, y aunque fue bombardeada en la Segunda Guerra Mundial, el interior se restauró fielmente en 1957. La cripta contiene restos de templos anteriores y un fragmento de pavimento romano.

↑ Los Royal Courts of Justice, importantes tribunales civiles británicos

Ye Olde Cheshire Cheese, un emblema de los *pubs* londinenses

Dr Johnson's House

📍 K4 🏠 17 Gough Sq EC4 🚇 Blackfriars, Chancery Lane, Temple 🕐 11.00-17.00 ma-sá; oct-abr: 11.00-17.00 ma-sá 🚫 Festivos y semana de Navidad 🌐 drjohnsonshouse.org

El tan citado Dr. Samuel Johnson fue un erudito del siglo XVIII, famoso por los agudos (y a menudo polémicos) comentarios que su biógrafo, James Boswell, recopilaba y publicaba. Johnson vivió en el 17 de Gough Square de 1748 a 1759. Compiló su primer diccionario de inglés (publicado en 1755) en el ático, donde seis copistas y asistentes trabajaban todo el día.

La casa, construida antes de 1700, conserva rasgos de su época y muebles del siglo XVIII. Contiene una pequeña colección de recuerdos de Samuel Johnson, como un juego de té de su amiga la señora Thrale y retratos de Johnson y sus contemporáneos. También hay exposiciones temporales y algún que otro evento de vez en cuando. En el exterior hay una estatua de uno de los gatos favoritos de Johnson, Hodge.

↑ Hodge mira hacia la famosa Dr Johnson's House

Ye Olde Cheshire Cheese

📍 K4 🏠 145 Fleet St EC4 🚇 Blackfriars 🕐 12.00-23.00 lu-sá, 12.00-22.30 do 🌐 ye-olde-cheshire-cheese.co.uk

Hace siglos que existe una taberna en este lugar. Partes de este edificio datan de 1667, cuando fue reconstruido tras el Gran Incendio de 1666. El cronista Samuel Pepys era uno de sus clientes habituales en el siglo XVII, pero fue su vínculo con el Dr. Samuel Johnson (aunque tal vez nunca bebiera nada aquí en realidad) lo que lo convirtió en punto de encuentro de los intelectuales del siglo XIX, entre los que se encontraban Mark Twain y Charles Dickens, y sigue siendo un excelente *pub* antiguo, uno de los pocos que conservan la distribución original del siglo XVIII, con pequeñas estancias con

Twinings
La tienda de té más antigua de Londres, donde se puede conocer la historia de la bebida favorita de los británicos y probar varios tés de esta famosa marca.

📍 K5 🏠 216 Strand WC2 🌐 twinings.co.uk

↑ Vidriera oeste de la iglesia de Santa Eteldreda

> **HATTON GARDEN**
>
> Así llamado por *sir* Christopher Hatton, Hatton Garden es la calle de los diamantes y las joyas. Millones de libras cambian de manos a diario en multitud de tiendas con llamativos escaparates. En 2015 se robaron 14 millones de libras de un depósito de seguridad subterráneo en lo que fue descrito como *el mayor robo de la historia oficial inglesa*.

chimenea, mesas y bancos, en vez del gran salón con barra.

13

St Etheldreda's Church

📍K4 📍14 Ely Place EC1 🚇Farringdon 🕒8.00-17.00 diario 🚫Festivos 🌐stetheldreda.com

Esta curiosa iglesia es el templo católico más antiguo de Inglaterra, construido en 1290. Tras ser la capilla de los obispos de Ely, pasó por diversas manos a lo largo de los siglos, incluidas las de *sir* Christopher Hatton, un cortesano isabelino, que construyó Hatton House en los terrenos y utilizó la cripta como taberna. Reconstruida y restaurada en varias ocasiones, tiene unas vidrieras asombrosas.

14

The London Silver Vaults

📍K4 📍53-64 Chancery Lane WC2 🚇Chancery Lane, Holborn 🕒9.00-17.20 lu-vi, 9.00-13.00 sá 🚫Festivos 🌐silvervaultslondon.com

Estas platerías tienen su origen en la Chancery Lane Safe Deposit Company, del siglo XIX. Tras bajar por una escalera, se atraviesan unas puertas de seguridad y se accede a un conjunto de tiendas subterráneas, todas de minoristas independientes, llenas de objetos de plata antiguos y modernos. Los precios van de lo más asequible a lo exorbitante.

15

St Andrew, Holborn

📍K4 📍5 St Andrew St EC4 🚇Chancery Lane, Farringdon 🕒9.00-17.00 lu-vi (cierra 16.00 nov-mar) 🌐standrewholborn.org.uk

St Andrew ha sido lugar de culto desde hace mil años. La iglesia medieval original sobrevivió al Gran Incendio, pero en 1668 el famoso arquitecto Christopher Wren recibió el encargo de remodelarla, y la torre es lo único que se conserva de aquel templo. Es una de las iglesias más espaciosas de Wren y, aunque quedó destruida en la Segunda Guerra Mundial, se restauró fielmente y después fue renovada en 2019. Benjamin Disraeli, primer ministro de origen judío, fue bautizado aquí en 1817, a los 12 años. En el siglo XIX se añadió una escuela benéfica.

16

Leather Lane Market

📍K4 📍Leather Lane 🚇Farringdon, Chancery Lane 🕒10.00-15.00 lu-vi

Paralelo a Hatton Garden discurre el histórico Leather Lane Market. Aunque mantiene unos cuantos comercios tradicionales, hoy es famoso sobre todo por su sabrosa comida callejera, que lo convierte en un lugar perfecto para picotear.

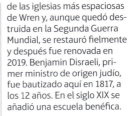

↑ Objetos de plata y antigüedades en las London Silver Vaults

UN PASEO
INNS OF COURT

Distancia 2 km (1,25 millas) **Tiempo** 30 minutos
Metro Holborn

Este es el Londres jurídico, elegante y tranquilo, cargado de historia e interés. El Lincoln's Inn, situado junto a una de las primeras plazas residenciales de la ciudad, conserva edificios de finales del siglo XV. Abogados trajeados transportan documentos entre sus oficinas y los tribunales neogóticos. Muy cerca está Temple, otro histórico distrito jurídico, con una famosa iglesia circular del siglo XIII.

El **Sir John Soane's Museum** *era la casa del arquitecto georgiano. Él la donó a la nación junto con su colección (p. 142).*

Lincoln's Inn (p. 141)

Después de un paseo por **Lincoln's Inn Fields** (p. 143), *se puede entrar en Lincoln's Inn a través del arco neotudor, construido en 1845.*

INICIO

El **Hunterian Museum** (p. 143) *ofrece un fascinante relato de la historia de la cirugía.*

0 metros 100
0 yardas 100
N

La estatua de **William Gladstone,** *político victoriano que fue primer ministro en cuatro legislaturas, se erigió en 1905.*

LLEGADA

↑ Una pagoda circular en el centro del tranquilo refugio verde de Lincoln's Inn Fields

148

Plano de situación
Para más detalles ver p. 138

↑ Imponente fachada de los Royal Courts of Justice, principales tribunales civiles del país

La escena inicial de Casa desolada, *de Charles Dickens, transcurre en el* **Old Hall** *de Lincoln's Inn, que data de 1490.*

¿Lo sabías?

Lincoln's Inn Fields es la mayor plaza pública de Londres.

La verja de la sede central de la **Law Society** *tiene unos leones dorados.*

Durante dos siglos, **Fleet Street** *fue el centro de la prensa nacional. Los periódicos se fueron en la década de 1980 (p. 144).*

El Vino *es un bar donde antes se mezclaban periodistas y abogados de Fleet Street (p. 145).*

El **nº 17 de Fleet Street** *tiene una bella fachada con entramado de madera (1610) que sobrevivió al Gran Incendio. El príncipe Enrique, primogénito de Jacobo I, tenía una habitación en esta antigua taberna.*

Temple *fue sede de los caballeros templarios en el siglo XIII.*

La escultura de un dragón señala el punto donde se unían Londres y Westminster, en el **Temple Bar Memorial** *(p. 140).*

St Clement Danes, *diseñada por Wren en 1679, es la iglesia de la Royal Air Force (p. 144).*

Los **Royal Courts of Justice,** *los principales tribunales civiles del país, se construyeron en 1882 con 35 millones de ladrillos revestidos con piedra de Portland (p. 145).*

149

Reading Room del British Museum

BLOOMSBURY Y FITZROVIA

Las bonitas plazas ajardinadas de Fitzrovia y Bloomsbury datan en gran medida de finales del siglo XVIII y principios del XIX, pero hasta el XX la zona no quedó inseparablemente unida a la élite cultural e intelectual de Londres. Por aquellos tiempos, Bloomsbury ya se había afianzado como lugar de erudición: albergaba el British Museum, fundado en 1753, y la University of London, inaugurada en 1826. Junto con Fitzrovia, era la zona ideal para que establecieran sus hogares y lugares de reunión los miembros del Grupo de Bloomsbury, un círculo de amigos y socios de clase media-alta, cultos y vanguardistas. Desde el apogeo de este grupo, la universidad ha crecido considerablemente con la incorporación de la monolítica Senate House –ahora sede de la Escuela de Estudios Orientales y Africanos (SOAS) y de la Biblioteca Central– a su complejo de edificios; la zona se ha consolidando como el centro estudiantil de Londres.

151

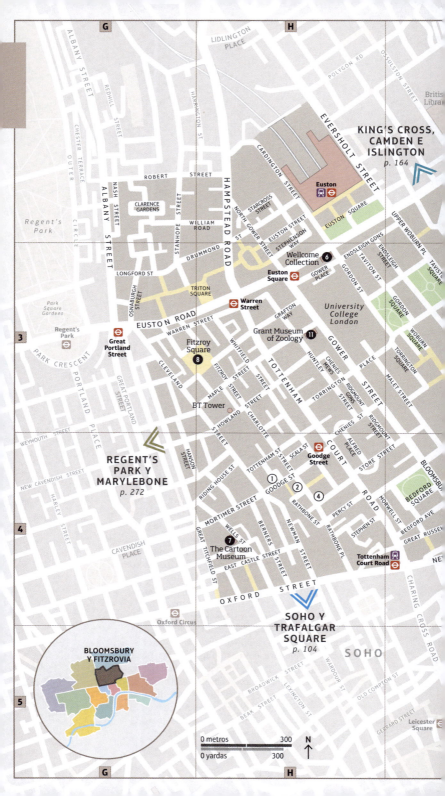

BRITISH MUSEUM

📍 I4 🏠 Great Russell St WC1 🚇 Tottenham Court Road, Holborn, Russell Square
🚆 Euston 🕐 10.00-17.00 diario (20-30 vi) 🚫 24-26 dic 🌐 britishmuseum.org

El Museo Británico posee una de las mayores colecciones del mundo de tesoros históricos y culturales. Sus inmensos fondos cuentan con unos ocho millones de objetos de toda la historia de la humanidad, desde la prehistoria hasta hoy.

> **CONSEJO DK**
> **Visitas guiadas**
>
> El museo ofrece visitas guiadas gratuitas (en inglés). A diario hay más de una docena de *eye-opener tours* por salas concretas; los viernes por la tarde hay *spotlight tours,* centrados en objetos específicos, como la piedra Rosetta. Conviene llegar pronto al punto de encuentro (consultar web) porque las plazas son limitadas.

El museo público más antiguo del mundo se fundó en 1753 para albergar los libros, antigüedades y especímenes vegetales y animales del médico *sir* Hans Sloane (1660-1753). La colección se amplió con rapidez y, durante el siglo XIX, el museo adquirió gran cantidad de antigüedades de todo el mundo; algunas por la fuerza o, si no, con modos engañosos, lo que en los últimos años ha llevado a pedir que se devolvieran a sus lugares de origen. Los objetos actualmente expuestos proceden de infinidad de culturas y civilizaciones desde la Edad de Piedra en Europa y el antiguo Egipto hasta el Japón moderno y la Norteamérica contemporánea. Se exponen esculturas y estatuas, momias y murales, monedas y medallas, cerámica, oro y plata, grabados, dibujos e innumerables objetos de factura humana de cualquier rincón del planeta y de todos los periodos históricos.

Esencial ☆

1. La piedra Rosetta fue la clave para interpretar los jeroglíficos egipcios.
2. El museo posee la mayor colección de momias egipcias y sarcófagos que hay fuera de Egipto.
3. Hermosas esculturas clásicas del Partenón griego.

Entrada principal de estilo neogriego del British Museum, en Great Russell Street ↓

Un mundo de tesoros

Se exhiben unos 80.000 objetos en tres plantas que se dividen en ocho niveles, aunque el grueso de la exposición está en la planta baja y la superior. Los objetos del antiguo Egipto están en la planta superior, en las salas 61 a 66 y en la 4, junto al Great Court. Las colecciones de Grecia, Roma y Oriente Medio se reparten por las dos plantas principales y los objetos más famosos, como las disputadas esculturas del Partenón, se exhiben en las salas grandes de la planta baja, al oeste del Great Court. La colección africana está en la planta baja y la asiática en las plantas baja y superior, en el lado norte. Los tesoros de América y la fascinante galería Living and Dying están en la esquina noreste de la planta principal. En la planta principal también se celebran exposiciones especiales.

La famosa Reading Room, diseñada por *sir* Norman Foster, en el centro del Great Court

¿Lo sabías?

El techo de la Reading Room está hecho con 3.312 láminas de vidrio. Se tardan dos semanas en limpiarlo.

Interior de la Enlightenment Gallery, antigua biblioteca de Jorge III

GREAT COURT Y READING ROOM

El logro arquitectónico del edificio es el Great Court, una excelente conversión del patio interior original del siglo XIX. Abierto en 2000, el patio está cubierto por un tejado teselado de cristal en lo que se considera la mayor plaza cubierta de Europa. En el centro está la magnífica Reading Room (sala de lectura) de la antigua British Library, donde estudiaron figuras como Mahatma Gandhi y Karl Marx.

Las mejores colecciones

Esencial
☆

La Gran Bretaña prehistórica y romana

▶ Entre las reliquias más antiguas destacan la Mold Cape, una capa ceremonial de oro de la Edad del Bronce hallada en Gales; un tocado con astas usado por cazadores-recolectores hace 10.000 años; y el Hombre de Lindow, el cuerpo de un sacrificado en el siglo I d. C., conservado en una turbera hasta 1984.

Europa

El tesoro de la Sutton Hoo, nave funeraria de un rey anglosajón del siglo VII, está en la sala 41; incluye un casco, un escudo, cuencos celtas y joyas de oro y granate. En la preciosa colección de relojes destaca uno alemán de hace 400 años con forma de galeón, que en su día cabeceaba, tenía música e incluso disparaba un cañón. Cerca se hallan los famosos ajedreces de Lewis, del siglo XII. Los tesoros del barón Ferdinand Rothschild se exponen en la sala 2ª.

Oriente Próximo y el mundo islámico

Las galerías dedicadas a Oriente Medio abarcan 7.000 años de historia, con piezas del Imperio asirio tan célebres como los relieves asirios (siglo VII a. C.) del palacio del rey Senaquerib, en Nínive; dos grandes toros con cabeza humana (siglo VIII a. C.) de Jorsabad; y el obelisco negro del rey Salmanasar III. Las plantas superiores contienen objetos mesopotámicos, parte del Tesoro de Oxus (enterrado durante más de 2.000 años) y las diversas galerías del mundo islámico.

Egipto y Sudán

Entre las esculturas egipcias de la sala 4 destaca la cabeza de granito rojo del rey Amenofis III y una estatua colosal de Ramsés II. Aquí también está la piedra Rosetta, usada para descifrar los jeroglíficos. En la planta superior están las momias y el arte copto , junto con tesoros de la antigua Nubia.

Grecia y Roma

◀ Las colecciones griega y romana incluyen, por ahora, las controvertidas esculturas del Partenón. Estos relieves del siglo V a. C. decoraban el templo de Atenea en la Acrópolis ateniense. Gran parte quedó en ruinas y lo que sobrevivió se lo llevó el diplomático lord Elgin. Destacan también el monumento de las Nereidas y las esculturas del mausoleo de Halicarnaso.

Asia

La porcelana fina y los bronces de la dinastía Shang (c. 1500-1050 a. C.) son piezas destacadas de la colección china. Resultan particularmente imponentes las vasijas ceremoniales de bronce, con sus formas de cabeza de animal. En la excelente colección de escultura del subcontinente indio destacan los relieves que cubrían los muros de la estupa budista de Amaravati. La sección coreana contiene obras de arte budista. También hay una tradicional casa de té japonesa en la sala 92.

África

Objetos de toda África se exhiben abajo, en la sala 25. Los bronces saqueados del Reino de Benin, cuya devolución a Nigeria se pide cada vez con más fuerza, se exponen junto con modernos grabados, pinturas, dibujos y coloridos tejidos.

LUGARES DE INTERÉS

EL GRUPO DE BLOOMSBURY

Así se conoce a un grupo informal de escritores, artistas e intelectuales que vivieron en torno a Bloomsbury a principios del siglo XX. Este círculo, con su apasionada creencia en la experiencia estética y la búsqueda del conocimiento y sus modernas actitudes hacia el feminismo, la sexualidad y la política, se reunió por primera vez en el nº 46 de Gordon Square, hogar de las hermanas Stephen, Virginia (más tarde Woolf) y Vanessa (más tarde Bell). Otros miembros eran el novelista E. M. Forster, el economista John Maynard Keynes, el biógrafo Lytton Strachey y los artistas Duncan Grant y Dora Carrington.

❷ Bloomsbury Square

I4 WC1 Holborn

La plaza de Bloomsbury, considerada la más antigua de Londres, fue construida en 1661 por el cuarto conde de Southampton, propietario del terreno. No se conserva ninguno de los edificios originales y su sombreado jardín central está rodeado por un denso tráfico (hay un aparcamiento subterráneo que, extrañamente tratándose del centro de Londres, casi siempre cuenta con una o dos plazas libres).

A partir de esta plaza se desarrolló gradualmente Bloomsbury. Famosa por la brillantez de muchos de sus habitantes, dio su nombre al célebre y vanguardista Grupo de Bloomsbury. En toda la zona hay placas conmemorativas con sus nombres.

→ El austero pero luminoso interior de St George, en Bloomsbury

❸ Russell Square

I3 WC1 Russell Sq

Esta es una de las plazas más grandes de Londres y es un lugar animado, con una fuente, un café y mucho tráfico a su alrededor. En su lado este se encuentra el mejor hotel victoriano que sobrevive en la capital: el antiguo Russell Hotel –ahora Kimpton Fitzroy London–, diseñado por Charles Doll e inaugurado en 1898, una maravillosa construcción de

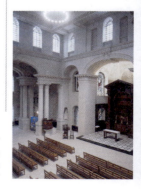

158

 Russell Square, un oasis en un torbellino de tráfico

Comedy, un local donde hay cabaret y monólogos cómicos con objetos del mundo de la comedia expuestos. Abre casi todas las noches.

Museum of Comedy
Horarios varían, consultar página web
museumofcomedy.com

5

Charles Dickens Museum

J3 48 Doughty St WC1 Chancery Lane, Russell Sq 10.00-17.00 mi-do y festivos (última admisión: 16.00; dic: tambien ma); consultar la página web para conocer los detalles de las visitas guiadas nocturnas 1 ene, 25 y 26 dic, y a veces por eventos
dickensmuseum.com

El novelista Charles Dickens vivió en esta casa adosada, de principios del siglo XIX, tres de sus más productivos años (de 1837 a 1839). Aquí terminó *Los papeles póstumos del Club Pickwick* y escribió *Oliver Twist* y *Nicholas Nickleby*. Aunque vivió en muchas casas de Londres a lo largo de su vida, esta es la única que se conserva.

En 1923 la adquirió la Dickens Fellowship y ahora es un interesante museo que conserva las habitaciones principales en el mismo estado que cuando el escritor vivía en ellas. Otras han sido adaptadas para exponer una variada colección de objetos relacionados con él.

La colección del museo abarca más de 100.000 piezas, entre ellas manuscritos, cuadros, objetos personales, papeles, mobiliario de sus otras casas y primeras ediciones de sus obras más famosas. Además de esta colección permanente, el museo organiza exposiciones y

London Review Bookshop
Una librería para gente que se toma los libros en serio. Los fondos, elegidos con mimo, demuestran las respetadas credenciales literarias de su propietaria, la revista London Review of Books. Tiene un personal experto siempre dispuesto a ayudar y una excelente pastelería.
I4 14 Bury Pl WC1
londonreviewbookshop.co.uk

eventos especiales y organiza diversas visitas guiadas. El salón de té (no se requiere entrada) es un respiro del ajetreado centro urbano, y ofrece bebidas y tentempiés.

→ Busto del gran cronista de Londres, en el Charles Dickens Museum

---

4

St George's, Bloomsbury

I4 Bloomsbury Way WC1 Holborn, Tottenham Court Rd, Russell Sq 11.00-15.00 lu, 11.00-14.00 ma stgeorgesbloomsbury.org.uk

Esta iglesia fue diseñada por Nicholas Hawksmoor, discípulo de Christopher Wren, y completada en 1730. Se construyó como lugar de culto para los prósperos residentes de Bloomsbury, entonces de moda. En 1913 se celebró aquí el funeral de Emily Davison, la sufragista que murió arrollada por el caballo de Jorge V en el Epsom Derby. En la cripta se encuentra el **Museum of**

La atractiva sala de lectura de la Wellcome Collection

❻
Wellcome Collection

📍 H3 🏠 183 Euston Rd NW1 🚇 Euston, King's Cross, Warren St 🕐 10.00-18.00 ma-do (hasta 20.00 ju) 🚫 1 ene, 24-26 dic 🌐 wellcomecollection.org

Sir Henry Wellcome (1853-1936) fue un farmacéutico, empresario y coleccionista. Su pasión por la medicina y su historia, así como por la etnografía y la arqueología, le llevó a reunir más de un millón de objetos de todo el mundo, que se guardan en este edificio y en el Science Museum (p. 252). En los últimos años, el museo ha valorado de nuevo el legado de la Wellcome, y algunos objetos se exhiben en exposiciones temporales que abarcan ciencia, medicina y arte. Hay una exposición permanente, *Being Human*, que emplea obras de arte interactivas y otros objetos para explorar la salud e identidad humana en el siglo XXI. La Reading Room, en el nivel 2, es un híbrido de biblioteca, sala de exposiciones y salón de actos, y también hay un café.

La Wellcome Library, también en el nivel 2, alberga parte de la mayor colección mundial de libros sobre historia de la medicina.

❼
The Cartoon Museum

📍 H4 🏠 63 Wells St W1 🚇 Goodge St, Tottenham Court Rd 🕐 10.30-17.30 ma-sá, 12.00-16.00 do 🚫 lu 🌐 cartoonmuseum.com

En este museo en un sótano se celebra la rica tradición británica de retener lo grande y lo bueno de la vida pública para narrarlo con la fuerza de la pluma. Extraída de más de 6.000 obras de arte originales, la exposición principal es un galope sostenido a lo largo de 250 años de viñetas, desde caricaturas del siglo XVIII de James Gillray y Thomas Rowlandson hasta los bocetos satíricos (y a menudo muy divertidos) que ilustran las páginas de publicaciones como *Private Eye*. También hay excelentes exposiciones temporales.

❽
Fitzroy Square

📍 H3 🏠 W1 🚇 Warren St, Great Portland St

Los lados sur y este de esta plaza diseñada por Robert Adam en 1794 conservan su aspecto original, en elegante piedra de Portland. Unas placas azules señalan las casas de artistas, escritores y políticos: George Bernard Shaw y Virginia Woolf vivieron en el nº 29, aunque no al mismo tiempo. Shaw prestó dinero a Roger Fry para que estableciera el taller Omega en el nº 33 en 1913. En él los artistas noveles recibían un salario fijo por producir mobiliario, cerámica, tejidos y cuadros posimpresionistas, que eran vendidos al público.

❾
The Postal Museum

📍 J3 🏠 15-20 Phoenix Pl WC1 🚇 Farringdon 🕐 10.00-17.00 mi-do 🚫 24-26 dic 🌐 postalmuseum.org

En la acera opuesta del Mount Pleasant Mail Centre, que fue la mayor sala de clasificación del mundo, este museo relata los 500 años del servicio postal británico en muestras interactivas e idóneas para niños. El plato fuerte es el Mail Rail, un paseo de 15 minutos en tren a través de túneles que formaban parte de la línea subterránea del servicio postal. Los a veces oscurísimos, estrechos y evocadores túneles se alternan con documentos audiovisuales y conducen a una cochera original. El museo también contiene una exposición que abarca toda la historia del servicio de correos más antiguo del mundo.

❿
Foundling Museum

📍 I3 🏠 40 Brunswick Sq WC1 🚇 Russell Sq 🕐 10.00-17.00 ma-sá, 11.00-17.00 do 🚫 1 ene, 23-27 dic 🌐 foundlingmuseum.org.uk

En 1722 el capitán Thomas Coram, marino y naviero retirado, regresó de las Américas y, espantado por la pobreza que vio en las calles de Londres, prometió fundar un hogar para niños abandonados. Con la ayuda de dos amigos, el artista William Hogarth y el compositor Frideric Handel, Coram trabajó sin descanso hasta reunir fondos. Hogarth donó cuadros al hospital y otros artistas le imitaron. Se animaba a los más ricos a admirar las obras de arte y visitar a los niños con la esperanza de que realizaran donaciones.

En las galerías y salas históricas del museo se cuenta la historia de los miles de niños acogidos. Junto a la colección de pintura y escultura del siglo XVIII del museo hay obras de arte de figuras contemporáneas como Tracey Emin y Yinka Shonibare.

Al lado del museo, con la entrada en Guilford Street, se halla Coram's Fields, un original parque infantil al que los adultos deben entrar acompañados por niños. Cuenta con un parque infantil, un recinto con animales y una cafetería.

⓫

Grant Museum of Zoology

📍 H3 📌 21 University St WC1 🚇 Warren St, Goodge St, Russell Square 🕐 13.00-17.00 ma-vi, 11.00-17.00 sá 🌐 ucl.ac.uk/culture/grant-museum-zoology

El corazón del distrito universitario de Bloomsbury es Gower Street: a un lado de la calle está el neoclásico edificio principal del University College London, diseñado por William Wilkins en 1826, y al otro se encuentra el edificio de terracota original del University College Hospital. La UCL posee varios museos, como el Grant Museum of Zoology, fundado en 1827 como colección didáctica. Alberga unos 68.000 especímenes: esqueletos, ejemplares disecados, insectos o criaturas conservadas en tarros (incluido uno con 18 topos) en cajas de madera abarrotadas, lo que ofrece una imagen muy evocadora de 200 años de ciencia y coleccionismo.

↓ Inusuales objetos expuestos en el Grant Museum of Zoology

Salt Yard
Excelentes tapas que combinan las cocinas española e italiana.
📍 H4 📌 54 Goodge St W1 🌐 saltyardgroup.co.uk

£££

ROKA
Este especialista en *robatayaki* (barbacoa japonesa) sirve unos platos magníficos, como tempuras y sashimi junto con carnes y mariscos a la brasa.
📍 H4 📌 37 Charlotte St W1 🌐 rokarestaurant.com

£££

Cosmoba
Un restaurante familiar italiano con una amplia carta que incluye entrantes, pastas, carnes y mucho más.
📍 H4 📌 9 Cosmo Pl WC1 🌐 cosmoba.co.uk

£££

Fitzroy Tavern
Galardonado *pub* victoriano bien restaurado.
📍 I3 📌 16 Charlotte St W1 📞 020 7580 3714

The Queen's Larder
Añejo *pub* de Bloomsbury con cervezas de buena calidad.
📍 I3 📌 1 Queen Sq WC1 🌐 queenslarder.co.uk

UN PASEO
BLOOMSBURY

Distancia 2 km (1,5 millas) **Tiempo** 25 minutos
Metro Holborn

El llamado *barrio inteligente* está presidido por el magnífico British Museum, al norte del cual se encuentra el campus principal del University College London. La zona está repleta de edificios georgianos (donde vivieron algunos de los escritores e intelectuales más famosos de Londres), bonitas plazas y un buen número de librerías.

La **Senate House** *(1932), sede administrativa de la University of London, posee una valiosa biblioteca.*

↑ Bedford Square, una de las plazas georgianas mejor conservadas de Londres

Bedford Square

Con sus incontables tesoros, el enorme **British Museum** *(p. 154) cuenta con colecciones que abarcan dos millones de años.*

¿Lo sabías?

Bloomsbury es muy antiguo: en el Domesday Book (1086) aparece mencionado como "bosque para 100 cerdos".

Museum Street *está llena de cafés, librerías de viejo y tiendas de grabados y antigüedades.*

Pizza Express *ocupa una encantadora lechería de época victoriana que se conserva prácticamente igual.*

Interior de la estación de St Pancras

KING'S CROSS, CAMDEN E ISLINGTON

King's Cross fue rural en gran medida hasta finales del siglo XVIII. Se conocía como Battle Bridge, por haber sido escenario, según se dice, de una batalla mítica entre Boudica y los romanos, hasta que adoptó su nombre definitivo a raíz de la construcción de un monumento al rey *(king)* Jorge IV en un cruce *(crossroads)* en 1830. Por aquel entonces, King's Cross se estaba industrializando, en parte gracias a la finalización en 1820 del Regent's Canal, que lo conectaba con las ciudades manufactureras del norte, y más tarde por la construcción de una terminal ferroviaria de mercancías y una estación de pasajeros. Tras la Segunda Guerra Mundial llegaron décadas de declive, pero la situación cambió en los primeros años del siglo XXI, cuando St Pancras se convirtió en la terminal de las líneas férreas a Europa, lo cual supuso una inversión multimillonaria en la zona. La urbanización de los vecinos Camden e Islington, conectados con King's Cross por el canal, no empezó hasta el siglo XIX. Con la industrialización llegó el declive social, que duró la mayor parte del pasado siglo, pero desde la década de 1980 ambos barrios han vivido un renacimiento sorprendente.

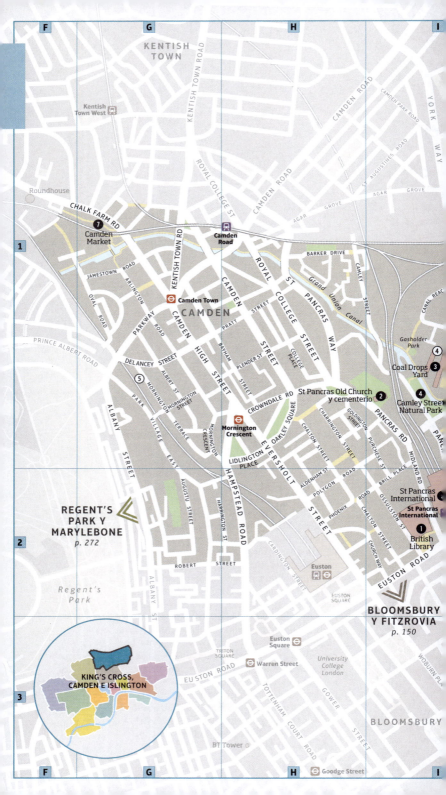

KING'S CROSS, CAMDEN E ISLINGTON

Lugares de interés

1. British Library
2. St Pancras Old Church y cementerio
3. Granary Square y Coal Drops Yard
4. Camley Street Natural Park
5. St Pancras International
6. Kings Place
7. Camden Market
8. Estorick Collection of Modern Italian Art
9. The Angel, Islington y Upper Street

Dónde comer

1. The Lighterman
2. Rotunda
3. German Gymnasium
4. Vermuteria

Dónde beber

5. The Edinboro Castle
6. The Lexington
7. Compton Arms

LUGARES DE INTERÉS

↑ Mesas de café y altas estanterías con libros en la British Library

① British Library

📍 I2 🏠 96 Euston Rd NW1 🚇 King's Cross St Pancras 🕐 9.30-20.00 lu-ju, 9.30-17.00 vi y sá, 11.00-17.00 do 🚫 24-27 dic 🌐 bl.uk

Proyectado por *sir* Colin St John Wilson e inaugurado en 1997 tras casi 20 años de construcción, este inicialmente controvertido edificio de ladrillo alberga la colección nacional de libros, manuscritos y mapas. En total, la British Library guarda 170 millones de referencias en el total de sus sedes (en Londres y Yorkshire), incluidos unos 14 millones de libros, que pueden ser consultados por cualquier persona con la Readers Pass (se puede solicitar *online*).
Lo más interesante, sin embargo, son los Treasures of the British Library, con algunos documentos extraordinarios como la Magna Carta, una Biblia de Gutenberg, el *First Folio* de Shakespeare o letras de los Beatles; aquí también está el escritorio de Jane Austen. La biblioteca organiza exposiciones gratuitas que cambian a menudo (normalmente cierran antes que el edificio principal entre semana), conferencias, charlas y talleres. En las soberbias exposiciones especiales que se ofrecen a lo largo del año sí se suele cobrar entrada. Se recomiendan las visitas guiadas por el edificio (en inglés), que incluyen el acceso a la Viewing Gallery; conviene reservar con dos semanas de antelación.

② St Pancras Old Church y cementerio

📍 I1 🏠 Pancras Rd NW1 🚇 King's Cross St Pancras 🕐 9.30-15.00/17.00 diario (el cementerio cierra al anochecer) 🌐 stpancrasoldchurch.posp.co.uk

Se cree que fue lugar de culto cristiano desde el siglo IV: hay fragmentos de mosaicos romanos en uno de los muros y mampostería normanda, aunque la mayor parte de la edificación data de 1847. El cementerio fue hasta la década de 1850 uno de los lugares de enterramiento más grandes de Londres. Con la llegada del ferrocarril, la mitad del lugar fue demolido y se trasladaron las lápidas: de ahí la llamativa imagen de las lápidas amontonadas al pie de un árbol. Ese árbol es el Hardy Tree, llamado así por el escritor Thomas Hardy, que estuvo a cargo de las excavaciones.

¿Lo sabías?

El panteón Soane del cementerio de la Old Church inspiró el diseño de las emblemáticas cabinas telefónicas rojas.

③ Granary Square y Coal Drops Yard

📍 I1 🚇 King's Cross St Pancras 🌐 kingscross.co.uk

La regeneración urbana ha convertido esta zona, detrás de la estación de King's Cross, en un núcleo social y cultural durante los últimos 20 años. El foco central es la atractiva Granary Square, que lleva hasta el Regent's Canal y está dominada por unas fuentes que bailan siguiendo una pauta de luces cambiante, un imán para los niños en días de calor. Granary Square desemboca en Coal Drops Yard, un centro comercial creado a partir de dos almacenes de carbón victorianos y unidos por el *kissing roof* (literalmente, tejados que se besan) de Thomas Heatherwick, estructura de acero de 25 m de altura. Hay buenos restaurantes y bares y un excelente mercado de comida de viernes a domingo. Los días soleados se puede comprar algo de comer para disfrutarlo en los jardines de los alrededores.

④ Camley Street Natural Park

📍 I1 🏠 12 Camley St N1 🚇 King's Cross St Pancras 🕐 10.00-17.00 diario (hasta 16.00 oct-mar) 🌐 wildlondon.org.uk

Unida a Coal Drop Yard por un puente peatonal, esta reserva natural se creó en un terreno abandonado. Comprende hábitats de pradera, bosque y humedal para mariposas, aves, murciélagos y batracios, en una superficie poco mayor que un campo de fútbol. La mejor época para observar fauna es entre abril y agosto. Tiene senderos y sitios agradables para sentarse y almorzar.

Las fuentes luminosas de Granary Square por la noche

St Pancras International

📍 I2 📫 Euston Rd NW1
🚇 King's Cross St Pancras
🌐 stpancras.com

St Pancras es la terminal de Londres de los servicios de Eurostar que conectan con el continente. Es seguramente la más espectacular de las tres terminales de ferrocarril de Euston Road, gracias a la extravagante fachada, en estilo gótico victoriano con ladrillo rojo, del antiguo Midland Grand Hotel, inaugurado en 1874 como uno de los hoteles más suntuosos de la época. Casi lo demolieron en la década de 1960, pero se salvó gracias a una campaña del poeta John Betjeman (hay una estatua de él en el piso superior del vestíbulo de la estación). El hotel ha sido renovado con mimo como St Pancras Renaissance y tiene un elegante bar de copas.

Kings Place

📍 J1 📫 90 York Way N1
🚇 King's Cross St Pancras
🕐 Pangolin Gallery: 10.00-18.00 lu-sá 🌐 kingsplace.co.uk

Este recinto a orillas de la Battlebridge Basin y el Regent's Canal, en un muelle lleno de bonitas barcas amarradas, celebra conciertos de música clásica, jazz, folk y músicas del mundo y pone en escena comedias. Tiene dos galerías de arte; una de ellas, la Pangolin Gallery, está dedicada a la escultura contemporánea. Los espacios abiertos los ocupan esculturas y arte.

EL ANDÉN 9¾

Los aprendices de mago acuden a la estación de King's Cross en busca del huidizo andén 9¾, desde el que Harry Potter y sus compañeros toman el Hogwarts Express. Aunque no hay mucho que ver entre los andenes 9 y 10, un carrito de equipaje empotrado en un muro (convenientemente situado junto a la tienda de Harry Potter) provee la foto perfecta mientras se espera a la lechuza de Hogwarts.

The Lighterman
Comida británica moderna en una primera planta con una amplia terraza.

📍 I1 📫 3 Granary Sq N1 🌐 thelighterman.co.uk

££££

Rotunda
Terraza llena de plantas sobre el canal, perfecta para un día soleado.

📍 J1 📫 Kings Pl, 90 York Way N1
🌐 rotundabarandrestaurant.co.uk

££££

German Gymnasium
Sustanciosa comida alemana en un moderno café continental.

📍 I1 📫 1 King's Blvd N1 🌐 germangymnasium.com

££££

Vermuteria
Vermús artesanales y comidas durante todo el día en este café encantador decorado con objetos ciclistas *vintage*.

📍 I1 📫 38/39 Coal Drops Yard N1 🌐 vermuteria.cc

££££

The Edinboro Castle

Un simpático *pub* ubicado entre Camden Market y Regent's Park. Tiene un magnífico patio cervecero en la parte de atrás.

📍 G1 📍 57 Mornington Terrace NW1 🌐 edinborocastlepub.co.uk

The Lexington

Un local de ambiente recogido para escuchar música en directo. Un *pub* victoriano que atrae también por sus *bourbons* y cervezas artesanas de Estados Unidos.

📍 K1 📍 96-98 Pentonville Rd N1 🌐 thelexington.co.uk

Compton Arms

Acogedor local en un callejón, que frecuentaba George Orwell.

📍 L1 📍 4 Compton Ave N1 🌐 comptonarms.co.uk

Camden Market

📍 G1 📍 NW1 🚇 Camden Town, Chalk Farm ⏰ Diario (los horarios de los comercios varían) 🌐 camdenmarket.com

El enorme mercado de Camden es en realidad una serie de mercados interconectados a lo largo de Chalk Farm Road y Camden High Street. La zona está abarrotada los fines de semana y la mayoría de las tiendas y algunos puestos abren también los días laborables.

El primer mercado, dedicado a la artesanía, se instaló en 1974 en la Camden Lock; hoy, esta esclusa del Regent's Canal es el foco de una creciente aglomeración.

Este laberinto con cientos de puestos y tiendas donde se practica el comercio minorista a escala industrial ocupa un conjunto de almacenes victorianos restaurados.

El mercado está en la primera línea de la moda alternativa desde los días del punk. El actual batiburrillo de prendas y joyas hechas a mano y *vintage*, artesanía, discos, recuerdos y todo tipo de rarezas y extravagancias se mantienen entre los destinos comerciales más originales de la ciudad. También es un santuario de la comida callejera, con multitud de puestos, cafés y restaurantes que ofrecen platos tradicionales de todo el mundo.

Algunos de los puestos más interesantes están en el Stables Market, hacia el

Estatua de bronce de Amy Winehouse

Edificios industriales victorianos en el Camden Market

extremo de Chalk Farm Road, donde se alza la estatua de una asidua de Camden, la cantante y compositora Amy Winehouse.

8
Estorick Collection of Modern Italian Art

Q L1 **A** 39a Canonbury Sq N1 **◉** Highbury & Islington **◷** 11.00-18.00 mi, vi y sá, 11.00-20.00 ju **W** estorickcollection.com

La colección de arte moderno italiano de Eric y Salome Estorick, estadounidense él y anglogermana ella, es una de las mayores sorpresas de Islington. Está en un modesto edificio georgiano con un jardín encantador, ocupado en parte por un atractivo café. El núcleo de la colección lo integran importantes obras del movimiento futurista: pinturas y dibujos de artistas como Umberto Boccioni, Carlo Carrà, Luigi Russolo y Giuditta Scalini. En las seis galerías de las tres plantas se expone arte italiano abundante y llamativo de todas las disciplinas, incluida la escultura.

9
The Angel, Islington y Upper Street

Q K1 **A** Islington N1 **◉** Angel, Highbury & Islington

Upper Street, una de las calles más populares del norte de Londres, se extiende 1,5 km entre las estaciones de metro de Angel y Highbury & Islington. Animada de día y de noche, es una larga y colorida sucesión de restaurantes, cafés, *pubs*, bares y *boutiques* de moda con un cine independiente y, justo enfrente de la calle principal, la maravillosa Union Chapel (p. 46): una de las salas de conciertos de Londres con más ambiente.

Paralelo a Upper Street discurre Camden Passage, un callejón aún más abarrotado de tiendas, cafés y mercados cubiertos. Es un lugar popular entre los aficionados a las antigüedades, que van en busca de gangas; los miércoles y los sábados son los principales días de mercado

La zona al sur de Upper Street conocida como Angel toma su nombre de una posada del siglo XVII situada en el cruce con Pentonville Road. Fue reemplazada por el actual edificio de color arena coronado en 1903 con una elegante cúpula.

> **MEJORES VISTAS**
> **Primrose Hill**
>
> A 15 minutos a pie desde Camden Market está la encantadora Primrose Hill *(p. 284)*. La parte alta de este promontorio verde ofrece vistas magníficas de la ciudad, con el London Eye, el Shard y la catedral de San Pablo.

Tiendas y restaurantes bordean Upper Street y *(arriba)* Camden Passage ↓

St Paul's Cathedral, un icono de la City

LA CITY

El distrito financiero de la capital, la City, se construyó sobre el asentamiento romano original. Fue, durante muchos siglos, Londres en su totalidad: su nombre completo sigue siendo City of London. En el siglo XI, Eduardo el Confesor trasladó el gobierno real de la City of London a la City of Westminster, pero la importancia comercial de la zona se mantuvo e incluso se incrementó. En el siglo XII se le concedió el estatuto de autonomía, privilegio que conserva, y se fundaron decenas de gremios profesionales, conocidos como *livery companies.* Buena parte de la City, incluidas muchas de las sedes de los gremios *(halls),* fue arrasada por el Gran Incendio de 1666, aunque se conserva el intrincado plano urbano, con nombres como Cheapside o Poultry, como testimonio de su pasado medieval. Tras el incendio, Christopher Wren reconstruyó multitud de iglesias, sobre las cuales se alza la majestuosa cúpula de la catedral de San Pablo. Ahora los chapiteles y las instituciones financieras conviven con adustos edificios de oficinas de la posguerra y un creciente número de rascacielos.

LA CITY

Esencial
1. St Paul's Cathedral
2. Tower of London
3. Barbican Centre

Lugares de interés
4. The Royal Exchange
5. Mansion House
6. Bank of England Museum
7. St Mary-le-Bow
8. St Stephen Walbrook
9. Monument
10. All Hallows by the Tower
11. Tower Bridge
12. Smithfield Market
13. St Bartholomew-the-Great
14. The Sky Garden
15. Old Bailey
16. Leadenhall Market
17. Guildhall
18. St Katharine Cree
19. St Katharine Docks
20. Charterhouse
21. Museum of the Order of St John

Dónde comer
1. José Pizarro
2. The Jugged Hare

ST PAUL'S CATHEDRAL

📍L5 🏛Ludgate Hill EC4 🚇St Paul's, Mansion House 🚆City Thameslink, Blackfriars 🕐8.30-16.30 lu-sá (desde 10.00 mi), do solo para servicios religiosos; galerías de la cúpula: desde 9.30 lu-sá (desde 10.00 mi) 🌐stpauls.co.uk

Sin complejos frente a los rascacielos de la City, la enorme cúpula de la catedral de San Pablo destaca sobre las iglesias de la zona. Terminada en 1711, la obra maestra barroca de Christopher Wren fue la primera catedral puramente protestante de Inglaterra y tiene muchas semejanzas con San Pedro de Roma, en particular en su ornada cúpula.

Tras el Gran Incendio de Londres de 1666, la catedral medieval de San Pablo quedó en ruinas. Las autoridades encargaron su reconstrucción a Christopher Wren, pero sus ideas se toparon con una considerable resistencia por parte del conservador deán y el cabildo. La Gran Maqueta de Wren de 1672 fue rechazada y finalmente se aprobó un proyecto suavizado en 1675. Sin embargo, la determinación de Wren se impuso y la catedral es considerada su gran obra maestra. La cúpula es una de las mayores del mundo, con 111 m de altura y 65.000 toneladas de peso.

La catedral tiene una firme tradición coral y es famosa por su música, con frecuentes conciertos y recitales de órgano.

→ La imponente fachada oeste de la catedral, dominada por dos grandes torres

CHRISTOPHER WREN

Sir Christopher Wren (1632-1723) tuvo un papel esencial en la restauración de Londres tras el Gran Incendio de 1666. Ideó un plan urbano que sustituía las calles estrechas por anchas avenidas que partían desde plazas. Su plan fue rechazado, pero le encargaron la construcción de 52 iglesias; 31 han sobrevivido a amenazas de demolición y a las bombas de la Segunda Guerra Mundial, aunque se conservan solo parcialmente. Su obra maestra es la enorme catedral, y casi tan espléndida es St Stephen Walbrook (1672-1677), también con cúpula. No desmerecen St Bride, en Fleet Street –se dice que sirvió de modelo para las tartas nupciales–, y St Mary-le-Bow, en Cheapside.

Esencial ☆

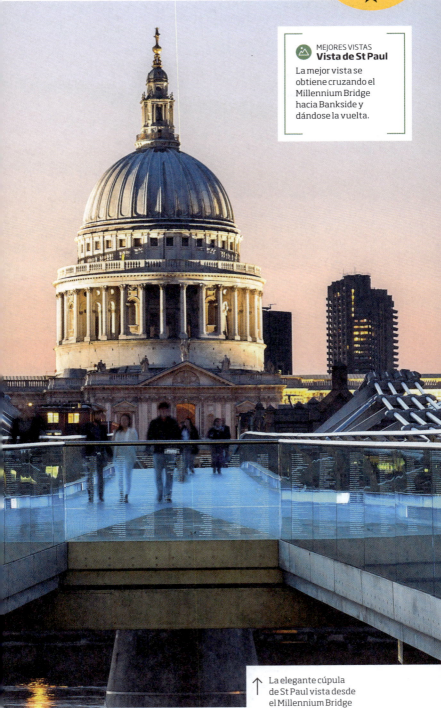

MEJORES VISTAS
Vista de St Paul

La mejor vista se obtiene cruzando el Millennium Bridge hacia Bankside y dándose la vuelta.

↑ La elegante cúpula de St Paul vista desde el Millennium Bridge

Un majestuoso interior

Quien visita la catedral de San Pablo se siente de inmediato impresionado por la cuidada distribución de su amplio espacio interior. La nave, los cruceros y el coro están distribuidos en forma de cruz, como en una catedral medieval, pero la visión clásica de Wren se impone sobre esta conservadora planta, impuesta por las autoridades de la catedral. Ayudado por los mejores artesanos de la época, creó un interior de grandiosa majestuosidad y esplendor barroco, perfecto para las grandes ceremonias a las que serviría de escenario, como el funeral de Winston Churchill, en 1965, y la boda del entonces príncipe Carlos y *lady* Diana Spencer en 1981.

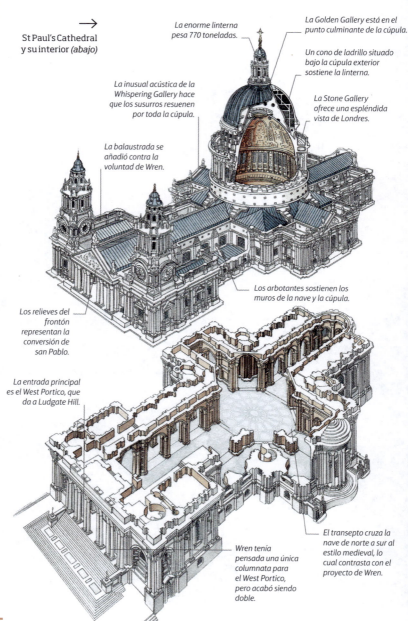

→ St Paul's Cathedral y su interior *(abajo)*

La enorme linterna pesa 770 toneladas.

La Golden Gallery está en el punto culminante de la cúpula.

Un cono de ladrillo situado bajo la cúpula exterior sostiene la linterna.

La inusual acústica de la Whispering Gallery hace que los susurros resuenen por toda la cúpula.

La Stone Gallery ofrece una espléndida vista de Londres.

La balaustrada se añadió contra la voluntad de Wren.

Los arbotantes sostienen los muros de la nave y la cúpula.

Los relieves del frontón representan la conversión de san Pablo.

La entrada principal es el West Portico, que da a Ludgate Hill.

Wren tenía pensada una única columnata para el West Portico, pero acabó siendo doble.

El transepto cruza la nave de norte a sur al estilo medieval, lo cual contrasta con el proyecto de Wren.

Cronología

604
▲ El obispo Melito construye la primera catedral, que arde en 1087.

1087
▲ El obispo Mauricio inicia la antigua St Paul, una catedral normanda de piedra.

1708
▲ El hijo de Wren, Christopher, pone la última piedra de la linterna.

2011
▲ Se termina una amplia restauración.

Esencial ☆

1 La Whispering Gallery ofrece vistas del amplio crucero, el espacio que está bajo la cúpula.

2 Jean Tijou, un refugiado hugonote, hizo gran parte de la obra de hierro forjado, como los canceles.

3 Intrincadas tallas de querubines, frutas y guirnaldas adornan la catedral.

4 En la cripta hay tumbas de personajes famosos y héroes populares, como el almirante lord Nelson.

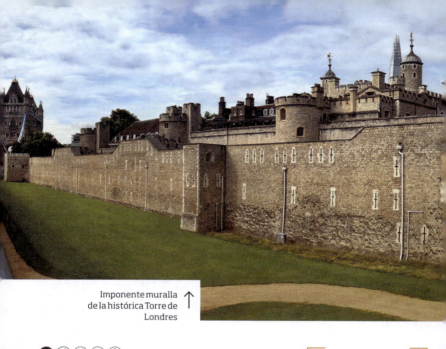

Imponente muralla de la histórica Torre de Londres →

❷

TORRE DE LONDRES

📍05 🚇 Tower Hill EC3 🚊 Tower Hill, Tower Gateway DLR 🚆 Fenchurch Street ⏰ 9.00-17.30 ma-sá; 10.00-17.30 do y lu (desde 9.00 diario en días no lectivos; nov-feb: hasta 16.30) 📅 1 ene, 24-26 dic 🌐 hrp.org.uk

Fundada en 1066 por Guillermo el Conquistador, la Torre de Londres ha sido fortaleza, palacio y prisión. Los visitantes acuden en masa para ver las joyas de la Corona y conocer su oscura e intrigante historia.

Durante gran parte de sus 950 años de historia, la Torre de Londres ha provocado temor. Todos los acusados de traición u ofensas al rey eran encerrados entre sus fríos y húmedos muros. Muchos no sobrevivieron y otros sufrieron torturas antes de ser ejecutados en la Tower Hill.

La Torre ha sido destino turístico desde el reinado de Carlos II (1660-1685), cuando se mostraron por primera vez al público las joyas de la Corona y la colección de armaduras. Hoy el público sigue interesado en descubrir la brutalidad del absolutismo, la curiosa colección de fieras que habitó el lugar y los símbolos del poder monárquico de Gran Bretaña.

>
> **CONSEJO DK**
> **Visitas con los Beefeaters**
> La Torre se puede visitar con un Yeoman Warder o Beefeater. Sus narraciones de las ejecuciones, complots y prisioneros permiten conocer la historia de forma amena (en inglés). Las visitas están incluidas en el precio, y salen cada 30 minutos hasta dos horas antes del cierre de la Torre.

Cronología

1066
▲ Guillermo I levanta un castillo provisional.

1534-1535
▲ Tomás Moro es apresado y ejecutado.

Esencial ☆

¿Lo sabías?

En la Torre vive una colonia de cuervos. Dice la leyenda que el Reino Unido caerá si se van.

↑ Los Yeomen Warders guardan la Torre

↑ Dormitorio del rey Eduardo I, en la St Thomas's Tower

1553-1554
▲ *Lady* Jane Grey, presa y ejecutada.

1603-1616
▲ Walter Raleigh es encarcelado en la Torre.

1671
▲ Thomas Blood intenta robar las joyas de la Corona.

1941
▲ El destacado dirigente nazi Rudolf Hess, preso en la King's House.

La vida en la Torre

El área delimitada por la imponente muralla alberga lo que queda del palacio medieval de Enrique III, así como varias torres que alojaron a presos como Ana Bolena, Thomas Cromwell y Catalina Howard. Los prisioneros de alto rango podían vivir con cierto confort con sus propios sirvientes, pero el resto sufría privaciones, torturas y, en última instancia, la muerte.

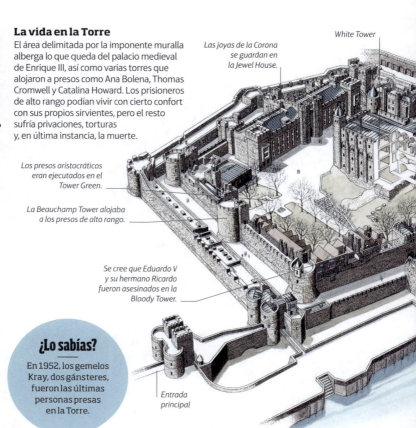

Las joyas de la Corona se guardan en la Jewel House.

White Tower

Los presos aristocráticos eran ejecutados en el Tower Green.

La Beauchamp Tower alojaba a los presos de alto rango.

Se cree que Eduardo V y su hermano Ricardo fueron asesinados en la Bloody Tower.

Entrada principal

¿Lo sabías?

En 1952, los gemelos Kray, dos gánsteres, fueron las últimas personas presas en la Torre.

1 Un centinela de la Tower Guard monta guardia en la Jewel House.

2 Algunos presos de la Torre sufrieron torturas y otros fueron confinados en solitario.

3 La Torre de Londres está en el límite de la City, junto al Támesis y el Tower Bridge. Tiene varias torres, un palacio, residencias y una capilla.

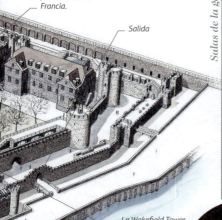

La bella Chapel of St John está hecha con piedra traída de Francia.

Salida

Salas de la galería

La Wakefield Tower formaba parte del palacio medieval.

Los prisioneros entraban a la Torre en barco por la Traitors' Gate.

Enrique III erigió el palacio en 1220, y su hijo Eduardo I lo amplió.

 La muralla encierra torres, residencias y espacios abiertos

LOS PRÍNCIPES EN LA TORRE

Uno de los misterios más famosos de la Torre gira en torno a dos niños príncipes, hijos y herederos de Eduardo IV. Su tío, Ricardo de Gloucester, los encerró en la Torre cuando su padre murió en 1483, pero desaparecieron poco después. Las pruebas de ADN de los huesos de dos niños encontrados que se cree que son ellos puede resolver el enigma en el futuro.

Esencial ☆

Joyas de la Corona

Con las coronas, cetros y orbes utilizados en coronaciones y otras ceremonias oficiales, las joyas de la Corona *(abajo)* tienen una gran significación histórica. La mayoría data de 1661, cuando se creó un nuevo juego para la coronación de Carlos II.

Galas de coronación

Además de las coronas, otros elementos usados en las coronaciones *(izquierda)* son el orbe, la Cuchara de la Coronación del siglo XII y el cetro con la Cruz, que incluye el mayor diamante tallado del mundo.

Armaduras reales

En la planta baja de la White Tower se exponen armaduras de los periodos Tudor y Estuardo en la famosa Line of Kings. Esta atracción desde hace al menos 350 años incluye el gigantesco conjunto de Enrique VIII, famoso por su impresionante coquilla *(derecha)*, junto con otras curiosidades.

Mensajes en la Beauchamp Tower

Tallas sorprendentemente elaboradas adornan los muros de esta torre: son emotivos mensajes de reos de muerte de los siglos XVI y XVII. Uno muestra el blasón familiar de lord Dudley, esposo adolescente de la condenada Jane Grey, encarcelada con sus tres hermanos.

Arquitectura brutalista de hormigón del Barbican, con lagos y fuentes

BARBICAN CENTRE

M4 Barbican Estate EC2 Barbican, Moorgate Moorgate, Liverpool St 9.30-23.00 diario (desde 12.00 festivos); galería de arte: 10.00-18.00 sá-mi, 10.00-20.00 ju y vi; invernadero: 12.00-17.00 do; invernadero: algunos días, consultar página web 24-26 dic barbican.org.uk

Este complejo residencial, comercial y cultural es una obra maestra del brutalismo y una formidable y fabulosa anomalía en la City: un oasis de cultura y vecindad en el distrito financiero de Londres. Aquí se ofrecen conciertos y obras de teatro de primera categoría.

El alma del Barbican Estate es el Barbican Centre, una de las instituciones artísticas más grandes y completas de Londres, con tres cines, una sala de conciertos, dos teatros y salas de exposiciones consagradas a las artes. El centro también alberga una biblioteca pública, tres restaurantes, un invernadero tropical y varios cafés y bares. El dinámico programa de eventos suele incluir producciones a cargo de la Royal Shakespeare Company, conciertos de la orquesta residente, la London Symphony Orchestra, y mucho cine independiente. Siempre ha habido lugar para artistas experimentales y rompedores de cualquier disciplina, desde arte multimedia hasta óperas de street dance. También están presentes el jazz y las músicas del mundo, con actuaciones frecuentes de músicos e intérpretes de América Latina, Asia y África. Las opciones son siempre muy variadas y los espectáculos únicos.

> **CURIOSIDADES**
> **Invernadero**
>
> El verdor gotea desde el hormigón del invernadero del Barbican, un bosque tropical encerrado en vidrio que alberga unas 1.500 especies de plantas. El espacio se utiliza también para exposiciones de arte. Información sobre reservas en la página web.

Esencial ☆

¿Lo sabías?

En 1982, Isabel II describió el Barbican como "una de las maravillas del mundo moderno".

↑ El Barbican Hall, conocido por su ecléctico programa musical

BARBICAN ESTATE

Con unos 4.000 residentes en sus torres y bloques adosados brutalistas, este ambicioso desarrollo urbano de la posguerra fue diseñado por Chamberlin, Powell & Bon y construido en un solar que había sido arrasado por las bombas de la Segunda Guerra Mundial. Es un laberinto de paseos de hormigón, pasarelas elevadas, escaleras de piedra y torres imponentes, suavizado en gran medida con espacios verdes –pequeños jardines diseminados por el terreno– y con un lago ornamental dotado de fuentes.

185

LUGARES DE INTERÉS

④

The Royal Exchange

📍 N5 🚇 EC3 🚌 Bank
🌐 theroyalexchange.co.uk

Sir Thomas Gresham, comerciante y cortesano isabelino, fundó la Royal Exchange (la Bolsa) en 1566 como centro de intercambios comerciales. El edificio original ocupaba un patio donde los comerciantes y mercaderes realizaban las transacciones. Isabel I le concedió el título de real y es uno de los lugares donde se anuncia la proclamación de un nuevo rey. El edificio actual data de 1844 y es el tercero desde la época de Gresham. Ahora alberga un lujoso centro comercial con tiendas de moda y un Fortnum & Mason *(p. 95)* con un elegante bar-restaurante.

⑤

Mansion House

📍 M5 🏛 Walbrook EC4
🚌 Bank, Mansion House
🕑 14.00 ma (excepto ago), con visita guiada previa cita 🌐 cityoflondon.gov.uk

La residencia oficial del Lord Mayor (alcalde) fue diseñada por George Dance el Viejo y se terminó en 1758. Su fachada paladiana con seis grandes columnas corintias es una de las estampas más características de la City. Las visitas guiadas se adentran en las estancias del siglo XVIII, dignas del cargo de alcalde; una de las más espectaculares es el Egyptian Hall (salón Egipcio), de 27 m. También se halla aquí la Harold Samuel Collection, una importante colección de arte holandés del siglo XVII: destacan las pinturas de Frans Hals.

⑥

Bank of England Museum

📍 M5 🏛 Bartholomew Lane EC2 🚌 Bank 🕑 10.00-17.00 lu-vi (hasta 20.00 3ᵉʳ ju de mes) 🚫 Festivos
🌐 bankofengland.co.uk

El Banco de Inglaterra se fundó en 1694 para financiar guerras en el extranjero. Creció hasta convertirse en el banco central de Gran Bretaña y emite papel moneda. *Sir* John Soane *(p. 143)* fue el arquitecto del primer edificio (1788), del que solo se conserva el muro exterior. El resto fue demolido en las décadas de 1920 y 1930 cuando se amplió el edificio. Sin embargo, el despacho de Soane de 1793 ha sido reconstruido e ilustra con exposiciones la historia del edificio. El museo cuenta la historia del banco y del sistema financiero. En la reconstruida Rotunda, rodeada por cariátides rescatadas de la vieja Dividend Office de Soane, se puede intentar cargar un lingote de oro real (el banco guarda unos 400.000). Junto con una colección única de billetes, la Banknote Gallery tiene exposiciones sobre las complejas técnicas anti-falsificación y muestras interactivas que invitan al visitante a forzar una caja fuerte o controlar la inflación.

> CURIOSIDADES
> **London Mithraeum**
>
> Debajo de la sede de Bloomberg en Walbrook, el mitreo de Londres *(www.londonmithraeum.com)* conserva los restos de un templo del siglo III construido por los seguidores de este extraño culto romano. Un espectáculo de luz y sonido recrea una de las ceremonias secretas.

↓ Fachada neoclásica de la Royal Exchange

↑ Campanario de la iglesia de St Mary-le-Bow

> **Las campanas de Bow son importantes para los londinenses: solo los nacidos en la zona a la que llega su tañido pueden considerarse auténticos *cockneys*.**

❼
St Mary-le-Bow

📍 **M5** 🏠 **Cheapside EC2** 🚇 **St Paul's, Mansion House** 🕐 **7.30-18.00 lu-vi** 🌐 **stmarylebow.org.uk**

La iglesia toma el nombre de los arcos *(bow)* de su cripta normanda. Cuando Wren reconstruyó el edificio (1670-1680) tras el Gran Incendio, mantuvo este patrón en los arcos del campanario. La veleta es un enorme dragón.

La iglesia fue bombardeada en 1941 y solo quedaron en pie el campanario y dos muros. Restaurada entre 1956 y 1962, sus campanas volvieron a ser fundidas y colgadas. Su tañido es importante para los londinenses: solo los nacidos en la zona a la que llega su sonido pueden tenerse por auténticos *cockneys*. La iglesia ofrece visitas guiadas una vez al mes (en inglés) y hay recitales algunos jueves a la hora de la comida.

❽
St Stephen Walbrook

📍 **M5** 🏠 **39 Walbrook EC4** 🚇 **Bank, Cannon St** 🕐 **10.30-15.30 lu-vi** 🌐 **ststephenwalbrook.net**

La iglesia parroquial de la alcaldía fue construida por Christopher Wren entre 1672 y 1679 y está considerada su mejor iglesia de la City. La profunda cúpula artesonada es un precedente de la de St Paul. Su amplio interior con columnas es una sorpresa, en contraste con su sencillo exterior. Tanto el doselete de la pila bautismal como el del púlpito están decorados con exquisitas tallas que contrastan con la sencillez del enorme altar en piedra blanca de Henry Moore (1972), instalado en 1987.

Sin embargo, el detalle más entrañable es un teléfono en una urna de cristal, homenaje al sacerdote Chad Varah, que fundó en 1953 los Samaritanos, una organización de voluntarios que prestan ayuda telefónica a todo aquel que lo necesita.

La iglesia también es sede de la London Internet Church, que reúne a personas de todo el mundo para rezar y debatir sobre la cristiandad. La iglesia ofrece eventos musicales gratuitos, entre los que hay conciertos a la hora de comer los martes a las 13.00 y recitales de órgano los viernes a las 12.30, a los que se puede llevar comida propia.

LOS *LIVERY HALLS* DE LA CITY

Existen unas 110 *livery companies* en Londres y cada una representa a un oficio específico. Las crearon grupos de profesionales medievales que formaron asociaciones o gremios para proteger, promover y regular sus oficios, y establecieron sus sedes en grandes edificios *(halls)* de toda la City. Aunque muchos no sobrevivieron al Gran Incendio, se conservan algunos *halls* originales de varias docenas y unas placas azules señalan la ubicación de los que ya no existen. Algunos tienen grandiosos y ornados interiores dignos de un palacio. Aunque en general no están accesibles al público, muchos abren sus puertas para el Open House Festival en septiembre.

❾ Monument

📍N5 ⌂Monument St EC3 🚇Monument 🕘9.30-13.00 y 14.00-18.00 diario 🚫24-26 dic 🌐themonument.org.uk

La columna, diseño de Wren para recordar el Gran Incendio de 1666, es la columna de piedra no unida a ninguna estructura más alta del mundo. Tiene 61,5 m de altura, y se dice que está situada 61,5 m al oeste de donde se declaró el fuego, en Pudding Lane. Los relieves de la base representan a Carlos II restaurando la ciudad. Cansa subir los 311 escalones, pero las vistas son espectaculares.

❿ All Hallows by the Tower

📍N5 ⌂Byward St EC3 🚇Tower Hill 🕘8.00-17.00 lu-vi, 10.00-17.00 sá, 11.00-17.00 do 🚫Festivos 🌐ahbtt.org.uk

Fundada en el año 675, la iglesia más antigua de la ciudad conserva algunos elementos sajones originales y parte de un suelo romano de mosaico descubierto en 1926. Este se exhibe en el museo de la cripta, junto a otros objetos romanos y sajones. La iglesia se ocupaba de dar sepultura temporal a los ejecutados en Tower Hill, entre los que se contó Tomás Moro. Desde su torre, Samuel Pepys vio cómo el Gran Incendio devastaba Londres en 1666.

⓫ Tower Bridge

📍O6 ⌂SE1 🚇Tower Hill 🕘9.30-18.00 diario 🚫24-26 dic 🌐towerbridge.org.uk

Esta espectacular obra de ingeniería victoriana, finalizada en 1894, es un símbolo de Londres. Sus torres con pináculos y la pasarela que las une sostienen el mecanismo para levantar la calzada cuando tienen que pasar grandes barcos o en ocasiones señaladas (consultar horarios en la página web). Cuando está levantada, el puente mide 40 m de altura.

Caminar por el puente es gratis, pero para acceder a las pasarelas elevadas, donde hay un tramo de vidrio desde el que mirar el tráfico de abajo, hay que pagar una entrada, que incluye la exposición de la North Tower y acceso a las salas de máquinas, en la South Tower, y a un motor de vapor que accionó la maquinaria elevadora hasta 1976, fecha en la que se instaló un sistema eléctrico.

⓬ Smithfield Market

📍L4 ⌂Charterhouse St EC1 🚇Farringdon, Barbican 🕘0.00 a 7.00 lu-vi 🚫Festivos 🌐smithfieldmarket.com

En este mercado se vendían animales ya en el siglo XII, pero hasta 1400 no recibió la cédula oficial. En 1648 se constituyó oficialmente como mercado de ganado, y lo siguió siendo hasta mediados del siglo XIX. Ahora se dedica a la venta al

↓ Tower Bridge, un símbolo eterno de Londres

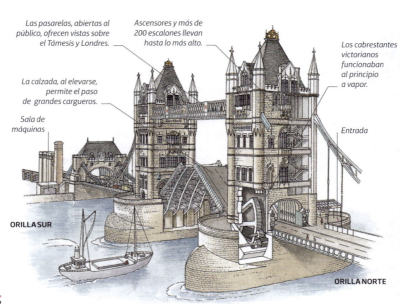

Las pasarelas, abiertas al público, ofrecen vistas sobre el Támesis y Londres.

Ascensores y más de 200 escalones llevan hasta lo más alto.

Los cabrestantes victorianos funcionaban al principio a vapor.

La calzada, al elevarse, permite el paso de grandes cargueros.

Sala de máquinas

Entrada

ORILLA SUR

ORILLA NORTE

188

↑ El Sky Garden, en la azotea del edificio Walkie-Talkie

por mayor de carne y aves de corral. Originalmente estaba en Smithfield, fuera de las murallas de la ciudad. En la década de 1860 se trasladó a su actual emplazamiento; aunque el nombre antiguo ha acabado prevaleciendo. Varios *pubs* de la zona mantienen el horario de mercado y sirven copiosos desayunos desde el amanecer. Ya modernizado, es uno de los mercados de carne mejor equipados del mundo. Conviene llegar bastante antes de las 7.00.

Después de haber cerrado sus instalaciones en Londres en 2022, el querido Museum of London tiene previsto reabrir en 2026 en el General Market de Smithfield, abandonado hace mucho tiempo.

St Bartholomew-the-Great

📍 L4 🏠 West Smithfield EC1 🚇 Barbican 🕒 10.00-17.00 sá, 8.30-18.30 do 🌐 greatstbarts.com

La iglesia de St Bart, una de las más antiguas de Londres, fue fundada en 1123 por un cortesano de Enrique I. El arco del siglo XIII era la puerta original; la casa situada encima es posterior. El crucero y el presbiterio son originales, con bellos detalles normandos. También hay algunos monumentos Tudor. En el brazo sur del transepto hay una estatua dorada de san Bartolomé de Damien Hirst. En 1725, el estadista americano Benjamin Franklin trabajó en una imprenta en la capilla de la Virgen. La iglesia aparece en los filmes *Cuatro bodas y un funeral*, *La otra Bolena* y *Shakespeare in love*.

The Sky Garden

📍 N5 🏠 20 Fenchurch St EC3 🚇 Bank, Monument 🕒 10.00-18.00 lu-vi, 11.00-21.00 sá, do y festivos 🌐 skygarden.london

El edificio del nº 20 de Fenchurch Street, diseñado por Rafael Viñoly, es conocido popularmente como el Walkie-Talkie por su inusual forma. Este controvertido rascacielos (su diseño y posición lo hacen destacar en el horizonte) es uno de los pocos accesibles al público, siempre que se tenga entrada para el Sky Garden, un mirador de tres niveles. Las entradas se venden los lunes con tres semanas de antelación. Hay bares y restaurantes que abren hasta tarde.

Desde el Sky Garden se ven otros rascacielos de Londres. Al sur está el Shard *(p. 215)*; al norte están la Tower 42, el Gherkin (pepinillo), el Leadenhall –alias *Cheesegrater* (rallador de queso)–, el *Scalpel* (bisturí) y el 22 Bishopsgate, el más alto de la City, con su propio mirador.

Old Baley

📍 L4 🏠 EC4 🚇 St Paul's 🕒 Sesiones del Tribunal: 9.55-12.40 y 13.55-15.40 lu-vi (horario reducido en ago) 🚫 Festivos 🌐 cityoflondon.gov.uk, cityoflondonguides.com

Los nuevos Tribunales Penales Centrales abrieron en 1907 donde estuvo la infame prisión de Newgate. En la otra acera, el *pub* Magpie and Stump sirvió *desayunos de ejecución* hasta 1868, cuando cesaron los ahorcamientos masivos junto a la la prisión. Entre los juicios famosos celebrados aquí están el de Oscar Wilde, el de los gemelos Kray y el del violador de Yorkshire. Hoy, los tribunales están abiertos al público durante las sesiones y los sábados, para visitas guiadas organizadas por City of London Guides (hay que reservar *online*).

 MEJORES VISTAS
Horizon 22

Solo hacen falta 42 segundos para ser trasladado sin ruidos al mirador gratuito más alto de Londres, en la planta 58 del 22 de Bishopsgate. Las vistas sin obstáculos son poco menos que espectaculares. Hay que reservar *online* con antelación *(www.horizon22.co.uk)*.

→ La elegante bóveda de hierro forjado y vidrio del Leadenhall Market

⓰
Leadenhall Market

📍 N5 🏠 Gracechurch St EC3 EC3 🚇 Bank, Monument
🕐 24 horas; varía el horario de cada negocio;
🌐 leadenhallmarket.co.uk

Este lugar, antiguo emplazamiento del foro romano, alberga un mercado desde la Edad Media. *Sir* Horace Jones diseñó en 1881 la actual galería cubierta victoriana. Leadenhall tiene ahora diversas tiendas de exquisiteces, entre ellas de quesos y vinos, así como algunos *pubs* tradicionales y bares de vinos. En Navidad, los adornos de las tiendas son una imagen atractiva.

⓱
Guildhall

📍 M4 🏠 Guildhall Yard EC2
🚇 St Paul's 🕐 Solo visitas guiadas mensuales (reservar antes); consultar página web 🌐 cityoflondon.gov.uk/things-to-do

El Guildhall es el centro administrativo de la City desde hace al menos 800 años.

Durante siglos, su Great Hall se utilizó para celebrar juicios y allí se condenó a muerte a mucha gente, entre ellos Henry Garnet, uno de los miembros de la Conspiración de la Pólvora. Asomándose a la sala desde un extremo están las figuras de los legendarios gigantes Gog y Magog, guardianes de la City, mientras que otras estatuas de figuras destacadas como Churchill o Nelson ocupan los laterales, de 46 m. Cada año, unos días después del desfile del alcalde, el primer ministro ofrece aquí un banquete.

En la cara sur del Guildhall Yard hay una iglesia diseñada por Wren, St Lawrence Jewry, mientras que en la cara este se encuentra la **Guildhall Art Gallery** (gratuita). Se exhibe una amplia colección de obras de arte victorianas, entre ellas de la Hermandad Prerrafaelita. También hay una cautivadora colección de cuadros de Londres, que recogen los cambiantes destinos de la ciudad durante los últimos 350 años. La galería también expone una selección de obras del pintor del siglo XX *sir* Matthew Smith.

En 1988 se descubrieron los cimientos de un **anfiteatro romano** bajo la galería. Construido en el siglo II d. C. y con capacidad para unos 6.000 espectadores, se utilizó para cacerías de animales, ejecuciones y combates de gladiadores. A las ruinas se accede por la galería de arte.

Guildhall Art Gallery y anfiteatro romano

  🕐 10.30-16.00 diario
🚫 24 y 25 dic, 1 ene y eventos

⓲
St Katharine Cree

📍 N5 🏠 86 Leadenhall St EC3 🚇 Aldgate, Tower Hill
🕐 9.30-16.00 ma-sá
🌐 stkatharinecree.org

Esta peculiar iglesia del siglo XVII, anterior a Wren, tiene una torre medieval y es una de las ocho de la City que sobrevivieron al Gran Incendio de 1666. Algunos de los elaborados estucos bajo el techo de la nave y de la nave misma representan los escudos de armas de los gremios, con los que esta iglesia un vínculo especial. Se dice que el rosetón se inspiró en el que había en la antigua catedral de San Pablo,

19 St Katharine Docks

Q O6 **A** E1 **⊖** Tower Hill
w stdocks.co.uk

El muelle más céntrico de Londres, diseñado por Thomas Telford e inaugurado en 1828, se construyó sobre el hospital de St Katharine. Aquí se descargaban productos como té, mármol y tortugas vivas (la sopa de tortuga era un manjar victoriano).

Durante el siglo XIX y principios del XX, los muelles prosperaron, pero a mitad de siglo los buques ya transportaban grandes contenedores, por lo que los muelles se quedaron pequeños y cerraron en 1968. La reforma de St Katharine's ha sido muy exitosa. Los antiguos almacenes albergan ahora tiendas y restaurantes en las plantas bajas y oficinas en las superiores. Enfrente hay un puerto deportivo y aquí se celebran eventos a lo largo del año.

Merece la pena pasear por el muelle tras visitar la Torre de Londres *(p. 180)* o el Tower Bridge *(p. 188)*.

20 Charterhouse

Q L3 **A** Charterhouse Sq EC1 **⊖** Barbican
Ⓘ Museo: 10.00-16.30 ma-sá **🕒** Semana de Navidad **w** thecharterhouse.org

La puerta estilo Tudor del lado norte de Charterhouse Square conduce al lugar donde se hallaba un monasterio cartujo, clausurado por Enrique VIII. Sus edificios se convirtieron en 1611 en un hospital para jubilados sin recursos y en una escuela benéfica llamada Charterhouse, con alumnos como John Wesley, fundador del metodismo, el escritor William Thackeray y Robert Baden-Powell, fundador de los Boy Scouts. La escuela se trasladó en 1872 a Godalming (Surrey). Algunos edificios originales siguen en pie, como la capilla y parte del claustro. Charterhouse aún es hogar de 40 pensionistas, que reciben ayuda oficial. El pequeño museo y la capilla están abiertos al público; al resto del lugar solo se puede acceder en visitas guiadas (en inglés, todos los días salvo domingos y lunes; reservas *online*).

St Katharine Docks, un muelle convertido en puerto deportivo

José Pizarro
Tapas españolas clásicas y platos creativos.

Q N4 **A** 36 Broadgate Circle EC2 **🕒** do
w josepizarro.com

€€€

The Jugged Hare
Este *gastropub* sirve excelentes platos de caza.

Q M3 **A** 49 Chiswell St EC1
w thejuggedhare.com

€€€

---

21 Museum of the Order of St John

Q L3 **A** St John's Gate, St John's Lane EC1
⊖ Farringdon **Ⓘ** Museo: 10.00-17.00 mi-sá **🕒** 2 semanas en Navidad/Año Nuevo **w** museumstjohn.org.uk

La entrada estilo Tudor y restos de una iglesia del siglo XII es lo que se conserva del priorato de los Caballeros de San Juan, establecido aquí durante 400 años y precursor del St John Ambulance. Los edificios del priorato han tenido diversos usos, como oficina del maestro de ceremonias de Isabel I y café regentado por el padre de William Hogarth.

El museo contiene cientos de tesoros de la historia de la orden, como manuscritos miniados y un cañón de bronce donado por Enrique VIII. El resto del edificio, incluida la iglesia con su cripta del siglo XII, puede verse en visitas guiadas temáticas (en inglés) que tienen lugar varias veces a la semana; consultar detalles en página web.

UN PASEO
LA CITY

Distancia 2 km (1,5 millas) **Tiempo** 25 minutos
Metro St Paul's

Esta ruta por el centro financiero de Londres incluye, como es de esperar, grandes instituciones como el Bank of England y la sede europea de Bloomberg. Junto a estos edificios de los siglos XX y XXI se alzan las majestuosas visiones arquitectónicas de Christopher Wren, el arquitecto más sublime y probablemente el más prolífico de Inglaterra (p. 176). Sus iglesias dan testimonio de su genio.

¿Lo sabías?

Watling Street es una sección de un camino romano que en su momento iba desde la costa de Kent hasta Wroxeter, en Shropshire.

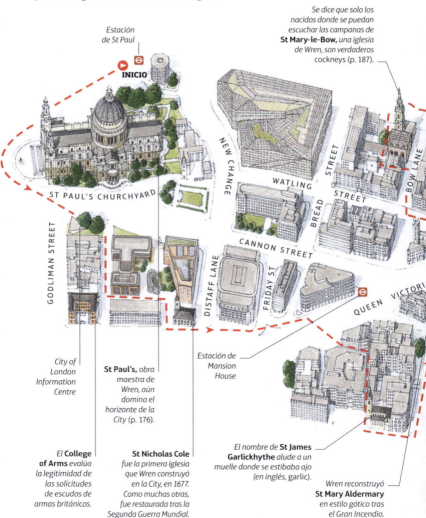

Estación de St Paul — INICIO

Se dice que solo los nacidos donde se puedan escuchar las campanas de **St Mary-le-Bow**, una iglesia de Wren, son verdaderos cockneys (p. 187).

City of London Information Centre

St Paul's, obra maestra de Wren, aún domina el horizonte de la City (p. 176).

Estación de Mansion House

El **College of Arms** evalúa la legitimidad de las solicitudes de escudos de armas británicos.

St Nicholas Cole fue la primera iglesia que Wren construyó en la City, en 1677. Como muchas otras, fue restaurada tras la Segunda Guerra Mundial.

El nombre de **St James Garlickhythe** alude a un muelle donde se estibaba ajo (en inglés, garlic).

Wren reconstruyó **St Mary Aldermary** en estilo gótico tras el Gran Incendio.

Plano de situación
Para más detalles ver p. 174

↑ Autobuses pasando ante la catedral de San Pablo

Mansion House, *residencia oficial del alcalde de Londres, posee bellas obras de arte* (p. 186).

La fascinante historia del sistema financiero inglés se relata en el **Bank of England Museum** (p. 186).

Estación de Bank

IRONMONGER LANE
OLD JEWRY
PRINCE'S STREET
KING ST
THREADNEEDLE STREET

LLEGADA
CORNHILL

LOMBARD ST
KING WILLIAM STREET
ST SWITHIN'S LANE
CANNON STREET

La **Royal Exchange** *fue el corazón del comercio de Londres* (p. 186).

Lombard Street *debe su nombre a los banqueros italianos que se asentaron en la zona en el siglo XIII. Aún es un centro bancario.*

La cúpula de **St Stephen Walbrook** (p. 187) *es precursora de la de St Paul.*

Debajo del edificio Bloomberg está el **London Mithraeum,** *un templo del siglo III dedicado al dios del culto romano Mitra* (p. 186).

St Mary Woolnoth *tiene la fuerza característica de Nicholas Hawksmoor, discípulo de Wren.*

St Mary Abchurch *debe su inusual sensación de amplitud a la gran cúpula de Wren. Las tallas del altar son de Grinling Gibbons.*

0 metros 100
0 yardas 100
N ↑

193

El *pub* The Golden Heart, en Shoreditch

SHOREDITCH Y SPITALFIELDS

Fuera de los límites de la City, Spitalfields siempre ha girado en torno a su mercado, que surgió a finales del siglo XVII cuando los comerciantes empezaron a operar extramuros. A medida que el mercado crecía, la gente empezó a asentarse en sus inmediaciones, en particular los hugonotes huidos de Francia, que también se instalaron en el cercano Shoreditch y cuyos hábiles tejedores pronto dominaron la industria textil de la zona. Los siguieron oleadas de irlandeses, luego de judíos y, más recientemente, de bangladesíes. El mercado sobrevivió, se le dio un edificio propio a finales del siglo XIX y floreció durante décadas como mercado mayorista. Se salvó de la demolición en los primeros años del siglo XXI y renació como mercado de moda, antigüedades y artesanía, conforme al reciente aburguesamiento del barrio, que se extiende más allá de Shoreditch.

↑ Los vendedores muestran su género en el Spitalfields Market

LUGARES DE INTERÉS

①

Spitalfields Market

📍 O3 🚇 E1 🚉 Liverpool St, Aldgate 🕐 Old Spitalfields Market: puestos 10.00-18.00 diario (desde 8.00 ju; hasta 17.00 do); Siprtalfields Traders Market: puestos 10.00-18.00 do-vi, 11.00-17.00 sá 🌐 oldspitalfieldsmarket.com; spitalfields.co.uk

En Spitafields se venden productos desde 1682, aunque los edificios del mercado cubierto datan de 1887. El mercado de verdura se mudó en 1991, tras lo cual empezó a tomar forma su versión actual. Ahora el Old Spitalfields Market es famoso por los puestos de antigüedades, moda, curiosidades y artesanía. El jueves es el día de las piezas antiguas y de colección, y cada dos viernes se venden discos de vinilo, pero es en el fin de semana cuando la multitud llega en busca de ropa original y artículos únicos aquí y bajo el techo impermeable del Spitalfields Traders Market, en la adyacente Crispin Place. Ambos mercados son también un destino para *gourmets*, con puestos de comida de todo el mundo.

---

②

Wesley's Chapel y Leysian Mission

📍 M3 🚇 49 City Rd EC1 🚉 Old Street, Moorgate 🕐 10.30-16.00 ma-sá 🌐 wesleyschapel.org.uk

John Wesley, fundador de la Iglesia metodista, colocó la primera piedra de esta capilla en 1777. Wesley predicó en ella hasta su muerte en 1791 y está enterrado tras la capilla. La capilla, más ornada que en tiempos de Wesley, posee vidrieras polícromas y columnas de jaspe francés, que sustituyeron a las originales, hechas con mástiles de barco. Bajo la capilla hay un museo dedicado a la historia del metodismo; la amplia colección incluye retratos, muebles, libros y cerámica. Casi todos los martes hay recitales gratis en la capilla a la hora de la comida. La entrada a la capilla y el museo es gratuita, pero se cobra para acceder a la casa de Wesley, al lado, en la que se puede ver parte de sus muebles, libros y otros objetos personales.

---

③

Petticoat Lane

📍 O4 🚇 Middlesex St E1 🚉 Aldgate East, Aldgate, Liverpool St 🕐 9.00-14.00 do (mercado principal); 8.00-16.00 lu-vi (mercado menor en Wentworth St)

En la puritana época victoriana, el nombre de esta calle, famosa por su mercado, se cambió por el de Middlesex Street, más respetable pero sin encanto. Aunque esta sigue siendo su denominación oficial, su antiguo nombre, derivado de las enaguas (*petticoats*) y encajes que traían los hugonotes del lugar, se ha conservado y se aplica ahora al mercadillo que acoge los domingos por la

---

El jueves es el día de las piezas antiguas y de colección, y cada dos viernes se venden discos de vinilo, pero es en el fin de semana cuando la multitud llega en busca de ropa original y artículos únicos.

mañana. Aunque la calle no es especialmente atractiva, el animado mercado le da mucho ambiente. En él se vende una gran variedad de artículos, aunque predomina la ropa, en especial las prendas de cuero. Hay muchos puestos callejeros para picotear.

④
Bunhill Fields

📍 M3 🏠 38, City Rd EC1 🚇 Old Street 🕐 8.00-19.00 o anochecer lu-vi, 9.30-19.00 o anochecer sá, do y festivos 🚫 1 ene, 25 y 26 dic 🌐 cityoflondon.gov.uk; citygardenwalks.com

Situado en los límites de la City y poblado de grandes plátanos, este camposanto se convirtió en cementerio tras la epidemia de peste de 1665 y se levantó un muro a su alrededor. Veinte años después se les asignó a los inconformistas, a quienes se les negaba la sepultura en iglesias por su negativa a utilizar el Libro de Oración de la Iglesia de Inglaterra.

En el cementerio descansan los escritores Daniel Defoe, John Bunyan y William Blake, el clérigo y compositor de himnos Isaac Watts y varios miembros de la familia Cromwell. John Milton escribió su poema épico *El paraíso perdido* cuando vivía en Bunhill Row, al oeste del cementerio. En verano (may-oct) se ofrecen visitas guiadas (en inglés) los miércoles a las 11.00 (hay que reservar).

↑ Puestos del Upmarket en la vieja Truman Brewery, en Brick Lane

⑤
Brick Lane

📍 O3 🏠 E1 🚇 Liverpool St, Aldgate East 🚋 Shoreditch High St

Antes era una carretera entre fábricas de ladrillos *(bricks)*, pero desde hace mucho es el centro de la comunidad anglo-bangladesí. Ahora sus *curry houses* y comercios que venden comida sabrosa, sedas y saris están en la mitad sur de la calle. Brick Lane ha visto inmigrantes de muchas nacionalidades a lo largo de los años. En el siglo XIX era un barrio principalmente judío y quedan algunos comercios, como la famosa Beigel Bake del nº 159, abierta las 24 horas. Al sur está el enorme complejo que conforma la vieja Truman Brewery, antaño la mayor cervecería de Londres y ahora foco de la gentrificación de Brick Lane. Los fines de semana, sus diversos espacios industriales acogen infinidad de puestos, con mercados independientes especializados en comida, ropa *vintage*, moda nueva y artículos de colección.

← Lápida de William Blake y su esposa en Bunhill Fields

Lalaland
Un lugar amable para encontrar comida callejera, una vieja nave para camiones con tres bares y una terraza en la azotea.

📍 N3 🏠 17-19 Great Eastern St EC2 🕐 ma-do 🌐 lalalandlondon.com

---

Old Spitalfields Market
Soberbia comida callejera internacional en las filas del mercado cubierto, desde pokè del Pacífico y buñuelos chinos, hasta contundentes guisos veganos etíopes y pizzas napolitanas de primera.

📍 O3 🏠 16 Horner Sq E1

Upmarket
Ecléctica comida callejera y verdura fresca entre puestos con arte. Las camionetas de comida que hay a las puertas de Ely's Yard abren toda la semana.

📍 O3 🏠 Old Truman Brewery, Brick Lane E1 🕐 sá y do 🌐 sundayupmarket.co.uk

199

↑ El interior impecablemente recreado en la Dennis Severs' House

The Cocktail Trading Co.
Cócteles elaborados por expertos y presentados de forma innovadora en un acogedor bar con aire de *pub*.

📍 O3 🏠 68 Bethnal Green Rd E1 🌐 the cocktailtradingco.com

Mother Kelly's
Cuidada cerveza artesana en un bar alojado bajo el arco de un puente de ferrocarril.

📍 O2 🏠 251 Paradise Rd E2 🌐 motherkellys.co.uk

⑥ Hoxton

📍 N2 🚌 N1, E2 🚇 Old St

Hoxton, en el corazón del Londres *hipster*, es un distrito que gira en torno a dos calles: Old Street y Kingsland Road. Este antiguo paisaje poco vistoso de almacenes victorianos y viviendas de posguerra alberga hoy modernos restaurantes, tiendas de ropa cada vez más cara y un significativo porcentaje del nuevo arte callejero de la ciudad. Los almacenes rehabilitados congregan a parte de los noctámbulos más inquietos de Londres. Las discotecas y bares se extienden desde el cruce de Shoreditch High Street y Old Street; algunos están en Hoxton Square, detrás de Old Street.

⑦ Dennis Severs' House

📍 O3 🏠 18 Folgate St E1 🚇 Liverpool St 🕐 ju-do (diario en dic); reservar franja horaria *online* 🌐 dennissevershouse.co.uk

En el número 18 de Folgate Street, construido en 1724, el diseñador y actor Dennis Severs ha recreado un interior histórico que transporta a los visitantes a los siglos XVIII y XIX. Ofrece lo que él denomina "una aventura de la imaginación, una visita a una época en vez de un simple vistazo a una casa".

Las habitaciones están llenas de vida, como si sus ocupantes hubieran salido un momento. Hay migas de pan en los platos, vino en las copas, fruta en los cuencos, velas encendidas, chisporroteo de fuego y ruido de cascos de caballo golpeando en el adoquinado.

Esta experiencia sumamente teatral, a veces parecida a meterse en el cuadro de un viejo maestro de la pintura, tiene poco que ver con las típicas recreaciones museísticas.

→ Estilo chic industrial en el aburguesado Hoxton

La casa ofrece un ambiente especial en las frecuentes veladas *Silent Night* y hay evocadoras visitas guiadas que recrean a Severs cuando la abrió a los visitantes. Su lema es *O lo ves o no lo ves*.

En la esquina con Elder Street están dos de las hileras de casas adosadas más antiguas de Londres, con varias viviendas georgianas de ladrillo rojo muy bien restauradas.

Whitechapel Gallery

☉ O4 ⌂ 77-82 Whitechapel High St E1 ⊖ Aldgate East, Aldgate ⊙ 11.00-18.00 ma-do (21.00 ju) ⊗ 1 ene, 24-26 dic ⓦ whitechapel gallery.org

Esta luminosa y espaciosa galería, fundada en 1901 y ampliada en la década de 1980 y de nuevo entre 2007 y 2009, luce una llamativa fachada *art nouveau* de C. Harrison Townsend. Situada cerca de Brick Lane y de la floreciente escena artística de la zona, se fundó con el objeto de acercar el buen arte a la gente del este de Londres. Hoy goza de una excelente fama internacional por sus exposiciones de los mejores artistas contemporáneos y por los actos, conferencias y veladas artísticas (sobre todo el primer jueves de cada mes, cuando muchas galerías de la zona abren hasta tarde).

En las décadas de 1950 y 1960 expusieron en ella artistas de la talla de Jackson Pollock, Anthony Caro y Mark Rothko y en 1982 la galería presentó a los visitantes de galerías de Londres a la poco conocida pintora mexicana Frida Kahlo.

La galería tiene una librería bien surtida y un popular café-restaurante-vinatería que abre desde el miércoles tarde hasta las noches del sábado. En algunas exposiciones especiales se cobra entrada.

↑ La emblemática Christ Church se alza orgullosa sobre las calles de Spitalfields

Christ Church, Spitalfields

☉ O4 ⌂ Commercial St E1 ⊖ Liverpool St ⊙ Solo para servicios religiosos dominicales ⓦ spitalfields.church

Nicholas Hawksmoor, discípulo de Christopher Wren, construyó seis iglesias en Londres, y esta es la mejor. La encargó el Parlamento en la Ley de las Cincuenta Nuevas Iglesias de 1711, destinada a combatir la amenaza de disidencia. Era una declaración de intenciones en una zona que se estaba convirtiendo con rapidez en bastión hugonote.

Completado en 1729, el edificio sufrió severas alteraciones en la década de 1850 y en 1960 la iglesia estaba abandonada y escapó por poco de la demolición. Tras una larga restauración, recuperó su esplendor en 2004. El magnífico órgano se restauró por completo en 2015 y la renovada cripta revela gran parte de los muros originales. La sensación de amplitud y grandeza que crean el majestuoso pórtico toscano y la aguja de 62 m continúa dentro con ornamentos en relieve en el techo y gigantescas columnas para separar la nave central con forma de caja de las naves laterales con bóvedas de medio punto.

LOS HUGONOTES EN LONDRES

Decenas de miles de hugonotes franceses llegaron en el siglo XVII al este de Londres en una de las primeras oleadas de inmigrantes realmente significativas. Eran refugiados protestantes que huían de la persecución en su país. La mayor concentración tuvo lugar en Spitalfields. Muchos eran tejedores y acabaron dominando la industria textil y sedera que ya existía en esa parte de la ciudad. Spitalfields llegó a ser conocido como Weaver Town (Ciudad del Tejedor).

Bonitas flores en el mercado de Columbia Road

Columbia Road Market

 O2 Columbia Rd E2 Hoxton 8.00-15.00 do columbiaroad.info

Visitar este mercado de flores y plantas es una de las mejores opciones para una mañana de domingo en Londres. Tanto si se va en busca de especies hermosas como si no, es difícil resistirse, pues los precios son competitivos y la oferta es imponente. Situado en una calle bien conservada con pequeñas tiendas victorianas, ofrece un espectáculo repleto de aromas y colorido. Además de los puestos, hay tiendas que venden, entre otras cosas, panes y quesos caseros, ropa de segunda mano, antigüedades y útiles de jardinería. Hay también cafés, un bar de tapas y *pubs*. Conviene ir temprano para evitar las aglomeraciones.

Boxpark
Ropa de pequeñas marcas, complementos, cosmética, menaje del hogar y regalos curiosos se venden en contenedores reciclados en este divertido mercado y parque de comida callejera.

O3 Bethnal Green Rd E1 boxpark.co.uk

Shoreditch Church

O2 119 Shoreditch High St E1 Old St Shoreditch High St do solo para servicios religiosos saint.church/shoreditch

Ubicado en la convergencia de varias vías romanas, ha sido lugar de culto desde hace más de dos mil años. El templo dedicado a St Leonard era la *iglesia de los actores* original *(p. 129)* y muchos nombres famosos del teatro de los Tudor están enterrados en la cripta, entre ellos Richard Burbage, que interpretó a Hamlet, Macbeth y Romeo, y su hermano Cuthbert, fundador del Globe Theatre. La iglesia actual, paladiana, se erigió entre 1736 y 1740, es el edificio más antiguo de Shoreditch y conserva muchos elementos originales. Es un popular auditorio teatral y musical debido a su excelente acústica. Los servicios religiosos dominicales son a las 11.30 y a las 17.00.

Rich Mix

O3 35-47 Bethnal Green Rd E1 Shoreditch High St 9.00/10.00-madrugada diario richmix.org.uk

Este centro cultural moderno ocupa una fábrica de piel reconvertida y tiene una variada oferta de música en directo, teatro, artes visuales, *spoken*

word, comedia y cine. Se pone énfasis en el multiculturalismo y todo lo que rompa estereotipos, como refleja la mezcla ecléctica de festivales de cine que dan fama a sus tres salas.

13
Young V&A

02 **Cambridge Heath Rd E2** **Bethnal Green** **Los horarios varían, consultar página web** **vam.ac.uk/young**

Este innovador museo muestra una asombrosa variedad de objetos –juguetes, juegos, trajes, obras de arte, maquetas y más– de la colección de V&A a lo largo de tres galerías inmersivas que hacen un imaginativo despliegue para despertar la creatividad de los más pequeños. Una sala con casas de muñecas recreando una aldea de montaña es una de las piezas destacadas de la sala Imagine y hay una zona con alfombras afelpadas donde los niños pueden disfrazarse y actuar.

La galería Play, para los más pequeños, tiene un *minimuseo* lleno de superficies táctiles a nivel del suelo. Arriba, la sala Design (para preadolescentes) persigue sus objetivos con atractivas exposiciones sobre la importancia del diseño.

14
Museum of the Home

01 **136 Kingsland Rd E2** **Hoxton** **10.00-17.00 ma-do y festivos** **ene, 24-26 dic** **museumofthehome.org.uk**

Esta excelente colección reabierta en 2021 tras una gran remodelación se aloja en un conjunto de casas de beneficencia del siglo XVIII. En la principal, una ruta lleva por las Home Galleries, donde se explora el concepto de la vivienda en los últimos 400 años: qué ponemos en ellas, cómo las mantenemos limpias y acogedoras (una sección cuenta los siglos de lucha contra las chinches) y qué impactos ha causado la tecnología en la vida doméstica. Arriba, Rooms Through Time hace un viaje por el interior de las habitaciones, cada una de las cuales da una idea del interior de las viviendas de la clase media urbana de 1630 a la década de 1990. Cada habitación se basa en la de un hogar londinense real y contiene magníficos ejemplos de mobiliario de época. Fuera, se ven diseños y patrones de plantación populares en los jardines urbanos, entre ellos uno de la época Tudor y otro en una azotea, del siglo XXI.

Una casa de beneficencia independiente recrea el alojamiento de los internos que vivieron aquí hasta principios del siglo XX y está abierta los sábados para visitas guiadas (en inglés; reservar *online*).

↑ El Museum of the Home, donde se recrean interiores históricos como *(arriba)* un salón de la década de 1830.

Charcutería The French Comté, en el Borough Market

SOUTHWARK Y BANKSIDE

Southwark y su tramo de ribera, conocido como Bankside, ofrecían una vía de escape de la City, un lugar para entregarse a los entretenimientos que estaban prohibidos al otro lado del río. Entre los placeres ilícitos que proliferaron aquí desde finales del siglo XVI había burdeles, teatros y peleas de gallos y de osos. Aún hoy, las calles que llevan a Borough High Street están llenas de *pubs,* entre los cuales The George es el único con galería que queda en Londres. La compañía de Shakespeare tenía su sede en el Globe Theatre, ahora reconstruido cerca de su emplazamiento original. En los siglos XVIII y XIX, con la industrialización, se construyeron en Bankside dársenas, muelles y almacenes, pero un siglo después, los destrozos de la Segunda Guerra Mundial y el subsiguiente declive del comercio fluvial dieron lugar a un periodo de decadencia. El resurgimiento de la ribera de Southwark como destino turístico empezó en la década de 1990. Desde el cambio de milenio se han inaugurado la Tate Modern, el Millennium Bridge y el Shard, todo ello acompañado de una amplia regeneración de toda la zona.

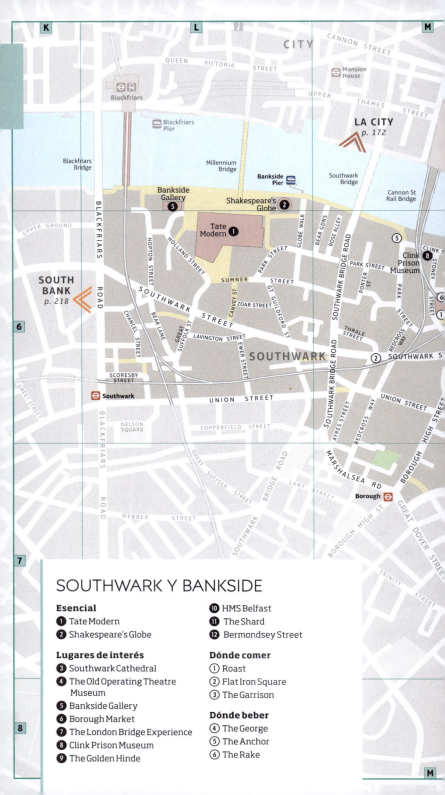

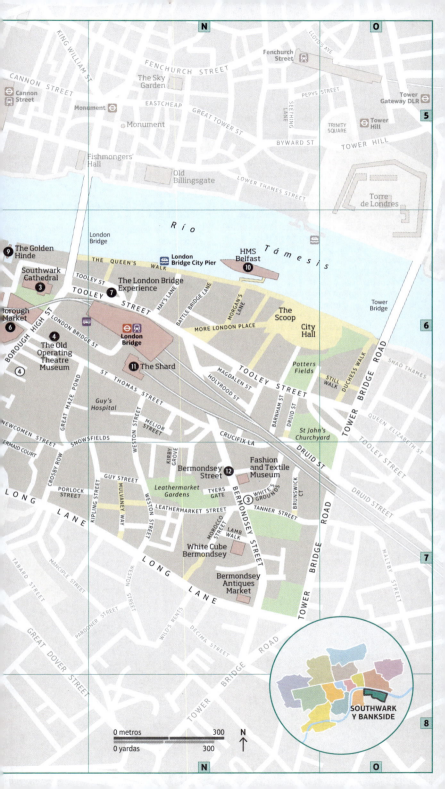

TATE MODERN

L6 **Bankside SE1** **Blackfriars, Southwark** **Blackfriars**
10.00-18.00 diario (hasta 22.00 último vi de mes) **24-26 dic** **tate.org.uk**

En la antigua central eléctrica de Bankside, en la orilla sur del Támesis, se alza imponente la Tate Modern, con una de las mejores colecciones de arte contemporáneo del mundo. Con su variado programa de exposiciones, uno de los sitios turísticos más visitados de Gran Bretaña.

Abierta coincidiendo con el nuevo milenio, esta gigantesca galería posee una inmensa colección de unas 70.000 obras de arte moderno con pinturas y esculturas de algunos de los artistas más relevantes de los siglos XX y XXI: Pablo Picasso, Salvador Dalí, Mark Rothko y Francis Bacon, entre otros. También abundan las obras de creadores menos conocidos y disciplinas minoritarias, como obras hechas con tapones de botella o la famosa *Fuente* de Marcel Duchamp, en realidad un urinario de porcelana. El foco de atención del edificio es el imponente Turbine Hall, donde se suelen exponer encargos especiales. Los demás espacios de exposición, incluidas las galerías del elevado Blavatnik Building, acogen colecciones de temas concretos o popularísimas exposiciones temporales.

GUÍA Y VISITAS GUIADAS A LA GALERÍA

El Natalie Bell Building tiene siete niveles que discurren paralelos al Turbine Hall, y el Blavatnik Building tiene 11, cinco dedicados a exposiciones; entre ellos, The Tanks, en el Nivel 0, un espacio para el arte en directo e instalaciones de vídeo y *performances*. La Start Display en el Nivel 2 del Natalie Bell Building ofrece una introducción temática a la colección. Casi a diario, a mediodía, hay charlas y visitas guiadas que duran unos 45 minutos, entre las 13.00 y las 14.00, y son gratuitas.

MEJORES VISTAS
Nivel 10

En la última planta del Blavatnik Building, una terraza cubierta ofrece vistas espectaculares de Londres que abarcan St Paul, el resto de la ciudad y mucho más. También hay una pequeña cafetería.

Esencial ☆

[1] Con cinco plantas de altura y 155 m de longitud, la Turbine Hall tiene un techo traslúcido formado por 524 paneles de vidrio.

[2] La impactante serigrafía de Andy Warhol, *Díptico de Marilyn* (1962), pintada el año de la muerte de la actriz, es una de las destacadas obras de arte de la galería.

[3] El genial interior del Blavatnik Building ha añadido un gran número de galerías y espacios de representación a la Tate.

↑ La monumental Tate Modern, vista desde el otro lado del Millennium Bridge

SHAKESPEARE'S GLOBE

L5 **21 New Globe Walk SE1** **Blackfriars, London Bridge, Mansion House** **Para funciones y visitas guiadas** **24 y 25 dic** **shakespearesglobe.com**

Disfrutar de una obra de Shakespeare en el reconstruido Globe es una experiencia mágica: viajar en el tiempo hasta principios del siglo XVII para ver a Romeo rondando a Julieta, a Beatriz y Benedicto riñendo o a Hamlet buscando venganza.

Construido en la orilla sur del Támesis, el Shakespeare's Globe es una excelente reconstrucción del teatro isabelino en el que se estrenaron muchas obras del famoso dramaturgo. Es una estructura circular de madera abierta en la parte central, lo que deja a parte del público a merced de los elementos; las butacas están a cubierto. Las representaciones (de mediados de marzo a octubre) son emocionantes, con elencos de primera. Las animadas visitas guiadas adentran al visitante en el teatro, cuentan la historia del teatro original de 1599, su sustituto de 1614 y la atrevida reconstrucción de Sam Wanamaker en la década de 1990. Una segunda sala, la Sam Wanamaker Playhouse, es la excelente reproducción de un teatro jacobino cerrado, con funciones durante todo el año. Hay que consultar la página web para informarse sobre las visitas guiadas (en inglés), temáticas y relacionadas con el espectáculo; y reservar *online* con antelación.

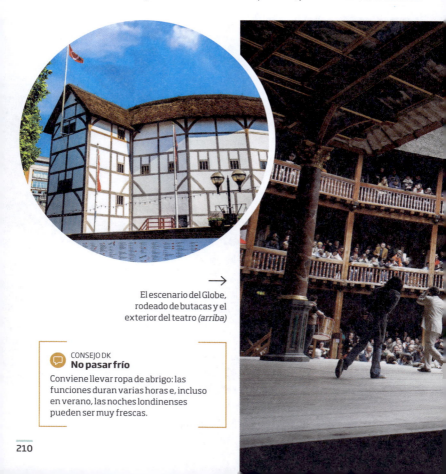

→ El escenario del Globe, rodeado de butacas y el exterior del teatro *(arriba)*

> **CONSEJO DK**
> **No pasar frío**
>
> Conviene llevar ropa de abrigo: las funciones duran varias horas e, incluso en verano, las noches londinenses pueden ser muy frescas.

Esencial ☆

1 Una representación en el Globe siempre es una buena experiencia.

2 El ornamentado e íntimo Sam Wanamaker es un teatro cubierto.

3 El tejado del Globe es de carrizo. Desde el Gran Incendio de 1666 existe una ley que prohíbe el uso de la paja en los tejados, de modo que el teatro tuvo que obtener un permiso especial para usar ese material y forrar el tejado con un compuesto ignífugo.

¿Lo sabías?

El Globe Theatre original se quemó en 1613, cuando uno de los cañones del escenario le prendió fuego al tejado durante una representación.

LUGARES DE INTERÉS

③
Southwark Cathedral

M6 London Bridge SE1 London Bridge 9.00-18.00 lu-sá, 9.00-17.00 do cathedral.southwark.anglican.org

Esta iglesia no se convirtió en catedral hasta 1905. Sin embargo, algunas zonas del edificio conservan elementos medievales, que se remontan al siglo XII, cuando formaba parte de un priorato. Las tumbas son fascinantes, como la efigie en madera de un caballero de finales del siglo XIII. John Harvard, primer gran benefactor de lo que hoy es la Universidad de Harvard, fue bautizado aquí en 1607. Una capilla lleva su nombre.

En la nave sur hay un monumento a Shakespeare –que acudía a rezar a este templo– y sobre él, una vidriera con personajes de sus obras de teatro. El atrio se ha reformado artísticamente para crear un jardín y el atractivo Millennium Courtyard, que conduce hasta el río.

④
The Old Operating Theatre Museum

M6 9a St Thomas St SE1 London Bridge 10.30-17.00 ju-do oldoperatingtheatre.com

El St Thomas's Hospital, uno de los más antiguos de Gran Bretaña, ocupó este lugar desde su fundación en el siglo XII hasta su traslado al oeste en 1862. Entonces se demolieron la mayor parte de sus edificios para dejar paso al ferrocarril. El quirófano para mujeres se salvó por estar construido en una buhardilla sobre la iglesia del hospital. Esta sala de operaciones de 1822 es la más antigua del país. Tras permanecer olvidada hasta la década de 1950, se le devolvió el aspecto que tenía a principios del siglo XIX, antes del descubrimiento de la anestesia y los antisépticos. La parte de la buhardilla utilizada antes por la botica del hospital para almacenar hierbas, acoge una exposición de hierbas y remedios tradicionales y medicamentos en desuso.

↑ *Memento mori* formado con instrumental quirúrgico en el Old Operating Theatre

⑤
Bankside Gallery

L5 48 Hopton St SE1 Blackfriars, Southwark 11.00-18.00 diario **durante las exposiciones** 1 ene, 24-27 dic banksidegallery.com

En esta galería de arte, situada junto al río, tienen su sede dos históricas sociedades británicas: la Royal Watercolour Society y la Royal Society of Painter-Printmakers. Los miembros de estas sociedades son elegidos por sus iguales, una

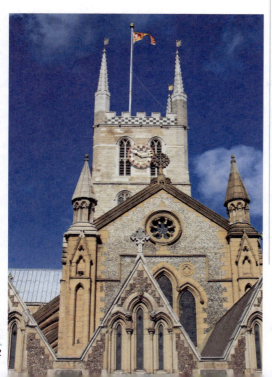

←

Torre y extremo este de la Southwark Cathedral, construida con arenisca dorada y sílex

↑ Inmediaciones del concurrido Borough Market, en Southwark

tradición de hace casi 200 años. Las exposiciones incluyen obras de ambas sociedades, y muchas de ellas están en venta. Asimismo posee una magnífica librería especializada en arte.

Para disfrutar de una vista sin igual de la catedral de St Paul hay que ir al cercano *pub* Founders' Arms, construido sobre la fundición que hizo las campanas de la catedral.

6

Borough Market

Q M6 **A** 8 Southwark St SE1 **E** London Bridge **C** 10.00-17.00 ma-vi (también lu en dic), 9.00-17.00 sá, 10.00-16.00 do **W** boroughmarket.org.uk

Este mercado existe en uno u otro formato desde hace unos mil años. En 1756 se trasladó a su emplazamiento actual y se convirtió en uno de los mayores mercados de fruta y verdura del país a raíz de la llegada del ferrocarril, en el siglo XIX. Hoy es un lugar muy popular (cuidado: la afluencia de público puede ser agobiante, sobre todo los viernes y sábados), conocido por los productos *gourmet*, la calidad de la fruta y la verdura, y las carnes, pescados y lácteos orgánicos. Apretados en la zona del Borough Market Kitchen comparten ese espacio unos cuantos puestos de comida callejera que venden platos de todo el mundo. Hay eventos periódicos como clases de cocina y también vale la pena echar un vistazo a las tiendas de alimentación especializadas y a los *pubs* y restaurantes de las calles circundantes.

7

The London Bridge Experience

Q N6 **A** 2-4 Tooley St SE1 **E** London Bridge **C** 12.00-18.00 lu-vi, 11.00-18.00 sá y do **W** thelondonbridge experience.com

Desde la época romana hasta el siglo XVIII, London Bridge fue, en sus diversas formas, el único paso del río en la ciudad y tiene muchas historias que contar. Construida bajo las viejas bóvedas del puente, esta macabra atracción ofrece un paseo por el lado más siniestro de la historia de la zona (ideal para chicos mayores) guiada por personajes disfrazados que abarcan desde un fiero guerrero iceno hasta una propietaria victoriana desquiciada. Acaba en las terribles Tombs: hay que imaginar payasos y zombis terroríficos lanzándose al ataque con motosierras.

The George

Este *pub* del siglo XVII es la única posada con galería que queda en Londres. Se puede disfrutar de una cerveza en las mesas al aire libre.

Q M6 **A** 75-77 Borough High St SE1 **W** greene king-pubs.co.uk

---

The Anchor

Aquí se bebe cerveza desde hace siglos. El local es del siglo XVIII, pero su origen se remonta a 1615 y tiene una bonita terraza desde la que se puede contemplar el río.

Q M6 **A** 34 Park St SE1 **W** greeneking-pubs.co.uk

The Rake

Una magnífica selección de cervezas en un diminuto bar del Borough Market.

Q M6 **A** 14a Winchester Walk SE1 **W** utobeer. co.uk/the-rake

213

↑ Réplica del Golden Hinde en el dique seco del Bankside

Roast
Cocina tradicional británica de primera en un elegante comedor con vistas al Borough Market.

M6 ⌂ The Floral Hall, Stoney St SE1 ⓦ roast-restaurant.com

££££

Flat Iron Square
Animado centro de comida rápida, más cervecería y bar, bajo los arcos del ferrocarril.

M6 ⌂ 45 Southwark St SE1
ⓦ flatironsquare.co.uk

£££

The Garrison
La carta británica de temporada de este *gastropub* combina la cocina moderna creativa y la tradicional.

N7 ⌂ 99-101 Bermondsey St SE1
ⓦ thegarrison.co.uk

£££

---

⑧ Clink Prison Museum

M6 ⌂ 1 Clink St SE1 ⊖ London Bridge ⏱ 10.00-18.00 diario (último acceso 17.30) ⌧ 25 dic ⓦ clink.co.uk

La prisión que estaba situada aquí se fundó en el siglo XII. Perteneció a los sucesivos obispos de Winchester, quienes vivieron en el palacio contiguo, del que solo se conservan unos pocos restos además del hermoso rosetón en Clink Street. Durante el siglo XV la prisión comenzó a ser conocida como Clink, término que se usa ahora para referirse de modo informal a cualquier cárcel o celda. Cerró en 1780.

El museo contiguo a los restos del palacio ilustra la historia de la prisión. Junto a los deudores, borrachos y demás pequeños delincuentes había disidentes religiosos que se hicieron a la mar rumbo a América a bordo del Mayflower; una sección del museo cuenta su historia. Los visitantes pueden manipular instrumentos de tortura que dejan poco margen a la imaginación; una visita no apta para miedosos.

---

⑨ The Golden Hinde

M6 ⌂ St Mary Overie Dock, Cathedral St SE1 ⊖ London Bridge ⏱ Diario: 10.00-18.00 abr-oct; 10.00-17.00 nov-mar; a veces cierra antes por funciones ⓦ theviewfromthe shard.com

Entre 1577 y 1580, el corsario y comerciante de esclavos Francis Drake surcó el planeta entero en el Golden Hinde, con el que regresó a Inglaterra con un inmenso botín que superaba los ingresos anuales de Isabel I. Construida en la década de 1970, esta réplica a tamaño natural se apuntó más de 100.000 millas antes de volver

→ El Shard se eleva detrás del antiguo City Hall

al dique seco en 1995. La sensación a bordo es claustrofóbica, sobre todo en la cubierta de cañones, donde habría dormido tres cuartas partes de la tripulación de 80 hombres de Drake, junto con las ovejas y las cabras. El mejor momento para visitarlo es el fin de semana, cuando hay visitas guiadas de la mano de actores con vestuario de época.

⑩ HMS Belfast
📍 N6 🏠 The Queen's Walk SE1 🚇 London Bridge, Tower Hill 🕐 10.00-17.00 diario (última admisión: 16.00) 📅 24-26 dic 🌐 iwm.org.uk/visits/hms-belfast

Botado en 1938 para participar en la Segunda Guerra Mundial, el HMS Belfast contribuyó a la destrucción del acorazado alemán Scharnhorst en la batalla del Cabo Norte y también desempeñó su papel en el desembarco de Normandía.

Después de la guerra, el barco fue utilizado por las fuerzas navales de la ONU en la guerra de Corea, y permaneció al servicio de la Royal Navy hasta 1965. El único buque superviviente de la Segunda Guerra Mundial es, desde 1971, un museo naval flotante.

Se puede bajar por angostas escaleras hasta la sala de máquinas (4,5 m bajo el nivel del mar), y saber lo que se sentía en una torreta en el Día D. Hay exposiciones interactivas que recorren la historia del barco con relatos de sus veteranos.

⑪ The Shard
📍 N6 🏠 32 London Bridge St 🚇 London Bridge 🕐 Vistas desde el Shard: los horarios varían (consultar web y reservar antes) 📅 25 y 26 dic 🌐 theviewfromtheshard.com

Diseñado por Renzo Piano, el Shard es el edificio mas alto de Europa occidental. Con una fachada de cristal de 310 m de alto, este edificio de 95 plantas alberga oficinas, restaurantes –algunos con increíbles vistas–, un hotel de cinco estrellas, apartamentos exclusivos y el mirador mas alto del país, The View from the Shard; desde la entrada de Joiner Street un ascensor de alta velocidad sube al mirador, desde donde se contempla toda la capital. Existen otros dos miradores, el más alto de los cuales está entre las agujas de cristal *(shards)*, donde se siente el viento en la cara.

⑫ Bermondsey Street
📍 N7 🏠 SE1 🚇 London Bridge, Borough

Las serpenteantes calles de Bermondsey aún conservan construcciones medievales, del siglo XVIII y victorianas. Bermondsey Street acoge hoy galerías, cafés y unos cuantos restaurantes excelentes. Esta zona es famosa también por su mercado de antigüedades, que se celebra al final de la calle, en Bermondsey Square. Los viernes por la mañana, a partir de las 6.00, los anticuarios más formales venden sus últimas adquisiciones y las gangas se esfuman enseguida.

El **Fashion and Textile Museum,** en el nº 83, tiene un programa de exposiciones que abarca todos los aspectos del diseño de moda e imparte charlas y talleres. En la misma calle, en el nº 144, está White Cube Bermondsey. Sucesora de la innovadora galería de Shoreditch, que se convirtió en el epicentro de la escena artística de Londres en la década de 2000, es un importante espacio de arte contemporáneo internacional. La entrada es gratuita.

Fashion and Textile Museum
🕐 11.00-18.00 ma-sá 🌐 fashiontextilemuseum.org

UN PASEO
SOUTHWARK

Distancia 2 km (1,25 millas) **Tiempo** 30 minutos
Metro Blackfriars

Fuera de la jurisdicción de la City, Southwark fue la meca de los placeres ilícitos desde la época medieval hasta el siglo XVIII. Los siglos XVIII y XIX trajeron nuevos negocios y se construyeron muelles, almacenes y fábricas para satisfacer la demanda. Hoy, un paseo por la orilla ofrece espectaculares vistas de St Paul's y el Shard, pasa por la Tate Modern, el regenerado Borough Market y la recreación del Globe Theatre isabelino.

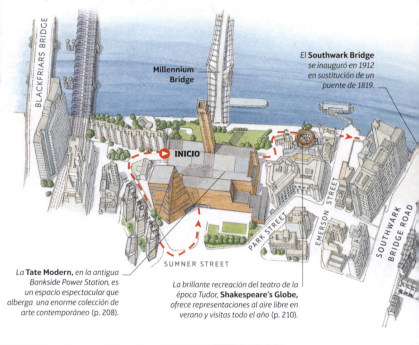

El **Southwark Bridge** *se inauguró en 1912 en sustitución de un puente de 1819.*

La **Tate Modern,** *en la antigua Bankside Power Station, es un espacio espectacular que alberga una enorme colección de arte contemporáneo (p. 208).*

La brillante recreación del teatro de la época Tudor, **Shakespeare's Globe,** *ofrece representaciones al aire libre en verano y visitas todo el año (p. 210).*

Haciendo una visita guiada en el teatro Shakespeare's Globe, al aire libre

↑ El histórico *pub* The Anchor, abierto desde los tiempos de Shakespeare

Plano de situación
Para más detalles ver p. 206

El **Clink Prison Museum**, construido sobre la antigua prisión, descubre el pintoresco pasado de Southwark (p. 214).

El pub *ribereño* **The Anchor** *es un clásico desde hace siglos* (p. 213).

El majestuoso rosetón del siglo XIV es casi lo único que queda del **Winchester Palace** (p. 214).

El **Golden Hinde** *es una réplica del galeón de Francis Drake* (p. 214).

El actual **London Bridge**, *concluido en 1972, sustituyó al de 1831, que ahora se alza en Lake Havasu City, Arizona.*

A pesar de las reformas, la **catedral de Southwark** *aún conserva elementos medievales* (p. 212).

Desde 1014, aproximadamente, ha existido un mercado en el entorno del **Borough Market** (p. 213).

○ **LLEGADA**

The George *es la única posada con galería que queda en Londres* (p. 213).

El **War Memorial**, *recuerdo a los caídos en la Primera Guerra Mundial, se erigió en 1924 en Borough High Street.*

En la **Hop Exchange** *se vendía el lúpulo de Kent para hacer cerveza. Los relieves del frontón muestran escenas de la cosecha del lúpulo.*

217

El Royal Festival Hall y el London Eye, en South Bank

SOUTH BANK

En el siglo XVIII, la franja de tierras pantanosas que había en la orilla opuesta a Westminster, enfrente de lo que se convertiría en Victoria Embankment, se drenó y se desarrolló, y empezó a ser conocida como South Bank. Los jardines de recreo cedieron el paso a la industrialización y, hacia 1830, la ribera estaba dominada por la Lion Brewery. Esta fábrica de cerveza no fue demolida hasta 1949, cuando ya había sido abandonada. Tras la Segunda Guerra Mundial la zona quedó dañada por las bombas y abandonada hasta que el London County Council decidió rehabilitarla para el Festival de Gran Bretaña de 1951. Se creó un extenso centro de exposiciones lleno de espacios e instalaciones culturales y de ocio, concebido como un bálsamo necesario para una población agotada por la guerra. La única construcción permanente fue el Royal Festival Hall; el Southbank Centre, que hoy domina la zona, creció en torno a ese edificio. Con el espíritu del Festival de Gran Bretaña, la llegada del nuevo milenio se señaló en South Bank con la construcción del London Eye, una gigantesca noria.

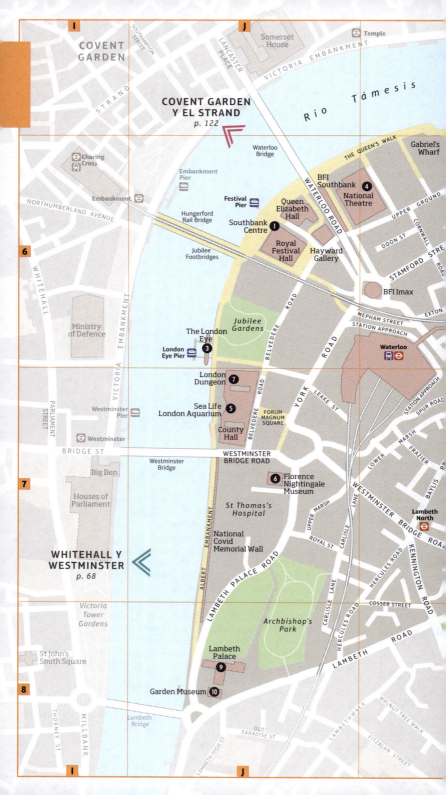

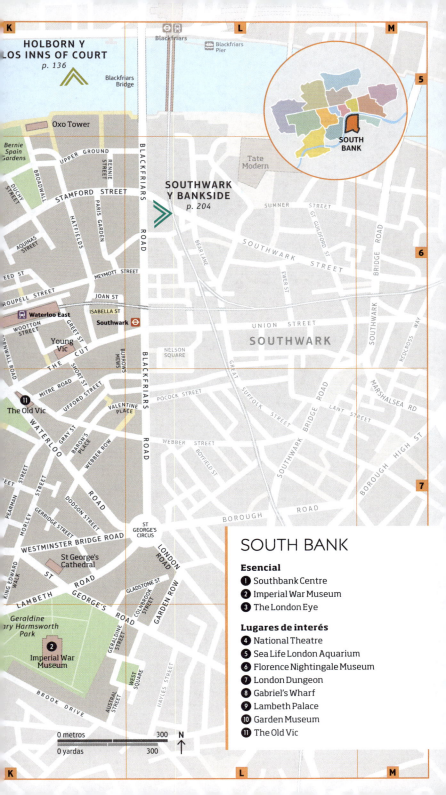

¿Lo sabías?

El primer ministro Clement Attlee puso la primera piedra del Royal Festival Hall en 1949.

SOUTHBANK CENTRE

J6 Belvedere Rd, South Bank SE1 Waterloo, Embankment Waterloo, Waterloo East, Charing Cross Festival Pier, London Eye Pier southbankcentre.co.uk

Con una importante galería de arte y tres auditorios de primer orden para música, danza y otros espectáculos, el Southbank Centre es uno de los principales focos de cultura y ocio de Londres.

Este reputado y visitado centro de arte multidimensional se lleva el protagonismo frente a las otras grandes instituciones de South Bank: el National Theatre *(p. 229)* y el BFI Southbank. El propio Southbank Centre consta de cuatro grandes espacios: el Royal Festival Hall, la Hayward Gallery, el Queen Elizabeth Hall y el Purcell Room. El lugar siempre está animado, con concurridos bares y restaurantes encajados entre las terrazas, plataformas, pasarelas y azoteas de este complejo de hormigón. Siempre está lleno de público que acude a los espectáculos, principalmente de música clásica, pero también de ópera, folk, músicas del mundo y todo tipo de géneros contemporáneos alternativos. También hay comedia, conferencias y danza, así como multitud de festivales de diferente duración, como el London Jazz Festival, el Women of the World (WOW), el London Literature Festival y Meltdown.

Esencial ☆

↑ Día soleado en el exterior del Queen Elizabeth Hall

↑ Paseo a orillas del río frente al Royal Festival Hall, de camino al monumental London Eye

1951 FESTIVAL OF BRITAIN

El objeto del Festival de Gran Bretaña de 1951 era celebrar el centenario de la Gran Exposición, pero también crear un ambiente de optimismo y exaltación cultural en la posguerra. Los bombardeos de la Segunda Guerra Mundial habían dañado seriamente los muelles y las fábricas de la zona, que se despejó para el evento; en su lugar se construyó un conjunto de raras y maravillosas estructuras temporales que formaron una suerte de parque temático. La única estructura permanente fue el Royal Festival Hall.

The South Bank

Junto al meandro del Támesis está el Southbank Centre, un enorme complejo cuyo corazón es el Royal Festival Hall. Siguiendo por la orilla están el enorme London Eye y el County Hall, que alberga otros lugares interesantes, como la London Dungeon y el London Aquarium. La zona, con su amplia oferta de ocio, es perfecta para una tarde con mucha gente.

Southbank Centre Food Market

Este excelente mercado de comida callejera está detrás del Royal Festival Hall. La variedad es muy amplia, desde crepes y curris hasta barbacoa coreana y guisos veganos etíopes. También se puede comprar cerveza artesana, cócteles y vino espumoso.

⏰12.00-20.00 vi, 11.00-20.00 sá, 12.00-18.00 do y festivos ⓧJan

£££

En el National Theatre (p. 229) se representan obras clásicas y modernas.

Sir Giles Gilbert Scott diseñó el Waterloo Bridge.

Southbank Centre Food Market

Rodeado ahora por la urbanización de Southbank Place, el Shell Centre es la sede de la compañía petrolera.

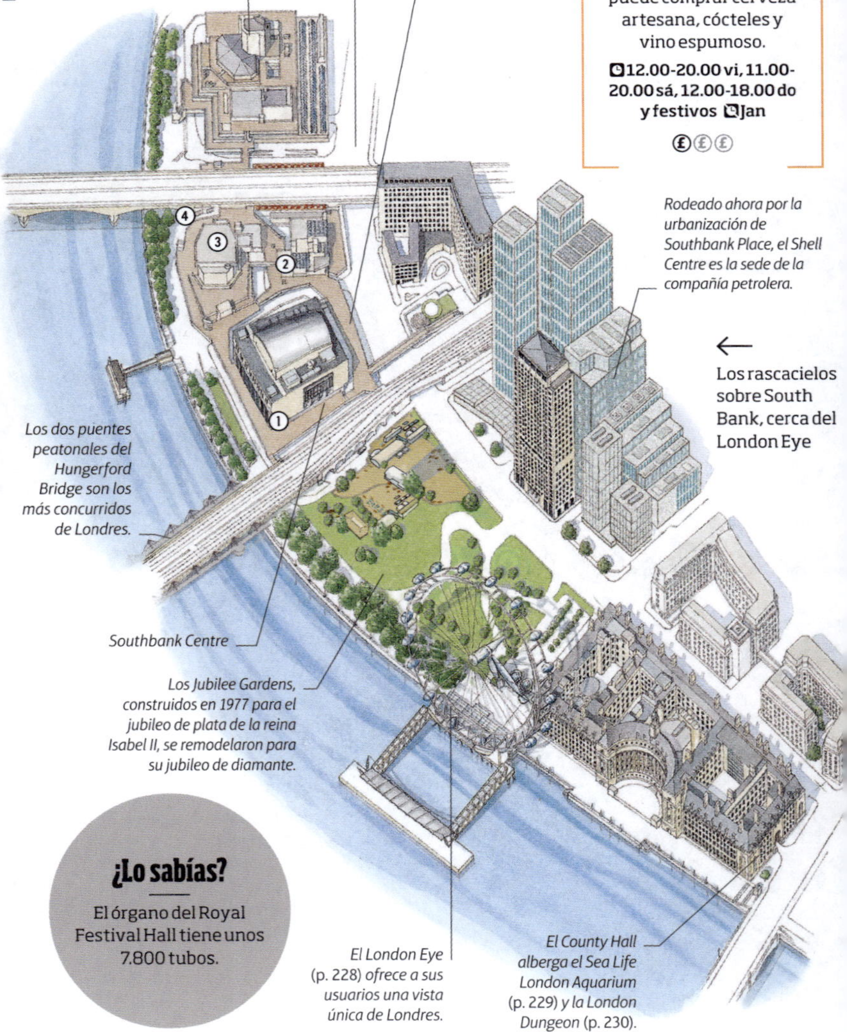

← *Los rascacielos sobre South Bank, cerca del London Eye*

Los dos puentes peatonales del Hungerford Bridge son los más concurridos de Londres.

Southbank Centre

Los Jubilee Gardens, construidos en 1977 para el jubileo de plata de la reina Isabel II, se remodelaron para su jubileo de diamante.

¿Lo sabías?

El órgano del Royal Festival Hall tiene unos 7.800 tubos.

El London Eye (p. 228) ofrece a sus usuarios una vista única de Londres.

El County Hall alberga el Sea Life London Aquarium (p. 229) y la London Dungeon (p. 230).

Esencial
☆

[1] El Southbank Centre Food Market abre los viernes, sábados y domingos en la plaza que está detrás del Royal Festival Hall.

[2] El exterior de hormigón de la Hayward Gallery es adecuado para el arte que se expone en el interior. Su crudo diseño es un gran logro de la arquitectura brutalista.

[3] El BFI Southbank, antiguo National Film Theatre, se fundó para mostrar películas históricas; hoy ofrece un ecléctico programa de filmes de todo el mundo.

①
Royal Festival Hall

📍 J6 🕐 10.00-18.00 (o hasta el fin de los eventos) lu y ma, 10.00-23.00 mi-do

Con su auditorio de 2.700 localidades, este edificio modernista es una de las salas más grandes (y mejores) de la ciudad para música clásica. Las funciones también se representan a menudo en el Clore Ballroom, de libre acceso, a la vista desde el bar central. El vestíbulo se usa para exposiciones y alberga un café junto al río. En la tercera planta está el restaurante Skylon. En verano y antes de Navidad afloran locales y bares a lo largo del río y hay eventos especiales.

②
Hayward Gallery

📍 J6 🕐 10.00-18.00 mi-vi y do, 10.00-20.00 sá

Un emblema de la arquitectura brutalista de la década de 1960, con su monolítico exterior de hormigón y sus distintivas pirámides de vidrio en el tejado. Ofrece las exposiciones de arte contemporáneo más grandes de Londres y, a menudo, las más provocadoras. Artistas interesantes, innovadores y célebres de todo el mundo exponen aquí sus pinturas, dibujos, esculturas, fotografías, instalaciones y mucho más. Paul Klee, Andreas Gursky, Bridget Riley e Igshaan Adams han expuesto en la Hayward.

③
Queen Elizabeth Hall y Purcell Room

📍 J6 🕐 Para eventos

El Queen Elizabeth Hall, inaugurado en 1967, es una sala más confortable y relativamente más íntima que acoge conciertos de orquestas pequeñas, músicas y danzas eclécticas, recitales de poesía y eventos literarios. El Purcell Room, en el mismo edificio, es más pequeño y ofrece además lecturas, aunque sus espectáculos musicales suelen ser conciertos de bandas pequeñas, recitales de piano o música de cámara. El bar y cafetería Roof Garden, con césped y mucha vegetación, es un lugar concurrido en verano.

④
BFI Southbank

📍 J6 🕐 Mediateca: 11.00-21.00 ma-do y festivos
🌐 bfi.org.uk

El cine del British Film Institute (BFI), anteriormente conocido como National Film Theatre, se fundó en 1951 y, aunque está junto al Southbank Centre, no forma parte de él. Tiene cuatro salas de cine y ofrece una amplísima selección de películas, tanto británicas como extranjeras, y temporadas de películas y programas de televisión raros y restaurados. Tiene una mediateca con cabinas donde se pueden ver gratis películas del archivo del BFI.

225

¿Lo sabías?

En el *Blitz* alemán de la Segunda Guerra Mundial, cayeron bombas sobre Londres 76 noches consecutivas.

↑ Aviones militares en el pabellón principal del Imperial War Museum

Esencial
☆

② Ⓜ ▭ 🛍

IMPERIAL WAR MUSEUM

📍K8 🏠Lambeth Rd SE1 🚇Waterloo, Lambeth North, Elephant & Castle
🚆Waterloo, Elephant & Castle 🕐10.00-18.00 diario 🗓24-26 dic
🌐iwm.org.uk

Con gran creatividad y sensibilidad, la envolvente exposición del Museo Imperial de la Guerra ofrece un viaje fascinante por la historia y la esencia de la guerra.

Es inevitable que las dos guerras mundiales tengan una gran presencia en el museo, pero están tratadas de forma innovadora. En las galerías de la Primera Guerra Mundial, una original recreación de una trinchera evoca la experiencia de luchar en el frente. Las galerías dedicadas a la Segunda Guerra Mundial transmiten la escala global del conflicto relatando las historias de los diversos países que tomaron parte. Aún más poderosas son las galerías del Holocausto, con una sección de barracones de Velten, un campo auxiliar del campo de concentración de Sachsenhausen. Una conmovedora colección de obras relacionadas con la guerra, desde la Primera Guerra Mundial hasta la actualidad, se exhibe en el Blavatnik Art, Film and Photography Galleries y, como no podía ser de otra manera, hay tanques, artillería y aviones, incluidos un Mark 1 Spitfire y un Harrier, expuestos en el pabellón principal.

> CONSEJO DK
> **Visitas guiadas**
>
> Cada viernes a las 11.00 (10 £) hay visitas guiadas de una hora en las galerías de la Primera Guerra Mundial (con auriculares). Algunos días hay visitas guiadas en las galerías del Holocausto (en inglés; no recomendadas menores de 14 años). Hay que reservar.

① El museo ocupa el antiguo Bethlem Royal Hospital for the Insane (comúnmente conocido como Bedlam), construido en 1811.

② *Gaseados,* de John Singer Sargent, es uno de los cuadros expuestos en el Blavatnik Art, Film and Photography Galleries.

③ Sobre el pabellón cuelga el avión más famoso de la batalla de Inglaterra, un Spitfire de 1940.

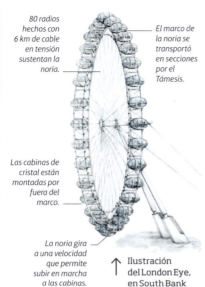

80 radios hechos con 6 km de cable en tensión sustentan la noria.

El marco de la noria se transportó en secciones por el Támesis.

Las cabinas de cristal están montadas por fuera del marco.

La noria gira a una velocidad que permite subir en marcha a las cabinas.

↑ Ilustración del London Eye, en South Bank

RESERVA DE BILLETES

Las colas del London Eye pueden ser largas, así que conviene reservar el billete *online* para una franja horaria y aprovechar las ofertas de la página web. Para aquellos que planeen visitar otros sitios existen entradas combinadas que incluyen un viaje en la noria y varios lugares de interés con importantes descuentos.

THE LONDON EYE

J6 Jubilee Gardens SE1 Waterloo, Westminster 11.00-18.00 diario lu-vi, 10.00-20.30 sá, do y días no lectivos (más jun) 25 dic, cuatro semanas en ene/feb por mantenimiento londoneye.com

Las cabinas acristaladas de esta noria ofrecen increíbles vistas del histórico *skyline* de Londres. Está situada justo a la orilla del Támesis y ofrece una panorámica de la ciudad de 360°.

El London Eye es una noria en voladizo de 125 m de altura. Se inauguró en el año 2000 como parte de las celebraciones del nuevo milenio, concebida para ser una atracción temporal, y rápidamente se convirtió en uno de los emblemas de la ciudad, no solo por su tamaño, sino también por su forma circular entre los edificios que la rodean. Sus 32 cabinas, cada una con capacidad para 28 personas, realizan recorridos circulares de 30 minutos. En días claros la vista alcanza 40 km a la redonda, una gran panorámica de la ciudad y los alrededores.

Esencial
☆

↑ Cabina a mitad de recorrido, con la ciudad alrededor

↑ Una foto con Londres como telón de fondo

↑ El London Eye, a orillas del río Támesis

LUGARES DE INTERÉS

4

National Theatre

📍 K6 📍 South Bank SE1 🚇 Waterloo 🕐 10.00-23.00 lu-sá (la Sherling Walkway abre una hora antes de las funciones) 🗓 24 y 25 dic 🌐 nationaltheatre.org.uk

Aunque no se vaya a asistir a una representación, merece la pena visitar este complejo teatral, sobre todo para una visita guiada (en inglés) entre bambalinas o desde la Sherling High-Level Walkway (entrada próxima al teatro Dorfman), una pasarela que discurre por encima de las zonas de atrezo. Son de lunes a sábados y conviene reservar con antelación.

El edificio, de Denys Lasdun, se abrió en 1976, tras 200 años de debate sobre la existencia y el emplazamiento de un teatro nacional. La compañía se formó en 1963, bajo la dirección de **lord** Laurence Olivier. La mayor de las tres salas lleva su nombre; las otras dos, los de Dorfman y Lyttleton. Prestigiosas producciones se transmiten en directo a cines de todo el país, y de todo el mundo, a través de la iniciativa National Theatre Live, y también salen de gira.

5

Sea Life London Aquarium

📍 J7 📍 County Hall, Westminster Bridge Rd SE1 🚇 Waterloo 🕐 10.00-17.00 lu-vi (desde 11.00 ju), 10.00-18.00 sá y do; horario ampliado en días no lectivos 🗓 25 dic 🌐 visitsealife.com/london

En su día sede del Gobierno electo de Londres, el County Hall alberga el Sea Life London Aquarium y la London Dungeon *(p. 230)*, junto con dos hoteles y otras atracciones.

El acuario alberga miles de especies acuáticas, incluidas rayas, tortugas, medusas, pirañas y pingüinos. Hay un túnel de cristal de 25 m a través de un entorno oceánico tropical y un gran tanque con muchas especies de tiburones, que se pueden ver desde diferentes alturas. Conviene reservar antes para obtener descuentos importantes y evitar las colas.

↑ La controvertida arquitectura brutalista del National Theatre

↑ Busto de Florence Nightingale con capa y tocado de enfermera

6 Florence Nightingale Museum

Q J7 **Q** 2 Lambeth Palace Rd SE1 **Q** Waterloo, Westminster **Q** 10.00-17.00 ma-do **Q** 1 ene, 23-27 y 31 dic **W** florence-nightingale.co.uk

Esta resuelta mujer quedó en la memoria colectiva como la *dama de la lámpara* que asistió a los soldados heridos en la guerra de Crimea (1853-1856). En 1860 fundó la primera escuela de enfermería de Gran Bretaña en el antiguo hospital de St Thomas y revolucionó la enfermería moderna. También fue pionera de la estadística y defendió a las mujeres trabajadoras.

Situado cerca de la entrada del hospital, este museo ofrece un fascinante repaso a la trayectoria de Nightingale a través de documentos originales y objetos personales que ilustran su vida y las mejoras que logró en la atención sanitaria hasta su muerte en 1910, a los 90 años. Para conocer los detalles de las visitas guiadas, consultar la página web.

→ Compras y refrigerios en el Gabriel's Wharf

7 London Dungeon

Q J7 **Q** County Hall, Westminster Bridge Rd SE1 **Q** Waterloo **Q** 11.00-16.00 lu-vi, 10.00-17.00/18.00 sá; horario más amplio en vacaciones escolares **Q** 25 dic **W** thedungeons.com

Esta espeluznante atracción tiene gran éxito entre los niños. Recoge los pasajes más sangrientos de la historia británica con actores y efectos especiales. Su objetivo es provocar miedo, y abundan los gritos en los 90 minutos de recorrido, que recrea las historias de personajes como Guy Fawkes y Jack el Destripador. No hay que perderse el Tyrant Boat Ride, un paseo por un oscuro río Támesis donde se averigua lo que le pasó a la reina Ana Bolena y sus aliados.

8 Gabriel's Wharf

Q K6 **Q** 56 Upper Ground SE1 **Q** Waterloo **W** coinstreet.org/gabriels-wharf

Esta agradable zona de *boutiques*, tiendas de artesanía y restaurantes informales es el resultado de un largo debate sobre el futuro de un antiguo enclave industrial junto al río. Los residentes se opusieron a varios proyectos de oficinas, hasta que en 1984 una comunidad de vecinos adquirió los solares para hacer una cooperativa de viviendas.

Junto al mercado se extiende un pequeño jardín y un paseo paralelo al río con bellas vistas de la City. Al este se alza la Oxo Tower, construida en 1928 sobre una antigua central eléctrica para anunciar en sus ventanas de forma subrepticia unas populares pastillas de caldo de carne; hoy alberga galerías y tiendas de diseño en las plantas inferiores, y un bar, un restaurante y una cafetería en la última (p. 51).

 MEJORES VISTAS
Waterloo Bridge

En la lista de vistas favoritas de cualquier londinense se halla esta, desde un concurrido puente sobre el Támesis. Tanto río arriba como abajo, la escena es un recordatorio de la belleza de la capital británica.

↑ El centenario Lambeth Palace y su jardín

❾ Lambeth Palace

📍 J8 🚇 SE1 🚉 Lambeth North, Westminster, Waterloo, Vauxhall 🕐 Solo para visitas guiadas; consultar página web 🌐 archbishopofcanterbury.org

Este palacio declarado de interés excepcional ha albergado a los arzobispos de Canterbury desde el siglo XIII y hoy aún es su residencia oficial en Londres. Aunque la capilla conserva elementos del siglo XIII y la torre de entrada, de estilo Tudor (1490) es una estampa característica de la orilla del río. El jardín, con árboles centenarios, abre los primeros viernes de mes en verano, aunque hay programadas visitas guiadas al palacio con reserva que se reanudarán cuando concluyan las amplias obras de reforma.

A lo largo del Albert Embankment, entre los puentes de Lambeth y Westminster, el National Covid Memorial Wall es un homenaje en movimiento a las víctimas de la pandemia, decorado con más de 220.000 corazones rojos, cada uno de los cuales representa una de las vidas que se perdió en el Reino Unido con la COVID-19.

❿ Garden Museum

📍 J8 🚇 5 Lambeth Palace Rd SE1 🚉 Vauxhall, Lambeth North, Westminster 🕐 10.00-17.00 diario ⓧ 2-3 semanas en Navidad/Año Nuevo 🌐 gardenmuseum.org.uk

El primer museo de historia de la jardinería del mundo está en la iglesia restaurada de St Mary, en el Lambeth Palace, en torno a un jardín de nudo. En el terreno reposan los restos de John Tradescant e hijo, jardineros de Carlos I y II y buscadores de plantas y coleccionistas de curiosidades. Aquí también está la tumba de William Bligh, capitán del HMS Bounty, abandonado a la deriva en el océano Pacífico tras un funesto motín; casualmente, el navío transportaba plantas.

El museo repasa la historia de la jardinería en Gran Bretaña y muestra objetos coleccionados por los Tradescant en sus viajes. Cuenta además con un archivo de diseños de jardinería, un programa de exposiciones, clases y eventos, una tienda excelente y un café. Se pueden subir los 131 escalones que llevan a lo alto de la torre medieval de la iglesia para contemplar vistas panorámicas de Westminster y el Támesis.

⓫ The Old Vic

📍 K7 🚇 Waterloo Rd SE1 🚉 Waterloo 🕐 8.30-medianoche lu-vi, 8.30-14.00 ju y vi, 17.00-2.00 sá

Este espléndido edificio, inaugurado en 1818 como Royal Coburg Theatre, pasó a llamarse Royal Victoria en 1833, en honor a la futura reina. El teatro se convirtió en epicentro del *music hall*, género muy popular en la época victoriana. En 1912 Lilian Baylis fue nombrada directora y con ella se representaron todas las obras de Shakespeare entre 1914 y 1923.

En 2003 se fundó la Old Vic Theatre Company como compañía residente. Ha infundido una energía nueva con producciones innovadores e iniciativas para llegar a los jóvenes. En 2025 está prevista la finalización de un anexo nuevo al edificio que alberga espacios para estudio y un café de tres alturas.

¿Lo sabías?

A pesar de haber sido bautizado en su honor, la reina Victoria solo visitó el Old Vic una vez, a los 14 años.

231

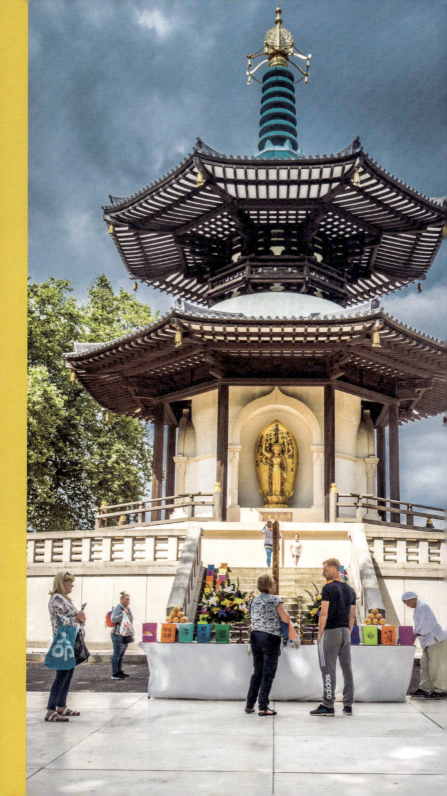

Pagoda de la Paz, en el Battersea Park

CHELSEA Y BATTERSEA

Chelsea estuvo de moda en la década de 1960, cuando jóvenes famosos, incluidos los Rolling Stones, desfilaban por King's Road. Este antiguo pueblo ribereño se puso de moda por primera vez con los Tudor: a Enrique VIII le gustaba tanto que hizo construir en la zona un palacete (ya desaparecido). En el siglo XVIII albergaba famosos jardines de recreo, pintados por Canaletto. Artistas posteriores, como Turner, Whistler y Rossetti, se sintieron atraídos por las vistas del río y Battersea desde el Cheyne Walk. Desde mediados del siglo XIX, esas vistas incluyeron el pintoresco Battersea Park, cuyo paisaje se vio realzado en 1951, cuando se convirtió en jardín de recreo para el Festival de Gran Bretaña. Creando un impresionante contraste, al este del Chelsea Bridge, las colosales chimeneas de la Battersea Power Station llenaron el cielo de humo desde su apertura en 1933 hasta su desmantelamiento en 1983. Tras décadas de proyectos fallidos para hacer uso del gran solar –incluidos un parque temático y un estadio de fútbol–, un consorcio malayo lo compró por 400 millones de libras en 2012. Una década después, abrió sus puertas al público finalmente el emblemático elemento central de la mayor área de regeneración urbana de Londres, que se extiende 2 kilómetros río arriba hasta Vauxhall.

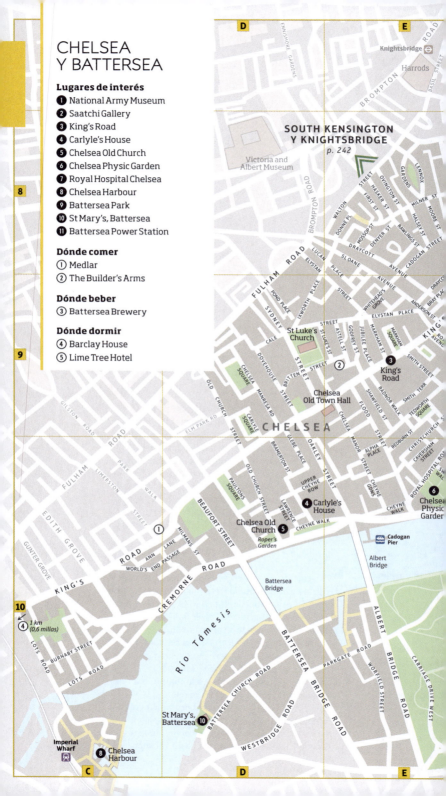

LUGARES DE INTERÉS

❶
National Army Museum

📍E9 🏛Royal Hospital Rd SW3 🚇Sloane Square 🕐10.00-17.30 ma-do 🚫25 y 26 dic, 1 ene 🌐nam.ac.uk

Junto al Royal Hospital Chelsea se encuentra el museo oficial del Ejército británico, con una colección que abarca 350 años de historia e incluye uniformes, cuadros y retratos. Sus cinco galerías tratan el rol de las fuerzas armadas en el país y en el exterior y cómo es ser soldado. Además de los objetos expuestos hay presentaciones inmersivas y montones de instalaciones interactivas para niños.

❷
Saatchi Gallery

📍F9 🏛Duke of York's HQ, King's Rd SW3 🚇Sloane Square 🕐10.00-18.00 diario 📞Para eventos privados 🌐saatchigallery.com

Fundada por el magnate de la publicidad Charles Saatchi para exhibir sus imponentes adquisiciones de arte contemporáneo, esta galería ha cambiado varias veces de sede en Londres. Sin embargo, ahora está afianzada en Chelsea, en el Duke of York's Headquarters, que data de 1801. Saatchi tal vez sea más famoso por su adopción en las décadas de 1980 y 1990 del movimiento de los Young British Artists, encabezado por Damien Hirst. Hoy el abanico de exposiciones temporales de arte contemporáneo (algunas de pago) es amplio e internacional y abarca desde los nuevos artistas chinos y fotografía de moda negra hasta el *pop art* y la cultura *rave*.

❸
King's Road

📍E9 🏛SW3 and SW10 🚇Sloane Square 🌐kingsroad.co.uk

Es la arteria central de Chelsea, con multitud de tiendas caras y pequeñas *boutiques*. Aquí comenzó la revolución de la minifalda en los años sesenta –el nacimiento del llamado *Swinging London*– con la primera tienda de Mary Quant, Bazaar, a la que siguieron otras tendencias, de las cuales quizás la más famosa fue el punk; su aspecto se definió en Sex, la tienda regentada por Vivienne Westwood y Malcolm McLaren a mediados de la década de 1970.

En el nº 152 se halla el edificio Pheasantry, con su elegante fachada. Se construyó en 1881 como escaparate de una fábrica de muebles, pero hoy alberga una pizzería.

Al final de la calle, en la atractiva Sloane Square, del siglo XVIII, el Royal Court Theatre lleva más de 130 años impulsando el nuevo teatro.

Barclay House

Bed and breakfast con clase en un precioso edificio victoriano. Impresionante detallismo en sus tres lujosos dormitorios, desde el suelo radiante hasta las duchas de lluvia.

📍 C10 🏠 21 Barclay Rd SW6 🌐 barclayhouselondon.com

£££

Lime Tree Hotel

Habitaciones muy cómodas e impecables, decoradas individualmente y lo bastante hogareñas para que este hotel de diseño destaque sobre el resto.

📍 G8 🏠 135-137 Ebury St SW1 🌐 limetreehotel.co.uk

£££

❹ Carlyle's House

📍 D10 🏠 24 Cheyne Row SW3 🚇 Sloane Square, South Kensington 🕐 Mar-oct 11.00-16.30 mi 🌐 nationaltrust.org.uk

El historiador Thomas Carlyle se trasladó a esta modesta casa del siglo XVIII en 1834 y en ella escribió algunos de sus libros más conocidos, como *La Revolución francesa*. Su presencia aquí afianzó Chelsea como lugar de moda y su casa se convirtió en lugar de reunión de figuras literarias, como los novelistas Charles Dickens y William Thackeray, el poeta Alfred Tennyson y el naturalista Charles Darwin. El edificio, al que se devolvió el aspecto que tenía en época de Carlyle, es accesible solo con visitas guiadas reservadas.

❺ Chelsea Old Church

📍 D10 🏠 64 Cheyne Walk SW3 🚇 Sloane Square, South Kensington 🕐 14.00-16.00 ma-ju 🌐 chelseaoldchurch.org.uk

Reconstruida tras la Segunda Guerra Mundial, esta iglesia con una torre cuadrada es una fiel reproducción de la iglesia

La instalación *Golden Lotus (Inverted)* de Conrad Shawcross, en la Saatchi Gallery *(arriba)*

 Estatua de Tomás Moro en el exterior de la Chelsea Old Church

medieval que fue destruida por las bombas. Lo mejor del templo son sus monumentos de estilo Tudor. El de *sir* Tomás Moro, que construyó una capilla aquí en 1528, contiene una inscripción suya en latín en la que pide ser enterrado junto a su esposa. También está el monumento del siglo XVII a *lady* Jane Cheyne, a cuyo esposo se le dedicó el Cheyne Walk. Junto al templo se halla la estatua de Tomás Moro, "político, erudito, santo", mirando piadosamente al río.

❻ Chelsea Physic Garden

📍 E10 🏠 66 Royal Hospital Rd SW3 🚇 Sloane Square 🕐 Mar-oct: 11.00-17.00 do-vi; nov-feb: 11.00-16.00 do-vi 🗓 5 semanas med dic-med ene 🌐 chelseaphysicgarden.co.uk

Este jardín se creó en 1673 por la Society of Apothecaries para estudiar los usos medicinales de las plantas. En sus invernaderos se cultivaron variedades nuevas, como el algodón y el caucho cultivado en plantaciones por todo el Imperio británico: una incómoda historia que se explora en sus exposiciones del nuevo invernadero. También se puede explorar uno de los primeros jardines de rocas del país, instalado en 1773.

Medlar
Cocina francesa refinada en un entorno romántico y sencillo. Buenos menús.

📍C10 📌438 King's Rd SW10 🌐medlar restaurant.co.uk

£££

The Builder's Arms
Elegante *pub* de barrio con cocina clásica. Ideal para tomar una copa.

📍E9 📌13 Britten St SW3 🌐cubithouse.co.uk/the-builders-arms-chelsea

£££

Battersea Brewery
Estupendo bar de cerveza artesana bajo los arcos del ferrocarril, junto a la Battersea Power Station, con terraza.

📍G10 📌12-14 Arches Lane SW11 🌐batterseabrew.co.uk

7

Royal Hospital Chelsea

📍F9 📌Royal Hospital Rd SW3 🚇Sloane Square 🕐Solo visitas guiadas 🚫Jun, dic, festivos, funciones 🌐chelsea-pensioners.co.uk

En 1682 Carlos II encargó a Christopher Wren la construcción de este atractivo complejo como casa de retiro para soldados heridos o retirados, conocidos desde entonces como Chelsea Pensioners. El hospital se inauguró 10 años más tarde y en él aún residen unos 330 soldados retirados, cuyo uniforme de casaca roja y tricornio data del siglo XVII. Los Pensioners ofrecen visitas guiadas (en inglés) los días laborables.

Las visitas (en inglés) se dedican al conjunto del museo, incluidas las dos salas públicas principales, que flanquean la entrada norte, de Wren: la capilla, notable por su hermosa sencillez, y el Great Hall, revestido de madera. Concluyen en el pequeño museo que relata la historia de los Pensioners.

Una estatua de Carlos II, de Grinling Gibbons, se alza en la terraza, desde la que se ve la Battersea Power Station al otro lado del río.

8

Chelsea Harbour

📍C10 📌SW10 🚇Fulham Broadway 🚆Imperial Wharf

Este impresionante complejo reúne apartamentos modernos, tiendas, oficinas, restaurantes, un hotel y un puerto deportivo. Su edificio más importante es el Belvedere, una torre de apartamentos de 20 plantas con un ascensor exterior de vidrio y un techo piramidal, rematado con una bola dorada que sube y baja con la marea.

9

Battersea Park

📍F10 📌Albert Bridge Rd SW11 🚇Battersea Power Station 🚆Battersea Park 🕐6.30-10.30 diario 🌐wandsworth.gov.uk/batterseapark

Este fue el segundo parque público creado para aliviar el creciente estrés de los londinenses victorianos; el primero fue el Victoria Park *(p. 322)*, en el East End. Se abrió en 1858 en los antiguos Battersea Fields, una zona pantanosa de mala fama en torno al Old Red House, un *pub* de igual reputación.

El Great Hall del Royal Hospital Chelsea, dispuesto para el almuerzo de los Pensioners

El parque se hizo popular de inmediato sobre todo por su lago navegable, con sus románticas rocas, jardines y cascadas. En 1985 se inauguró la Peace Pagoda, de 35 metros de altura, construida por monjes y monjas budistas japoneses como regalo al parque. Hay también un excelente zoo infantil (se cobra entrada), un parque de aventuras, instalaciones deportivas y un campo de minigolf.

St Mary's, Battersea

D10 **Battersea Church Rd SW11** **Sloane Sq, luego autobuses 19 o 319** **9.30-16.30 ma, mi y vi, más servicios dominicales** **stmarysbattersea.org.uk**

Seguramente aquí hubo una iglesia desde la época anglosajona. La actual data del año 1775, pero la vidriera del siglo XVII que conmemora a los reyes Tudor proviene de un templo anterior. En 1782 el poeta y pintor William Blake se casó aquí y, después, J. M. W. Turner pintó unas maravillosas vistas del Támesis desde el recinto de la iglesia. Benedict Arnold, que sirvió a George Washington en la guerra de independencia de EE. UU. pero desertó al bando británico, está enterrado en la cripta.

Battersea Power Station

G10 **Circus Road West SW11** **Battersea Power Station** **Battersea Park** **Battersea Power Station Pier** **20.00-21.00 lu-sá, 12.00-18.00 do** **batterseapowerstation.co.uk**

Tras décadas de abandono, la Battersea Power Station, el gigante del paisaje ribereño de Londres, resucitó en 2022 luego de una reforma de 9 millones de libras. Este monumental edificio de ladrillo es ahora el corazón del barrio más nuevo de Londres, con tres plantas de tiendas y restaurantes, un *hall* gastronómico y un bonito cine, además de apartamentos y oficinas (en su mayoría, ocupadas por Apple). Por encima de todo sobresalen las cuatro famosas chimeneas, que se elevan más de 100 metros; a una se puede acceder en el ascensor circular y de cristal **Lift 109** para contemplar la ciudad.

La construcción de esta *catedral de ladrillo* fue obra de Giles Gilbert Scott, comenzó en 1929 y se prolongó durante dos fases, antes y después de la guerra. En su mejor momento la central proporcionaba un quinto de la electricidad de Londres, pero a finales de la década de 1970, cuando apareció en la cubierta del álbum *Animals* de Pink Floyd, ya decaía. Tras ser desmantelada en 1983, se presentaron muchas propuestas de reconstrucción, y se aceptó finalmente la que la situaba en el centro de un gran proyecto de regeneración de la orilla del río hasta Vauxhall.

Los detractores pueden oponerse a la mercantilización, pero arquitectónicamente supone una victoria. El ladrillo exterior ha sido restaurado y, en el interior, bajo el brillo del centro comercial, la Sala de Turbinas A, de estilo *art déco* de la década de 1930, encajaría en una escena de *Metrópolis*.

Al sur hay bloques de apartamentos obra de Frank Gehry y Foster + Partners. En contraste con la grandiosa central eléctrica, el Circus West Village, construido sobre los arcos del ferrocarril adyacentes, conserva la escala humana que lo convierte en una buena opción para beber o comer algo.

Lift 109

10.00-18.00 do-ju, 10.00-20.00 vi, sá y días no lectivos **lift109.co.uk**

La inmensa Battersea Power Station, de nuevo en activo tras 40 años

UN RECORRIDO LARGO
BATTERSEA Y CHELSEA

Distancia 5,5 km (3,5 millas) **Tiempo** 75 minutos **Metro** Battersea Power Station

Este variado paseo aborda primero el imponente poderío de la Battersea Power Station, un buen lugar para tomar un café, y después avanza sin prisa por el Támesis para adentrarse en Battersea Park, donde se puede apreciar un pulcro ejemplo de paisajismo victoriano. Luego cruza el río para adentrarse en las estrechas calles rurales de Chelsea, donde aparecen pintorescas casas adosadas y hermosas iglesias históricas. El recorrido termina en King's Road, una referencia para las compras, llena de tiendas elegantes y agradables restaurantes.

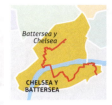

Plano de situación
Para más detalles ver p. 234

Dejando el mercado a la altura de Sydney Street, se puede cruzar y entrar en el jardín de **St Luke's Church,** *donde se casó Charles Dickens en 1836.*

El **Pheasantry** *fue primero un estudio de danza y de pintores, y después una sala de conciertos en las décadas de 1960 y 1970.*

Al cruzar King's Road se llega al **Chelsea Farmers Market,** *un enclave de cafés y tiendas de artesanía.*

La encantadora **Glebe Place** *conserva casi todo su carácter y alberga algunas casas de interés cultural de grado II (según la clasificación de Reino Unido).*

Hay dos casas de estilo georgiano temprano en Lawrence Street cuando se sale de Justice Walk: Duke's House y Monmouth House.

Entre los anteriores vecinos del edificio medieval **Crosby Moran Hall** *se encuentran Ricardo III y sir Walter Raleigh.*

Las codiciadas viviendas de **Cheyne Walk** *se ven al pasar por esta zona, famosa por sus reuniones de intelectuales.*

← Los árboles florecen en primavera en Battersea Park

De camino a Chelsea por Albert Bridge, se ve la escultura **Boy with a Dolphin** *de David Wynne.*

240

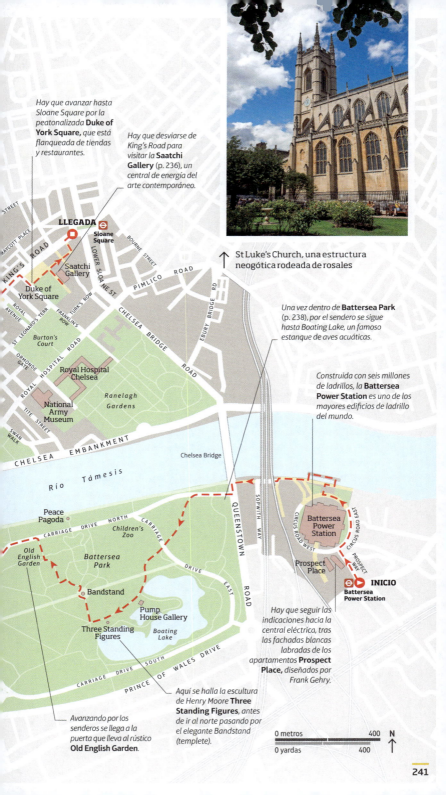

*Hay que avanzar hasta Sloane Square por la peatonalizada **Duke of York Square**, que está flanqueada de tiendas y restaurantes.*

*Hay que desviarse de King's Road para visitar la **Saatchi Gallery** (p. 236), un central de energía del arte contemporáneo.*

St Luke's Church, una estructura neogótica rodeada de rosales

*Una vez dentro de **Battersea Park** (p. 238), por el sendero se sigue hasta Boating Lake, un famoso estanque de aves acuáticas.*

*Construida con seis millones de ladrillos, la **Battersea Power Station** es uno de los mayores edificios de ladrillo del mundo.*

*Hay que seguir las indicaciones hacia la central eléctrica, tras las fachadas blancas labradas de los apartamentos **Prospect Place**, diseñados por Frank Gehry.*

*Aquí se halla la escultura de Henry Moore **Three Standing Figures**, antes de ir al norte pasando por el elegante Bandstand (templete).*

*Avanzando por los senderos se llega a la puerta que lleva al rústico **Old English Garden**.*

241

Bello interior del Natural History Museum

SOUTH KENSINGTON Y KNIGHTSBRIDGE

La compra del Kensington Palace por Guillermo III y María II a finales del siglo XVII marcó la pauta en Kensington: con la llegada de la corte se convirtió en una zona residencial más que apetecible, y sigue siéndolo, ya que atrae tanto a los ricos como a quienes tratan de venderles productos. Fue rural en gran medida hasta finales del siglo XVIII, cuando se inició un periodo de lenta expansión urbana, con Knightsbridge entre las primeras urbanizaciones. Hasta la década de 1850 no se aceleró la transformación, y el detonante fue la Gran Exposición de 1851, ubicada en el Hyde Park. La idea fue del esposo de la reina Victoria, el príncipe Alberto, deseoso de mostrar y promover la industria y los inventos británicos. Fue un gran éxito y los beneficios se invirtieron en la creación de un escaparate permanente de las artes y las ciencias en South Kensington. Los grandes museos, el Royal Albert Hall y el Royal College of Music forman parte de ese legado.

VICTORIA AND ALBERT MUSEUM

◐D8 ⌂Cromwell Rd SW7 ⊖South Kensington ⊙10.00-17.45 diario (22.00 vi) ⊘24-26 dic ⊛vam.ac.uk

El esplendoroso edificio victoriano y sus modernísimas galerías han hecho del V&A un referente internacional en lo que respecta al arte y el diseño. Su colección de muebles, cristal, tejidos, moda, cerámica y joyería abarca 5.000 años.

El Victoria and Albert Museum (V&A) contiene una de las mayores colecciones de arte y diseño del mundo, desde objetos votivos paleocristianos hasta muebles vanguardistas. Se fundó en 1852 como Museum of Manufactures para inspirar a los estudiantes de diseño, pero la reina Victoria lo rebautizó en 1899 en memoria del príncipe Alberto. El museo ha llevado a cabo una amplia renovación en los últimos años, incluyendo la apertura de un nuevo espacio en Exhibition Road, los remodelados Cast Courts y un centro de fotografía concluido en 2023. Hay más proyectos en curso.

↑ La grandiosa entrada al V&A por Cromwell Road

←

Lámpara de Dale Chihuly sobre el mostrador de información

↑ Sala de lectura de la National Art Library, en el V&A

GUÍA DEL MUSEO

El museo tiene seis niveles numerados del -1 al 4. El Nivel 0 alberga las galerías de Asia, las galerías de escultura, la Fashion Gallery y los Cast Courts. Las fantásticas galerías medieval y renacentista se extienden por los niveles -1, 0 y 1. Las Britain Galleries están en los niveles 1 y 3. El 2 contiene las galerías de diseño de los siglos XX y XXI, la plata, la metalistería, la pintura y la fotografía. Las piezas de cristal están en el Nivel 3, y la cerámica y el mobiliario, en el 4.

Esencial ☆

¿Lo sabías?

El V&A fue el primer museo con restaurante propio. Las suntuosas salas para tomar un tentempié se siguen usando hoy.

↑ Obras grandes que formaban parte de los edificios, en las galerías Medieval & Renaissance

Europa

Diez galerías, diseminadas en tres plantas, albergan algunos de los mayores tesoros de la Europa medieval y renacentista. Entre ellos destacan las esculturas de maestros italianos como Donatello y Giambologna, algunas de las cuales descansan en un patio renacentista, y la reconstruida capilla de Santa Chiara, la única de su estilo fuera de Italia.

La sala 48a del Nivel 0 está dedicada a los cartones de Rafael: grandes modelos para tapices destinados a la capilla Sixtina, que ocupan una galería restaurada en 2020 por su V centenario.

El arte y el diseño europeos de 1600 a 1815 se muestran en siete bonitas galerías en el Nivel -1, que incluyen algunas salas de época.

La copia de la columna de Trajano, cortada en dos partes, en los Cast Courts

Cast Courts y escultura

Una de las atracciones más famosas del V&A son los extraordinarios Cast Courts, que forman parte del museo desde su fundación. Contienen grandes copias de escayola de esculturas importantes, como la columna de Trajano de Roma (en dos piezas) y una gran reproducción (de 5 m) del *David* de Miguel Ángel, a la que se le añadió una hoja de higuera para cubrir su desnudez, ya que la reina Victoria la encontró escandalosa.

Flanqueando las galerías de Asia, la larga galería de esculturas cuenta la historia de Gran Bretaña desde 1600 hasta mediados del siglo XX. Incluye donaciones soberbias de Rodin, cuya brillantez se reconoció antes en Londres que en su Francia natal.

Asia

La galería Jameel de arte islámico, en la sala 42, alberga una colección de objetos desde los califatos del siglo VII hasta los años previos a la Primera Guerra Mundial. Bellas piezas de cerámica, tejidos, metalistería y cristal de Irán, Egipto y Turquía muestran la influencia islámica en las artes decorativas. La enorme alfombra de Ardabil, del siglo XVI, una de las más grandes e intrincadas del mundo, es la pieza central. En la sala contigua, el famoso autómata *Tipu's Tiger* de Mysore es lo más destacado de la extensa galería del sur de Asia, que abarca 400 años, desde los emperadores mogoles hasta el Raj. La colección china incluye piezas raras de jade y cerámica, y una excelente colección de budas que se remontan al siglo VI. Dentro del arte japonés, que se concentra en la sala 45, lo más destacable son los lacados, las armaduras samuráis y los grabados en madera.

Moda y tejidos

La Fashion Gallery contiene la mayor y más completa colección de vestidos del mundo. Unas 100 piezas, ordenadas cronológicamente, recorren más de 250 años de historia. En ellas hay un vestido de novia de 1850 con velo y zapatos, elegantes trajes de noche de Schiaparelli, Dior y Balenciaga y asombrosas piezas de

Deslumbrante cerámica y textiles expuestos en la sala del Oriente Próximo islámico

Valentino. En todas las colecciones del museo se encuentran también trajes y tejidos hermosos; la galería japonesa, en particular, tiene preciosos kimonos y otras prendas tradicionales.

Britain Galleries

Una serie de grandes salas, en el Nivel 1 y que se prolongan en el Nivel 3 presentan la evolución del diseño británico desde 1500 hasta 1900, explicando las numerosas influencias, tanto tecnológicas como estéticas, que ha asimilado de todo el mundo. Preciosos tejidos, muebles, trajes y utensilios domésticos ilustran los gustos y costumbres de las clases dirigentes del país. Entre las piezas más exquisitas figuran la opulenta cama de la Melville House y un buen número de estancias de época bien conservadas, como la impresionante sala de música estilo rococó de la Norfolk House. Aquí también está la Great Bed of Ware, de más de 3 m de anchura y una atracción desde hace más de 400 años; su fama le ganó una mención en *Noche de Reyes*, de Shakespeare.

Diseño contemporáneo y metalistería

Este conjunto de galerías está en el Nivel 2. En la Design 1900-Now, objetos contemporáneos reconstruyen cómo ha cambiado la vida en los últimos 125 años; para reflejar las tendencias actuales se incluyen de vez en cuando piezas muy oportunas.

Cerca está la exquisita Gilbert Collection de oro, plata y micromosaicos. En las Silver Galleries se exponen 3.500 piezas de plata desde 1400 hasta hoy en hermosas salas victorianas restauradas (salas 65 a 69). Las galerías dedicadas a la plata sacra y los vitrales, en las salas 83 y 84, contienen tesoros religiosos; al lado, la sala de joyería destella con sus aproximadamente 3.000 piezas, la primera de las cuales data del antiguo Egipto. El plato fuerte de las galerías de metalistería (salas 113 a 114e) es el *Hereford Screen*, un coro alto diseñado por *sir* George Gilbert Scott en 1862; esta estructura que preside el vestíbulo principal protagonizó el mayor proyecto de conservación del museo.

Pintura y fotografía

Entre las obras destacadas de las galerías de pintura se encuentran *The Day Dream*, el ardiente retrato de Dante Gabriel Rossetti de Jane Morris (la esposa de William), en la sala 81, y paisajes ingleses de Turner y Constable, en la sala 87.

En el expandido Photography Centre hay exposiciones cambiantes extraídas de las 800.000 piezas del museo y el que fuera un armario de productos de limpieza es ahora una cámara oscura en la que se puede entrar.

Galería de arquitectura

La Architecture Gallery, organizada en conjunción con el Royal Institute of British Architects (RIBA), cuenta con una soberbia colección de dibujos y objetos entre los que hay fragmentos arquitectónicos de todo el mundo. Las piezas destacadas son las maquetas minuciosas, entre las que hay las de una casa japonesa, construcciones modernistas de Ernö Goldfinger y Le Corbusier y maquetas de

↑ Vidrieras en las galerías dedicadas a la plata sacra y a los vitrales

James Gibbs de St Martin-in-the-Fields *(p. 114)*.

Vidrio y cerámica

La colección de vidrio que abarca 3.500 años se aloja en su mayoría en la Sala 131, que tiene una espectacular balaustrada de vidrio obra del artista Danny Lane. El vidrio contemporáneo internacional está en la Sala 129.

Ocupando gran parte del Nivel 4, la gran colección de cerámica es insuperable. La cerámica de China, Japón y Oriente Próximo está bien representada, junto con la mayólica italiana, la de Delft, la porcelana de Meissen y la cerámica de las principales fábricas británicas.

CURIOSIDADES
Tomarse un descanso

No hay que pasar por alto las salas salas de descanso; una de ellas la diseñó William Morris. Se encuentran al otro lado del John Majedski Garden, yendo desde las salas de escultura.

249

NATURAL HISTORY MUSEUM

D8 **Cromwell Rd SW7** **South Kensington** **10.00-17.50 diario (último acceso: 17.30)** **24-26 dic** **nhm.ac.uk**

El extraordinario Museo de Historia Natural, un paraíso para botánicos, y geólogos en ciernes, con sus especímenes, esqueletos y simuladores, es sencillamente un tesoro nacional y un lugar de visita obligada en la capital.

La vida en la Tierra y el propio planeta se explican claramente en este museo mediante técnicas interactivas y exposiciones tradicionales, y el edificio que alberga la vasta colección es una obra maestra en sí mismo. Fundado como uno más de los templos victorianos del conocimiento, se inauguró en 1881 y fue proyectado por Alfred Waterhouse, usando técnicas constructivas revolucionarias. Tiene una estructura de hierro y acero que se oculta tras columnas y arcos ricamente decorados con esculturas de plantas y animales.

El museo se divide en cuatro zonas más el Hintze Hall, gran núcleo del edificio, dominado por el esqueleto de una ballena azul. La zona azul la ocupan las galerías de los mamíferos y los dinosaurios, además de obras de arte con imágenes de la naturaleza. La zona verde expone insectos, fósiles, tesoros y rocas y minerales de The Vault. En la zona roja, una gran escalera mecánica lleva a exposiciones sobre las fuerzas que moldean la Tierra. En la zona naranja se muestran centenares de especímenes en el Darwin's Centre Cocoon.

1 La arquitectura del museo combina el románico con el neogótico.

2 Este tiranosaurio, una de las impresionantes figuras animatrónicas del museo, se mueve y ruge en su popular galería, donde también se exponen esqueletos fosilizados y huevos.

3 Recreaciones a tamaño real en la enorme galería de los mamíferos.

TOP 5 PIEZAS ESENCIALES

Cráneo de triceratops
Gigantesco cráneo del dinosaurio herbívoro de tres cuernos.

Guy el gorila
El habitante más famoso del zoo de Londres en su época, alegra ahora la galería Treasures.

Mariposas
Mariposario tropical (mar-sep).

Archaeopteryx
Este valioso fósil de un dinosaurio alado es el eslabón entre las aves y los dinosaurios.

Fotografía de la vida salvaje
Exposición anual de las mejores imágenes sobre naturaleza del mundo (oct-jun).

Esencial ☆

¿Lo sabías?

El evento mensual *Dino Snores* permite a niños de 7 a 11 años pasar la noche en el museo. Hay que reservar con mucha antelación.

↑ Esqueleto de 25,5 m de Hope, la ballena azul que cuelga del techo del Hintze Hall

❸

SCIENCE MUSEUM

📍D8 🏛Exhibition Rd SW7 🚇South Kensington 🕐10.00-18.00 diario (última admisión: 17.15; más tarde en vacaciones escolares 🚫24-26 dic 🌐sciencemuseum.org.uk

Siglos de innovación científica y tecnológica conforman la gran colección del Museo de la Ciencia. Aquí se descubre la base científica que hay tras la ciencia ficción, los logros de la humanidad y lo que está por venir.

Desde los motores a vapor hasta los motores aeronáuticos, las astronaves o robots, este museo posee una variada colección. Igualmente importante es el contexto social de la ciencia: qué impacto tienen los descubrimientos e inventos en la vida diaria. Hay objetos manipulables por todas partes y el museo tiene un cine IMAX de última generación.

Las muestras de exposición están repartidas en cinco plantas. Making the Modern World, en la planta baja, recoge objetos emblemáticos que han dado forma a los avances del progreso; aquí también está Exploring Space, que cuenta con un módulo Soyuz. En las plantas superiores destaca la sala dedicada a la medicina, que incluye objetos de la extraordinaria colección del pionero *sir* Henry Wellcome (p. 160). Energy Revolution, una galería abierta en 2024, explora cómo puede el mundo afrontar el cambio climático.

↑ La modesta entrada al fascinante Science Museum

> 💬 **CONSEJO DK**
> **Tomar el aire**
> Aunque hay varios lugares para comer en el museo, a cinco minutos a pie está Hyde Park, un lugar ideal para hacer un pícnic y para que los niños liberen energía.

↑ Aeronaves antiguas suspendidas en la galería Flight, en la tercera planta del Museo de la Ciencia

Esencial
☆

TOP 5 PIEZAS ESENCIALES

Módulo del Apolo 10
El módulo de mando en el que los astronautas estadounidenses regresaron a la Tierra tras una misión a la Luna en 1969.

Who Am I?
Explica el modo en que la genética y la educación nos definen.

Brazo robótico quirúrgico
Para ver cómo la innovación está cambiando la medicina.

Gypsy Moth
El aviador Amy Johnson voló con el biplano Gypsy Moth desde Inglaterra a Australia.

Farmacia victoriana
Recreación de una bótica victoriana.

→ Los niños disfrutan de las instalaciones interactivas del Wonderlab, que ofrece más de 50 exposiciones, además de muestras y demostraciones en directo

↑ Llamativos objetos expuestos en la galería Making the Modern World

253

El recargado interior del Brompton Oratory, con su decoración italianizante

❻ Royal Geographical Society

📍 D7 🏠 1 Kensington Gore SW7 🚇 High St Kensington, South Kensington 🕐 Pabellón de Exposiciones: lu-vi 10.00-17.00 🌐 rgs.org

Esta sociedad, desde su edificio de ladrillo estilo reina Ana, ha apoyado numerosas expediciones en sus 200 años de historia: entre sus miembros estuvieron Robert F. Scott, Ernest Shackleton y Edmund Hillary. Acoge exposiciones que suelen versar sobre medioambiente y conservación.

LUGARES DE INTERÉS

❹ Brompton Oratory

📍 D8 🏠 Brompton Rd SW7 🚇 South Kensington, Knightsbridge 🕐 6.30-19.00 diario 🌐 bromptonoratory.co.uk

Famoso por su espléndida tradición musical, este italianizante oratorio Brompton fundado por John Henry Newman (más tarde cardenal) es un rico (para algunos demasiado rico) monumento al resurgimiento del catolicismo inglés de finales del siglo XIX.

La iglesia se abrió en 1884. La fachada y la cúpula se añadieron en la década de 1890 y el interior se ha ido enriqueciendo desde entonces. Dentro, las piezas más atractivas son anteriores a la iglesia y muchas proceden de templos italianos. Giuseppe Mazzuoli realizó las enormes figuras de mármol de los 12 apóstoles para la catedral de Siena a finales del siglo XVII; el bello altar de la Virgen se hizo en 1693 para la iglesia dominica de Brescia, y el altar del siglo XVIII de la capilla de St Wilfrid se trasladó desde una iglesia de Rochefort, en Bélgica.

❺ Royal College of Music

📍 C7 🏠 Prince Consort Rd SW7 🚇 South Kensington 🕐 10.15-17.45 ma-vi, 11.00-13.00 y 14.00-18.00 sá y do 🌐 rcm.ac.uk/museum

Sir Arthur Blomfield proyectó el palacio gótico con torreones y aire bávaro que alberga el Real Conservatorio desde 1894. Entre los alumnos que estudiaron aquí destacan Benjamin Britten y Samuel Coleridge-Taylor. Su museo tiene 15.000 tesoros musicales, incluyendo un claveciterio, el primer instrumento de teclado por cuerdas del mundo, del siglo XV, y la guitarra más antigua que se conoce. Durante el curso hay conciertos frecuentes en el espacio de actuaciones y las diversas salas de conciertos del museo.

❼ Royal Albert Hall

📍 C7 🏠 Kensington Gore SW7 🚇 High St Kensington, South Kensington 🕐 Para visitas guiadas (en inglés) y actuaciones a diario 🌐 royalalberthall.com

Esta enorme sala de conciertos, finalizada en 1871, se

Harrods
La afirmación de que en estos grandes almacenes se puede comprar desde imperdibles hasta un elefante es una exageración, pero siguen siendo grandiosos.

📍 E7 🏠 87-135 Brompton Rd, Knightsbridge SW1 🌐 harrods.com

inspiró en los anfiteatros romanos. El único ornamento de su elegante exterior de ladrillo rojo es un friso que simboliza el triunfo de las artes y la ciencia. El edificio se iba a llamar Hall of Arts and Science, pero la reina Victoria lo rebautizó en memoria de su esposo al colocar la primera piedra en 1868. Es conocido por albergar los Proms, pero también sirve de escenario a conciertos de rock, comedias e incluso eventos deportivos: Mohamed Alí boxeó aquí tres veces en la década de 1970. Hay visitas guiadas (en inglés) casi todos los días que llevan por los espacios regios, el auditorio, el escenario… y tal vez se pueda ver incluso un ensayo.

⑧
Albert Memorial

C7 **South Carriage Drive, Kensington Gdns SW7** **High St Kensington, South Kensington**

Este grandioso monumento neogótico dedicado al príncipe Alberto, amado consorte de la reina Victoria, se terminó en 1872, 11 años después de su muerte. Está cerca de donde tuvo lugar la Exposición de 1851, que él impulsó. La estatua, de John Foley, muestra al príncipe con un catálogo de la exposición.

La reina eligió a *sir* George Gilbert Scott para diseñar el monumento, que tiene una altura de 55 m. Está libremente basado en una cruz de mercado medieval, aunque es mucho más elaborado, con un chapitel negro y dorado, mármoles multicolores, mosaicos, esmaltes y hierro forjado. El friso del Parnaso alrededor de la base muestra a 169 figuras esculpidas del mundo de las artes, incluyendo pintores, poetas, arquitectos y músicos.

⑨
Serpentine Galleries

D6 **Kensington Gdns W2** **Lancaster Gate** **South Gallery: 10.00-18.00 ma-do; North Gallery: 10.00-18.00 ju-do; también festivos** **1 ene, 24-26 y entre exposiciones** **serpentinegalleries.org**

Abiertas en 1970 y en 2013, estas dos galerías de arte contemporáneo situadas en los extremos del Serpentine tienen fama de promover obras de vanguardia. La galería original, Serpentine South, es famosa por las instalaciones de su pabellón de verano, en cuyo terreno arquitectos destacados diseñan grandes estructuras temporales. Cuenta, además, con una excelente librería. Alojada en un antiguo polvorín, Serpentine North acoge exposiciones temporales y tiene un restaurante en una ampliación diseñada por Zaha Hadid.

¿Lo sabías?

Las estatuas de los rincones del Albert Memorial representan los continentes de América, Asia, Europa y África.

El Royal Albert Hall ofrece espectáculos de una gran variedad de géneros

255

Kensington Palace

B6 Kensington Gardens W8 High St Kensington, Queensway, Notting Hill Gate Abr-oct: 10.00-18.00 mi-do; nov-mar: 10.00-16.00 mi-do (última admisión: 1 h antes del cierre) hrp.org.uk

La mitad de este espacioso palacio se utiliza como residencia real; la otra mitad, incluidos los salones oficiales del siglo XVIII, está abierta al público. Cuando Guillermo III y su esposa María ascendieron al trono en 1689, adquirieron una mansión de 1605 y encargaron a Christopher Wren que la convirtiera en palacio.

El palacio ha sido testigo de importantes acontecimientos reales: en 1714 la reina Ana murió aquí de una apoplejía por comer en exceso; y el 20 de junio de 1837 despertaron a la princesa Victoria de Kent a las 5.00 para comunicarle que su tío Guillermo IV había muerto y que comenzaba su reinado, que duraría 64 años. Tras la muerte de Diana de Gales en 1997, las puertas doradas del sur se inundaron de ramos de flores.

Los turistas pueden ver los lujosos apartamentos oficiales del rey y la reina; los de esta última han cambiado poco desde que se diseñaron para María en el siglo XVII. También se exhiben las salas en las que se crio Victoria, restauradas para devolverles el aspecto que tenían a principios del siglo XIX.

Los compactos jardines de palacio incluyen el sosegado Sunken Garden, uno de los favoritos de la princesa Diana.

Kensington Gardens

C6 W2 Bayswater, High St Kensington, Queensway, Lancaster Gate 6.00-anochecer diario royalparks.org.uk

La mayoría de los antiguos jardines del Kensington Palace se abrieron al público en 1841. El lugar está lleno de encanto, empezando por la estatua de Peter Pan (el personaje de J. M. Barrie) tocando su flauta de pan para las hadas y animales de bronce que se aferran al pedestal; la esculpió *sir* George Frampton en 1912. Al norte están los jardines italianos con varias fuentes ornamentales. Al este hay un cementerio de mascotas creado en 1880 por el entonces duque de Cambridge. Al sur se alza la obra de George Frederick Watts *Energía física*, un caballo con su jinete, y cerca hay una casa de verano diseñada por William Kent en 1735. El Round Pond, un estanque de 1728, se suele llenar de barcos teledirigidos.

Barcas de remos en el lago Serpentine del Hyde Park

Diana Memorial Playground

B6 Kensington Gardens Bayswater, Queensway Diario desde 10.00; las horas de cierre varían de 15.45 nov-ene a 19.45 may-ago royalparks.org.uk

El más reciente de los tres parques infantiles de los Kensington Gardens, que sustituye a un parque anterior fundado por J. M. Barrie, tiene a Peter Pan como protagonista e incluye una ensenada con un galeón pirata de 15 m, tipis y esculturas para jugar. Muchas instalaciones son accesibles para niños con necesidades especiales. Los menores de 13 años deben ir acompañados por un adulto.

El jardín en vaguada de Kensington Palace, con una estatua de la princesa Diana

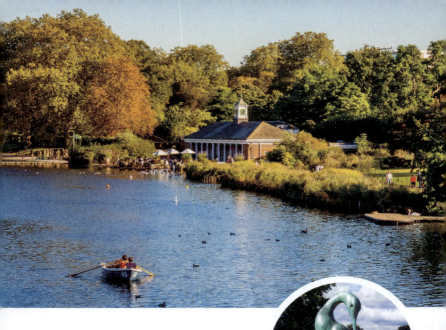

 CONSEJO DK
Al agua

Se puede alquilar un patín o una barca de remos en la Boathouse (si el clima lo permite en invierno) y dar un paseo por el Serpentine del Hyde Park. Los más valientes pueden refrescarse en la piscina en verano (sá y do en may; diario jun-med sep).

Marble Arch
E5 **Park Lane W1** **Marble Arch**

Diseñado por John Nash en 1827, el arco constituía la entrada a Buckingham Palace, pero se trasladó aquí en 1851 para conformar una puerta majestuosa a Hyde Park para la Exposición Universal. Históricamente, solo se permite pasar bajo él a la familia real y a un regimiento de su artillería.

El arco se alza cerca del antiguo emplazamiento del patíbulo de Tyburn, donde se ejecutó a los condenados hasta el año 1783, ante apasionadas multitudes.

Hyde Park
E6 **W2** **Hyde Park Corner, Knightsbridge, Lancaster Gate, Marble Arch** **5.00-24.00 diario** **royalparks.org.uk**

La antigua mansión de Hyde formaba parte de las tierras de la abadía de Westminster, expropiadas por Enrique VIII durante la disolución de los monasterios de 1536, y continúa siendo parque real. Enrique VIII lo usó como coto de caza, pero Jacobo I lo abrió al público en el siglo XVII. Carolina, esposa de Jorge II, creó el Serpentine, un lago artificial para remar y bañarse, encauzando las aguas del río Westbourne para represarlas en 1730. La fuente en memoria de la princesa Diana está al sur del Serpentine.

El parque ha sido escenario de duelos, carreras de caballos, manifestaciones y conciertos. La Gran Exposición de 1851 se celebró aquí, en un enorme palacio de cristal. En Navidades acoge el festivo Winter Wonderland, con mercados, una pista de hielo y atracciones.

↑ *Serenidad,* la escultura en bronce de un ibis, mira al Serpentine de Hyde Park

Speakers' Corner
E5 **Hyde Park W2** **Marble Arch**

En 1872 se aprobó una ley que permitía los discursos públicos sobre cualquier tema. Desde entonces, esta esquina de Hyde Park se convirtió en el punto de reunión permanente de oradores públicos y algún que otro excéntrico. Los domingos miembros de grupos alternativos y partidos unipersonales explican sus planes para mejorar la humanidad (o lo que sea), mientras la audiencia los interrumpe con preguntas.

257

UN PASEO
SOUTH KENSINGTON

Distancia 1,5 km (1 milla) **Tiempo** 30 minutos
Metro South Kensington

Esta zona está caracterizada por sus famosos museos, alojados en grandiosos edificios que celebran la seguridad victoriana. Un paseo desde el Albert Memorial, en Kensington Gardens, hasta el Victoria and Albert Museum, pasando por el Royal Albert Hall, permite admirar las instituciones que contribuyeron a hacer de Londres la capital mundial de la cultura y el conocimiento.

David Hockney y Tracey Emin están entre los artistas que estudiaron en el **Royal College of Art.**

El antiguo **Royal College of Organists** fue decorado por F. W. Moody en 1876.

El **Royal Albert Hall,** inaugurado en 1871, tiene un bello exterior curvilíneo (p. 254).

En el **Royal College of Music** se exponen tesoros históricos musicales (p. 254).

¿Lo sabías?

El Royal Albert Hall se financió en parte vendiendo abonos para 999 años.

En el **Natural History Museum** hay desde dinosaurios hasta rocas lunares (p. 250).

En el **Science Museum** se puede experimentar con las muestras interactivas (p. 252).

LLEGADA

Plano de situación
Para más detalles ver p. 244

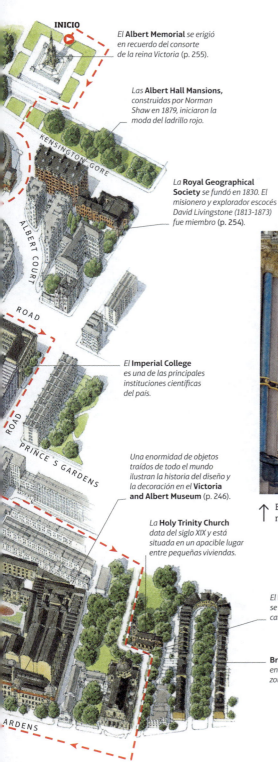

INICIO

El **Albert Memorial** se erigió en recuerdo del consorte de la reina Victoria (p. 255).

Las **Albert Hall Mansions**, construidas por Norman Shaw en 1879, iniciaron la moda del ladrillo rojo.

La **Royal Geographical Society** se fundó en 1830. El misionero y explorador escocés David Livingstone (1813-1873) fue miembro (p. 254).

El **Imperial College** es una de las principales instituciones científicas del país.

Una enormidad de objetos traídos de todo el mundo ilustran la historia del diseño y la decoración en el **Victoria and Albert Museum** (p. 246).

La **Holy Trinity Church** data del siglo XIX y está situada en un apacible lugar entre pequeñas viviendas.

El **Brompton Oratory** se construyó durante el resurgir católico del siglo XIX (p. 254).

Brompton Square, iniciada en 1821, puso de moda esta zona residencial.

↑ El dorado Albert Memorial resplandeciente bajo con el sol

259

Tiendas y casas de vivos colores en Portobello Road

KENSINGTON, HOLLAND PARK Y NOTTING HILL

Kensington fue un pueblo con huertos y mansiones hasta la década de 1830. Entre estas mansiones sobresalía la Holland House, parte de cuyos terrenos constituyen el actual Holland Park. La zona creció con rapidez a mediados del siglo XIX. De entonces datan la mayoría de sus edificios, principalmente mansiones divididas en apartamentos caros y tiendas de moda. Y fue en ese siglo cuando se establecieron en la zona famosos artistas y escritores, entre ellos Henry James, William Thackeray, Edward Linley Sambourne y Lord Leighton; las llamativas casas de los dos últimos –Sambourne House y Leighton House– están abiertas al público. También fue en el siglo XIX cuando emergió como barrio residencial Notting Hill, que atrajo a vecinos pudientes del mismo estilo que los de Kensington. Hacia el final de la Segunda Guerra Mundial, sin embargo, muchas de las casas adosadas con estucos se habían convertido en casas de vecindad. Estas fueron los primeros hogares de las familias antillanas que llegaron al barrio masivamente en la década de 1950. Su presencia dio lugar al primer Carnaval de Notting Hill, en 1966.

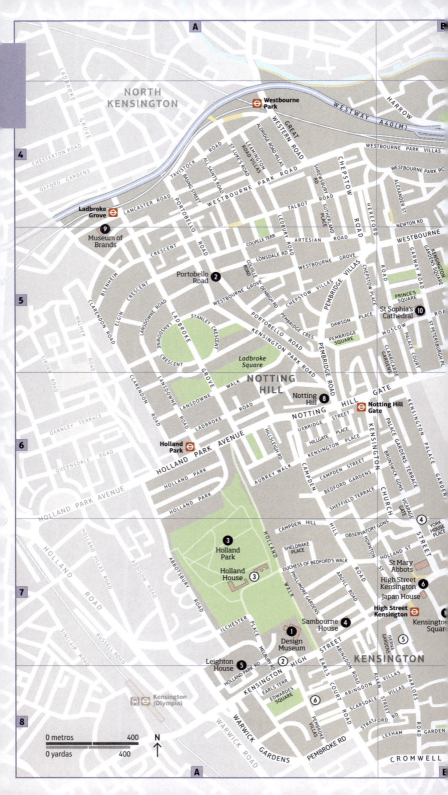

DESIGN MUSEUM

📍A7 🏛224-238 Kensington High St W8 🚇Kensington High St, Holland Park 🕐10.00-17.00 lu-ju, 10.00-18.00 vi y do, 10.00-21.00 sá 📅24-26 dic 🌐designmuseum.org

El Museo del Diseño, ubicado en un edificio realmente único, está dedicado a cualquier aspecto del diseño contemporáneo, ya sea arquitectura, transporte, artes gráficas, mobiliario o moda. Sus imaginativas exposiciones temporales suelen eclipsar a su pequeña pero interesante muestra permanente.

El museo está en lo que en su momento fue el Commonwealth Institute, construido en la década de 1960 y famoso por su impresionante tejado en cascada: una parábola hipérbola hecha con 25 toneladas de cobre de Zimbabue. El instituto cerró en 2002 y el interior se reacondicionó por completo para albergar al nuevo museo en 2016, con un atrio inmenso de espacios geométricos abiertos. Hay espacio suficiente para cuatro espacios de exposición, tres de ellos para el excepcional programa de exposiciones temporales y uno para la excelente y en ocasiones interactiva colección permanente, que se conoce como Designer Maker User y es fácil de ver. La exposición muestra disciplinas del diseño, desde la arquitectura y el mundo digital a la moda y el diseño gráfico.

El edificio también alberga un auditorio, un café, un comedor y tres atractivas tiendas. El bonito bosque del Holland Park (*p. 266*) está justo al lado.

Comprar diseño
Las tiendas del Design Museum son de las mejores tiendas de museo de Londres por la originalidad y variedad de sus artículos, que incluyen ropa, material de escritorio, maquetas, miniaturas, grabados y utensilios de cocina.

Las balconadas de la primera planta del museo, bajo su excepcional techo ↓

Esencial ☆

GUÍA DEL MUSEO

La exposición permanente, llamada Designer Maker User, muestra algunos de los productos más emblemáticos del mundo moderno y tiene una sección de innovaciones recientes vistas desde las tres perspectivas de su título.

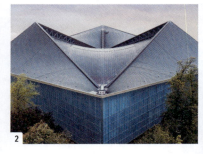

1. La colección permanente ofrece atractivas muestras de diseño innovador.
2. El edificio, declarado de especial interés, tiene un inusual tejado.
3. La nueva sede del museo es el antiguo edificio del Commonwealth Institute, inaugurado en 1962.

LUGARES DE INTERÉS

Portobello Road

A5 **W11** **Notting Hill Gate, Ladbroke Grove** La mayoría de tiendas 8.30-18.00 lu-sá; también 10.00-17.00 do en jun, jul y dic (menos horas en invierno) Festivos (excepto vi santo) visitportobello.com

Este mercado existe desde 1837. En la actualidad la parte sur está dedicada en su mayoría a puestos de antigüedades, joyas, recuerdos y coleccionables curiosos. El mercado es muy popular y animado, pero merece la pena visitarlo, aunque solo sea por su ambiente bullicioso y alegre. Los días de mayor afluencia son los viernes y, sobre todo, los sábados, cuando abren las galerías de antigüedades. Si se buscan gangas hay que tener precaución: los vendedores tienen una idea muy precisa del valor de sus mercancías. Hay otros mercados en el resto de la calle, en días diferentes con ropa nueva y antigua, en torno a Portobello Green, bajo el Westway próximo al metro de Ladbroke Grove (vi-do).

Holland Park

A7 **Ilchester Place, W8** **Holland Park, High Street Kensington, Notting Hill Gate** 7.30-anochecer diario rbkc.gov.uk

Este pequeño y delicioso parque, más boscoso e íntimo que los grandes parques reales situados al este –Hyde Park (p. 257) y los Kensington Gardens (p. 256)–, se inauguró en 1952 en lo que quedaba de los terrenos de la Holland House. El resto se había vendido a finales del siglo XIX para construir mansiones nuevas. En sus días de gloria, en el siglo XIX, esta casa fue un foco de intrigas sociales y políticas. El III barón Holland, sobrino del estadista Charles James Fox, celebró fiestas para personajes como el poeta Lord Byron, que conoció a *lady* Caroline Lamb aquí.

La casa sufrió serios daños por los bombardeos de la Segunda Guerra Mundial, pero las partes y dependencias que se salvaron tienen usos varios: el viejo salón de baile de verano es ahora un restaurante y el invernadero sirve como espacio para bodas. En verano, la antigua terraza delantera de la casa es escenario del festival de verano de tres meses Opera Holland Park, celebrado en un auditorio al aire libre.

El parque aún conserva algunos jardines formales de principios del siglo XIX. Hay también un Kyoto Garden, resplandeciente de color en otoño. En el estanque que se halla junto a la cascada hay carpas *koi*. Coloridos pavos reales campan por el recinto, que tiene un parque infantil bien equipado para pasar la tarde con los niños.

¿Lo sabías?

Lord Leighton es el noble más breve del país: nombrado barón el 24 de enero de 1896, murió al día siguiente.

Sambourne House

A7 **18 Stafford Terrace** **High St Kensington** 10.00-17.30 mi-do rbkc.gov.uk/museums

La antigua casa de Linley Sambourne, de 1870, permanece casi como la decoró su dueño, a la manera victoriana, con adornos japoneses y cortinas de terciopelo. Las estancias encarnan el estilo Aesthetic, de moda en aquella época; algunas están empapeladas con papel de William Morris. Sambourne era caricaturista de la revista *Punch* y sus ilustraciones llenan las paredes de los descansillos.

Scarsdale Tavern

A solo un par de manzanas de Kensington High Street, un acogedor y popular *pub* de barrio que sirve buena comida y cervezas variadas.

A8 23a Edwardes Sq W8 scarsdaletavern.co.uk

↑ Salón Árabe de la Leighton House, con su exquisita decoración

❺ Leighton House

A7 12 Holland Park Rd W14 High St Kensington 10.00-17.30 mi-lu rbkc.gov.ukmuseums

Frederic Leighton fue uno de los pintores victorianos más respetados. Su obra *Sol ardiente de junio* se considera la apoteosis del prerrafaelismo.

Su casa, construida entre 1864 y 1869, se ha conservado con su opulenta decoración como un gran monumento a la estética victoriana, que Leighton encarnó. Lo más destacable es el salón Árabe, con una fuente y una cúpula dorada. Se añadió en 1879 para albergar su colección de azulejos islámicos adquiridos en sus viajes a Oriente Próximo, algunos con inscripciones del Corán.

La colección de cuadros y dibujos de la casa se expone sobre todo arriba y contiene algunas obras de John Millais y George Frederic Watts y muchas del propio Leighton. Hay visitas guiadas gratuitas (en inglés) por las casas construidas en el Holland Park Circle por los contemporáneos de Leighton; se organizan casi todos los jueves y domingos a las 11.00 (hay que reservar).

❻ High Street Kensington

B7 W8 High St Kensington

High Street Kensington, una de las principales zonas comerciales del oeste de Londres, refleja los gustos de sus ricos vecinos, con tiendas de ropa clásica y varias marcas caras británicas y extranjeras.

En los nᵒˢ 101-111 se halla la Japan House, un centro cultural japonés maravilloso, con una galería que alberga exposiciones temporales, un restaurante y una tienda con papelería artesanal, menaje y mucho más.

←

La estilizada elegancia nipona del Kyoto Garden, en Holland Park

⑦
Little Venice

C4 W2 Warwick Avenue, Edgware Road

En este encantador rincón de Londres convergen el extremo oeste del Regent's Canal, el extremo este del Grand Union Canal y el corto canal que lleva a la Paddington Basin. Tres puentes bordean un pequeño triángulo de agua que alberga cafés flotantes e incluso un teatro de marionetas. En las calles circundantes hay multitud de *pubs* y restaurantes encantadores. Los caminos de sirga brindan largos paseos junto a los canales en cualquier dirección y los barcos navegan hasta la Camden Lock (p. 170).

⑧
Notting Hill

A6 W11 Notting Hill Gate

En lo que eran tierras de labranza hasta el siglo XIX se celebra ahora el mayor carnaval callejero de Europa.

En las décadas de 1950 y 1960 Notting Hill se convirtió en el centro de la comunidad caribeña: muchos inmigrantes vivieron aquí cuando llegaron a Gran Bretaña.

El Carnaval empezó en 1966 y cada *bank holiday* de agosto sus desfiles serpentean por las calles del barrio.

⑨
Museum of Brands

A5 111-117 Lancaster Rd W11 Ladbroke Grove 10.00-18.00 lu-sá, 11.00-17.00 do y festivos museumofbrands.com

Este museo fuera de lo común es a la vez una exposición permanente sobre la historia del empaquetado y el envasado en el Reino Unido, un estudio de los cambios de gustos desde el periodo victoriano y un alegre viaje al pasado. El volumen de objetos expuestos es mareante: latas, botellas, cajas, revistas, juguetes, juegos, electrodomésticos y mucho más. En el principal espacio de exposición, el sinuoso Túnel del Tiempo, se ven productos familiares con sus múltiples presentaciones a lo largo de los años. Se reflejan las pasadas tendencias, como la egiptomanía de la década de 1920, la militarización de la mercadotecnia en las dos guerras mundiales y la influencia de la Era Espacial en las décadas de 1950 y 1960. Hay una sección para cada década de los siglos XX y XXI y una interesante colección del XIX, que incluye teteras, regalos y guías de la Gran Exposición de 1851. También hay exposiciones temporales.

> **EL CARNAVAL DE NOTTING HILL**
>
> El plato fuerte del mayor carnaval callejero de Europa es una procesión de llamativas carrozas, bandas de percusión, bailarines disfrazados y camiones con potentes equipos de sonido, que transforma la zona de Notting Hill, Ladbroke Grove y Westbourne Park en una celebración de la cultura caribeña. A lo largo de la ruta hay escenarios y puestos de comida. Nacido de la experiencia antillana británica en Londres, el carnaval ha crecido exponencialmente y hoy asisten más de dos millones de personas.

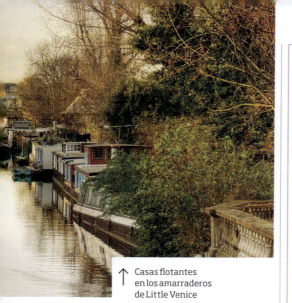

↑ Casas flotantes en los amarraderos de Little Venice

Montparnasse Café
Familiar café francés con pastelería que sirve sencillos desayunos, almuerzos y dulces.

📍B7 🏠22 Thackeray St W8

La Piccola Deli Pasticceria
Deliciosas pastas, desayunos recios y buen café son los elementos destacados de este amable café.

📍A7 🏠270 Kensington High St W8 🌐lapiccoladeli.com

£££

10
St Sophia's Cathedral

📍B5 🏠Moscow Rd W2 🚇Queensway ⏰10.00-14.00 ma, mi y vi más servicios 🌐stsophia.org.uk

la decoración de esta catedral griega ortodoxa es un derroche de mármol multicolor y mosaicos dorados. El museo de la cripta guarda objetos litúrgicos (consultar página web para conocer horarios de acceso). En días señalados actúa un excelente coro polifónico.

11
Kensington Square

📍B7 🏠W8 🚇High St Kensington

Una de las plazas más antiguas de Londres, se construyó en 1680 y todavía conserva algunas casas del siglo XVIII; las de los números 11 y 12 son las más antiguas.

El famoso filósofo John Stuart Mill vivió en el número 18 y el pintor e ilustrador prerrafaelita Edward Burne-Jones en el 41.

Holland Park Café
Gran ubicación para tomar un bocado rápido al lado de un pintoresco parque.

📍A7 🏠Holland Park, W8 🌐cooksandpartners.co.uk

£££

Candella Tea Room
Tés en porcelana antigua, sándwiches, bizcochos y comidas ligeras.

📍B7 🏠34 Kensington Church St W8 🌐candellatearoom.com

£££

The Muffin Man Tea Shop
Pintoresco salón de té tradicional con un toque de pueblecito inglés. También es bueno para desayunar.

📍B7 🏠12 Wrights Lane W8 🌐themuffinmanteashop.co.uk

£££

↑ Casas en Kensington Square; las placas azules *(derecha)* recuerdan a habitantes ilustres

UN PASEO
KENSINGTON Y HOLLAND PARK

Distancia 3 km (2 millas) **Tiempo** 45 minutos
Metro High Street Kensington

Aunque hoy forma parte del centro de Londres, hasta 1830 era una zona rural con huertos y mansiones. Destacaba la Holland House, parte de cuyos jardines constituyen ahora el Holland Park. Un paseo por la zona permite contemplar muchos de sus atractivos edificios de mediados del siglo XIX, época de la que datan la mayoría de sus construcciones, incluidos apartamentos caros, pisos de lujo y tiendas de moda.

¿Lo sabías?

En el Holland Park solían cometer robos los salteadores de caminos.

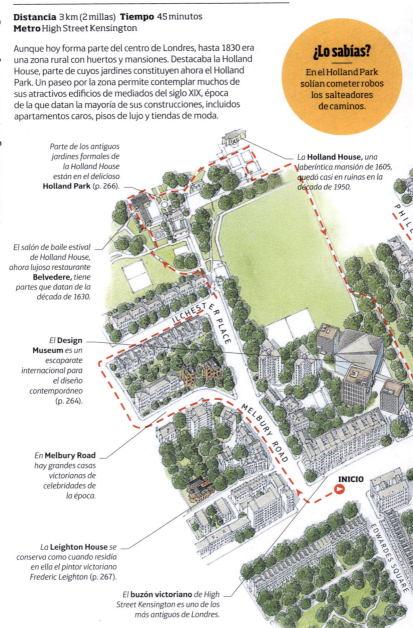

Parte de los antiguos jardines formales de la Holland House están en el delicioso **Holland Park** (p. 266).

La **Holland House**, una laberíntica mansión de 1605, quedó casi en ruinas en la década de 1950.

El salón de baile estival de Holland House, ahora lujoso restaurante **Belvedere**, tiene partes que datan de la década de 1630.

El **Design Museum** es un escaparate internacional para el diseño contemporáneo (p. 264).

En **Melbury Road** hay grandes casas victorianas de celebridades de la época.

INICIO

La **Leighton House** se conserva como cuando residía en ella el pintor victoriano Frederic Leighton (p. 267).

El **buzón victoriano** de High Street Kensington es uno de los más antiguos de Londres.

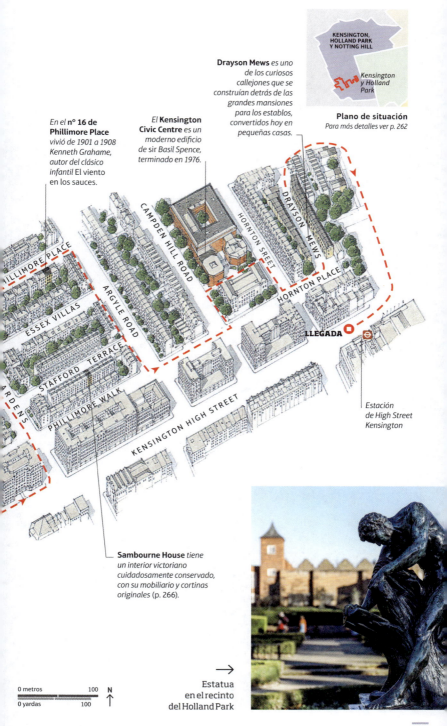

En el **n° 16 de Phillimore Place** vivió de 1901 a 1908 Kenneth Grahame, autor del clásico infantil El viento en los sauces.

El **Kensington Civic Centre** es un moderno edificio de sir Basil Spence, terminado en 1976.

Drayson Mews es uno de los curiosos callejones que se construían detrás de las grandes mansiones para los establos, convertidos hoy en pequeñas casas.

Plano de situación
Para más detalles ver p. 262

KENSINGTON, HOLLAND PARK Y NOTTING HILL

Kensington y Holland Park

LLEGADA

Estación de High Street Kensington

Sambourne House tiene un interior victoriano cuidadosamente conservado, con su mobiliario y cortinas originales (p. 266).

→ Estatua en el recinto del Holland Park

0 metros 100
0 yardas 100
N ↑

271

Una calle peatonalizada en la bulliciosa y acomodada Marylebone

REGENT'S PARK Y MARYLEBONE

El nombre de Marylebone deriva de St Mary by the Bourne, la iglesia que se hallaba junto al río Tyburn (también llamado Tybourne), subterráneo desde hace mucho tiempo. Los nombres de muchas calles de Marylebone, como Wigmore Street y Portland Place, provienen de antiguos vínculos con la familia Howard de Walden, cuya propiedad todavía ocupa más o menos la totalidad del barrio. La finca data de principios del siglo XVIII, pero antes los terrenos estaban en manos reales. Enrique VIII estableció un coto de caza al norte de Marylebone, parte del cual acabó convirtiéndose en el Regent's Park, cuyo diseño formal trazó en 1812 John Nash, el arquitecto responsable del diseño de gran parte del Londres de la Regencia. A lo largo del lado norte del parque discurre el Regent's Canal, trazado también por Nash a principios del siglo XIX. Poco después de su finalización, la recién fundada Sociedad Zoológica de Londres abrió sus Zoological Gardens en dos hectáreas del parque: fue el inicio del London Zoo.

REGENT'S PARK

F2 **NW1** **Regent's Park, Baker St, Great Portland St** **5.00-atardecer diario**
royalparks.org.uk

Regent's Park, uno de los mayores espacios verdes de la ciudad, ofrece multitud de atractivos. Alberga el London Zoo, un teatro al aire libre y un lago con barcas de remos, además de una gran red de senderos que conducen a lugares como Regent's Canal y Queen Mary's Gardens.

Esta zona se cerró para crear un parque en 1812. John Nash lo planificó como una suerte de barrio ajardinado con 56 villas de variados estilos clásicos y un palacio de recreo para el príncipe regente. Al final solo se construyeron ocho casas –pero no el palacio– dentro del parque, de las que sobreviven tres en torno al Inner Circle.

El lago, habitado por muchas aves acuáticas, es muy romántico, especialmente cuando llega hasta sus orillas la música del quiosco. Los Queen Mary's Gardens ofrecen maravillosas vistas y aromas en verano, cuando se puede disfrutar de un programa completo de teatro al aire libre, que incluye obras de Shakespeare, musicales y teatro infantil, en el Open Air Theatre cercano. El parque también es famoso por sus excelentes instalaciones deportivas.

El plan de Nash continúa más allá del extremo noreste del parque, en Park Village East y West. Estos elegantes edificios estucados datan de 1828, el año que abrió sus puertas el London Zoo.

> **¿Lo sabías?**
> En los Queen Mary's Gardens crecen más de 12.000 rosales, la mayor colección de Londres.

> El lago, habitado por muchas aves acuáticas, es muy romántico, especialmente cuando llega hasta sus orillas la música del quiosco.

↑ Cisnes y fochas nadando en el estanque con barcas de Regent's Park

Esencial ☆

CONSEJO DK
Music for Trees

Esta aplicación permite escuchar composiciones de los estudiantes de la Royal Academy of Music mientras se pasea bajo los árboles del Regent's Park.

LUGARES DE INTERÉS

❷

London Zoo

📍 F1 🏛 Regent's Park NW1 🚇 Camden Town, Regent's Park 🕙 Diario: med feb-mar, sep y oct 10.00-17.00; abr-ago 10.00-18.00; nov-med feb 10.00-16.00 🚫 25 dic 🌐 londonzoo.org

El zoológico de Londres es relativamente pequeño, pero cuenta con una gran colección que incluye tigres de Sumatra, gorilas, hipopótamos pigmeos, atelos, jirafas, cebras, dragones de Komodo, pitones y tarántulas gigantes. Alberga más de 300 especies y unos 14.000 animales en total.

A pesar de la densa población, muchos de los animales más grandes disponen de recintos relativamente amplios e interesantes, sobre todo desde las imaginativas remodelaciones realizadas a principios de 2000. Desde entonces se han incluido espacios más recientes como Penguin Beach, Gorilla Kingdom, Rainforest Life, Tiger Territory, In with the Lemurs, a los que se añadió Monkey Valley, un paseo a 25 m del suelo entre colobos en el antiguo Snowdon Aviary y (en 2024) Secret Life of Reptiles and Amphibians.

Uno de los recintos más impresionantes es Land of the Lions, donde merodean leones asiáticos en una recreación del bosque Gir, situado al oeste de la India. Los visitantes los observan desde senderos y un pueblo parecido a los de la región de Gujarat, con estación de tren, calle principal y las ruinas de un templo.

El zoo, con un destacado papel internacional en el área de la conservación y la investigación, está dirigido y sirve de sede a la Zoological Society of London.

↑ Vista subacuática de los pingüinos nadando en la Penguin Beach

London Zoo Lodges

Esta serie de cómodas y atractivas cabañas ubicadas dentro del zoo permite despertarse con el rugido de los leones tras pasar la noche en Land of the Lions. Se incluyen dos días en el zoo, visitas guiadas al atardecer, por la noche y por la mañana, desayuno y cena.

📍 F1 🌐 zsl.org/zsl-london-zoo/london-zoo-lodge

££££

The Langham

El Palm Court de este hotel fue donde supuestamente se popularizó el té de la tarde. Restaurantes, bares y habitaciones elegantes.

📍 G4 🏛 1c Portland Place W1 🌐 langhamhotels.com

££££

↑ Elaborados macizos de flores y árboles vistos desde arriba

❸
St Marylebone Parish Church

📍 F3 📍 17 Marylebone Rd NW1 🚇 Regent's Park 🕐 8.30-17.30 lu-vi, 9.00-17.00 sá, 8.00-16.00 do 🌐 stmarylebone.org

En esta iglesia se casaron los poetas Robert Browning y Elizabeth Barrett en 1846, tras huir de la estricta casa familiar de Wimpole Street. Este amplio y majestuoso templo, obra de Thomas Hardwick, se construyó en 1817, después de que la antigua iglesia, donde acudía a rezar Horatio Nelson y donde fue bautizado Lord Byron en 1778, se quedara pequeña. Hardwick no quería que sucediera lo mismo con la nueva iglesia y lo pensó todo a gran escala.

---

❹
Madame Tussauds

📍 F3 📍 Marylebone Rd NW1 🚇 Baker St 🕐 Normalmente 9.30/10.00-15.00/16.00 diario; horario variable, consultar página web 🌐 madametussauds.com

Madame Tussaud comenzó su carrera de forma un tanto morbosa: haciendo mascarillas funerarias de víctimas conocidas de la Revolución francesa. Hoy se siguen utilizando técnicas tradicionales para representar a políticos, reyes, actores, estrellas de rock y deportistas. Las exposiciones cambian con frecuencia: unos se suben al carro de la fama y otros se bajan.

Los visitantes pueden sacarse fotos con el rey Carlos y la reina Camilla o *asistir* a una fiesta con famosos, y los amantes de la música pueden departir con estrellas como David Bowie o Taylor Swift en un Impossible Festival. Spirit of London permite viajar en un taxi de Londres por eventos cruciales para la ciudad, como el Gran Incendio de 1666 y el Swinging London de la década de 1960. También hay secciones dedicadas a franquicias como Marvel o *Star Wars*, con dioramas y una película de Marvel en 4D.

La entrada es cara, pero es menor si se compra *online* con antelación. Las entradas sin colas reducen la espera.

---

❺
Broadcasting House

📍 G4 📍 Portland Place W1 🚇 Oxford Circus 🌐 bbc.co.uk/showsandtours

La primera transmisión radiofónica desde la Broadcasting House se realizó en 1932, dos meses antes de la inauguración oficial de este edificio *art déco*. Su posterior remodelación lo ha transformado en una moderna sede para BBC Radio, programas de televisión de BBC News y el World Service. La única forma de ver el interior es solicitar en la web una entrada para asistir como público

---

↑ El espacioso interior de la St Marylebone Parish Church

❻
All Souls, Langham Place

📍 G4 📍 Langham Place W1 🚇 Oxford Circus 🕐 Solo para servicios dominicales; consultar horarios en la página web 🌐 allsouls.org

Diseñada por John Nash en 1824, la peculiar fachada redonda de esta iglesia se contempla mejor desde Regent Street. Cuando se construyó, se ridiculizó el campanario por su apariencia endeble y la iglesia fue descrita como "una de las estructuras más míseras de la metrópolis".

Es la única iglesia de Nash en Londres y tiene estrechos

> **En St Marylebone Parish Church se casaron los poetas Robert Browning y Elizabeth Barrett en 1846, tras huir de la estricta casa familiar de Wimpole Street.**

vínculos con la BBC, situada enfrente, en la Broadcasting House: desde aquí se retransmitió muchos años la misa diaria, un fijo de la programación de radio.

Royal Academy of Music Museum

 F3 Marylebone Rd NW1 Baker Street, Regent's Park 11.00-18.00 vi Dic ram.ac.uk

Este sencillo museo en uno de los mejores conservatorios del país muestra la colección de instrumentos históricos de la Royal Academy. Sus tres pequeñas salas, atendidas por estudiantes voluntarios, se reparten en tres plantas. En la baja se narra la historia de la institución; arriba, en la Strings Gallery y la Piano Gallery, hay un violín y una viola Stradivarius de gran valor y una espineta del siglo XVII. El museo ofrece frecuentes conciertos gratuitos en sus salas.

Wallace Collection

 F4 Hertford House, Manchester Sq W1 Bond St, Baker St 10.00-17.00 diario wallacecollection.org

Es una de las mejores colecciones de arte privadas del mundo. Donada a la nación en 1897 con la condición de que estuviese abierta al público sin añadir ni quitar nada, permaneció intacta hasta 2020, año en el que se hicieron los primeros préstamos. Resultado de la pasión coleccionista de cuatro generaciones de la familia Hertford, es de visita obligada

↑ Arte europeo del siglo XVIII en la Wallace Collection

para cualquiera que tenga un mínimo interés en el arte europeo hasta finales del siglo XIX.

Entre las obras maestras de la colección permanente se incluyen *Caballero sonriente*, de Frans Hals, *La dama del abanico*, de Velázquez, *Perseo y Andrómeda*, de Tiziano, *Tito*, de Rembrandt, y dos grandes vistas de Venecia de Canaletto. Posee magníficos retratos de Reynolds, Gainsborough y Romney. También destacan las porcelanas de Sèvres y las esculturas de Houdon y Roubiliac. La colección de armaduras asiáticas y europeas es la segunda mayor del Reino Unido. Hay visitas guiadas diarias (en inglés) y conferencias frecuentes, así como un programa de exposiciones temporales en el sótano.

Lord's Cricket Ground

 D2 NW8 St John's Wood Para visitas guiadas diarias (en inglés): may-oct: 10.30-15.30; nov-abr: 10.30-13.30 2 semanas en Navidad/Año Nuevo lords.org

Este emblemático campo de críquet, fundado por el jugador profesional Thomas Lord en 1814, ofrece visitas guiadas que incluyen la Long Room, los vestuarios y el museo del Marylebone Cricket Club (MCC), lleno de recuerdos de la historia de este deporte, incluido un gorrión disecado al que mató una pelota. Una pequeña urna conocida como Ashes Urn contiene, supuestamente, las cenizas de una pelota que encarnan *la muerte del críquet inglés* tras una contundente derrota contra Australia; sigue siendo objeto de una feroz rivalidad entre ambos equipos. El museo relata la historia del críquet y los recuerdos de notables jugadores lo convierten en lugar de peregrinación de los aficionados más fieles. Cada hora hay una visita, solo previa reserva; no hay visitas los días de partido, pero la entrada incluye el acceso al museo.

→ Pabellón victoriano tardío del Lord's Cricket Ground

← Otro caso para el detective más famoso en el Sherlock Holmes Museum

muestran las estancias recreadas en la primera planta, amuebladas tal como se describen en los libros. El pulcro dormitorio del doctor Watson está en la segunda planta. En la tienda se venden *souvenirs* entre los que se encuentran relatos y gorras de cazador.

¿Lo sabías?

Hay más filmes y adaptaciones para TV protagonizados por Sherlock Holmes que por cualquier otro personaje (humano).

10 Oxford Street

F5 **W1** **Marble Arch, Bond St, Oxford Circus, Tottenham Court Rd** **oxfordstreet.co.uk**

Esta es la calle comercial más grande y concurrida de Londres. Discurre desde el Marble Arch, en su extremo oeste, por el borde sur de Marylebone, dividiendo el Soho y Fitzrovia, hasta la torre Centre Point. La mitad occidental de la calle alberga varios grandes almacenes, entre los que destaca Selfridges, el más grande y famoso (no hay que pasar por alto su magnífico Food Hall), aunque John Lewis, abierto en 1864, es casi medio siglo más antiguo. A lo largo de la calle, junto a sus aceras abarrotadas de gente de compras, se suceden tiendas de marcas extranjeras como Nike y UNIQLO, y británicas como Marks & Spencer, Next y HMV.

11 Sherlock Holmes Museum

E3 **221b Baker St NW1** **Baker St** **9.30-18.00 diario** **sherlock-holmes.co.uk**

El detective creado por *sir* Arthur Conan Doyle vivía en el 221b de Baker Street, dirección que no existía entonces, ya que la calle era mucho más corta. Este edificio de 1815 está en lo que Conan Doyle habría conocido como Upper Baker Street, sobre Marylebone Road. La doncella o el mayordomo de Holmes reciben a los visitantes y les

12 London Central Mosque

E2 **146 Park Rd NW8** **Marylebone, St John's Wood, Baker St** **10.00-19.00 diario** **iccuk.org**

Rodeada de árboles junto a Regent's Park, esta gran mezquita de cúpula dorada fue diseñada por *sir* Frederick Gibberd y terminada en 1978. Se construyó para atender al creciente número de musulmanes residentes y de visita en Londres y tiene capacidad para 1.800 fieles. El principal espacio de oración es una sala cuadrada con techo abovedado y una magnífica alfombra. Para acceder a la mezquita hay que quitarse los zapatos, y las mujeres deben cubrirse la cabeza.

→ La pulcra Cumberland Terrace, uno de los inmuebles más deseados de Londres

Marylebone High Street cuenta con acogedores *pubs* y bares

Wigmore Hall

G4 **36 Wigmore St W1** **Bond St, Oxford Circus** **w** wigmore-hall.org.uk

Esta pequeña y atractiva sala de conciertos la diseñó en 1900 T. E. Collcutt, arquitecto del hotel Savoy. Al principio se llamó Bechstein Hall porque estaba junto a la sala de exposición de los pianos Bechstein; en la zona se concentraba el comercio de pianos. Ofrece unos 500 conciertos al año, especializados en música de cámara, pero que también abarcan música antigua, jazz y música de encargo.

Cumberland Terrace

G2 **NW1** **Great Portland St, Regent's Park, Camden Town**

El diseño de esta edificación, la más larga y elaborada de las *terraces* neoclásicas creadas por John Nash en torno al Regent's Park, se le atribuye al arquitecto James Thomson. Terminada en 1828, se diseñó para ser visible desde un palacio que Nash proyectaba para el príncipe regente (el futuro Jorge IV). El palacio no llegó a construirse: el príncipe estaba demasiado ocupado con sus planes para el Buckingham Palace (p. 90).

Marylebone High Street

F4 **NW1** **Baker St, Regent's Park, Bond St** **w** marylebonevillage.com

Los turistas suelen pasar por alto esta calle comercial en la parte más rural del centro de Londres. Los elegantes edificios de ladrillo rojo albergan tiendas de comida orgánica, *boutiques* independientes y restaurantes refinados y caros, frecuentados por gente adinerada. Destacan la emblemática tienda de diseño The Conran Shop y la incomparable librería Daunt Books. Cerca, las calles St Vincent y Aybrook acogen cada domingo (10.00-14.00) el Marylebone Farmers' Market, uno de los mercados de alimentos más tentadores de Londres.

Daunt Books
Lo más maravilloso de esta librería eduardiana original son sus largas galerías de roble. Variedad de libros de primera, sobre todo una amplia sección de viajes.

F4 **83 Marylebone High St W1** **w** dauntbooks.co.uk

281

UN PASEO
MARYLEBONE

Distancia 2,5 km (1,5 millas) **Tiempo** 30 minutos
Metro Regent's Park

Al sur del Regent's Park se encuentra el pueblo medieval de Marylebone (originalmente Maryburne, o Santa María del Arroyo). Hasta el siglo XVIII estuvo rodeado de campo, pero este fue urbanizado a medida que la ciudad se extendía hacia el oeste. La zona ha conservado su elegancia, visible en las espaciosas casas donde los profesionales, en especial los médicos, solían recibir a sus adinerados clientes a mediados del siglo XIX. Esta ruta pasa por Marylebone High Street, llena de interesantes tiendas de *delicatessen* y de ropa cara, librerías y cafés.

↑ El espléndido interior eduardiano de Daunt Books, de 1910

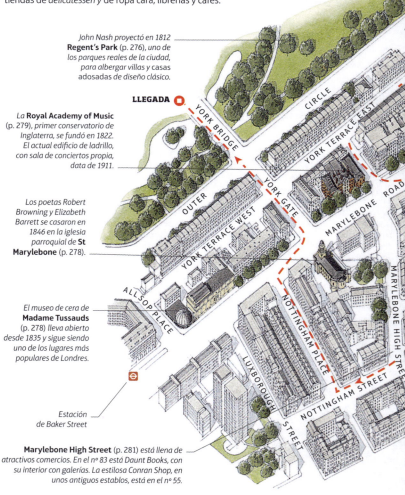

John Nash proyectó en 1812 **Regent's Park** *(p. 276), uno de los parques reales de la ciudad, para albergar villas y casas adosadas de diseño clásico.*

LLEGADA

La **Royal Academy of Music** *(p. 279), primer conservatorio de Inglaterra, se fundó en 1822. El actual edificio de ladrillo, con sala de conciertos propia, data de 1911.*

Los poetas Robert Browning y Elizabeth Barrett se casaron en 1846 en la iglesia parroquial de **St Marylebone** *(p. 278).*

El museo de cera de **Madame Tussauds** *(p. 278) lleva abierto desde 1835 y sigue siendo uno de los lugares más populares de Londres.*

Estación de Baker Street

Marylebone High Street (p. 281) *está llena de atractivos comercios. En el nº 83 está Daunt Books, con su interior con galerías. La estilosa Conran Shop, en unos antiguos establos, está en el nº 55.*

UN RECORRIDO LARGO
A LO LARGO DEL REGENT'S CANAL

Distacia 5 km (3 millas) **Tiempo** 70 minutos
Metro Warwick Avenue

El arquitecto John Nash quería que el Regent's Canal atravesara todo Regent's Park, pero en vez de eso, flanquea la parte norte del parque. Abierto en 1820, hace ya mucho que no se usa como ruta comercial fluvial y ahora atrae a gran cantidad de ciclistas y transeúntes. Este largo recorrido comienza en Little Venice, una zona famosa por sus tranquilos canales, y luego se desvía hacia las magníficas vistas de la ciudad que hay desde Primrose Hill. La ruta acaba en las peculiares calles de Camden, con sus tiendas variopintas y sitios para picar.

↑ Disfrutando de las inmensas vistas de la ciudad desde la cima de Primrose Hill

Se cruza de nuevo el canal y se continúa por Aberdeen Place. Cuando la calle se abre a la izquierda junto al restaurante **Crocker's Folly**, hay que seguir recto y bajar la escalera hasta el camino de sirga.

Se toma cualquier salida de metro de **Warwick Avenue** para bajar andando hasta el semáforo del puente en Blomfield Road.

Se cruza el bonito puente azul de hierro y se gira a la izquierda por **Malda Avenue**, con vistas por todo el canal.

Es un paseo tranquilo por el borde septentrional de **Regent's Park** (p. 276), con árboles que van desde las empinadas orillas del canal hasta el agua.

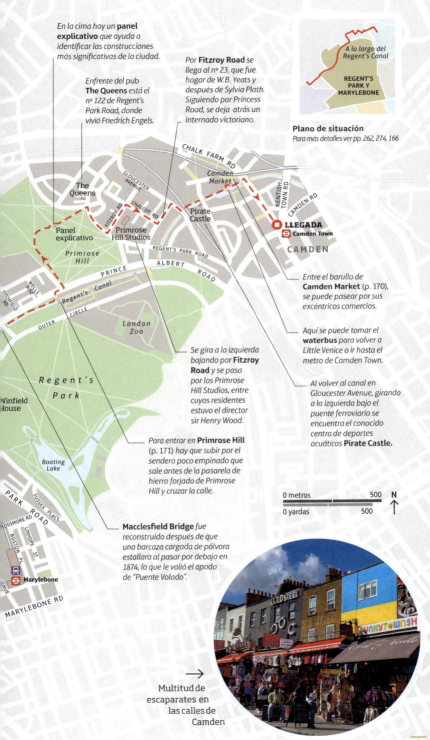

*En la cima hay un **panel explicativo** que ayuda a identificar las construcciones más significativas de la ciudad.*

*Enfrente del pub **The Queens** está el nº 122 de Regent's Park Road, donde vivió Friedrich Engels.*

*Por **Fitzroy Road** se llega al nº 23, que fue hogar de W.B. Yeats y después de Sylvia Plath. Siguiendo por Princess Road, se deja atrás un internado victoriano.*

A lo largo del Regent's Canal

REGENT'S PARK Y MARYLEBONE

Plano de situación
Para más detalles ver pp. 262, 274, 166

*Entre el barullo de **Camden Market** (p. 170), se puede pasear por sus excéntricos comercios.*

*Aquí se puede tomar el **waterbus** para volver a Little Venice o ir hasta el metro de Camden Town.*

*Al volver al canal en Gloucester Avenue, girando a la izquierda bajo el puente ferroviario se encuentra el conocido centro de deportes acuáticos **Pirate Castle**.*

*Se gira a la izquierda bajando por **Fitzroy Road** y se pasa por los Primrose Hill Studios, entre cuyos residentes estuvo el director sir Henry Wood.*

*Para entrar en **Primrose Hill** (p. 171) hay que subir por el sendero poco empinado que sale antes de la pasarela de hierro forjado de Primrose Hill y cruzar la calle.*

Macclesfield Bridge *fue reconstruido después de que una barcaza cargada de pólvora estallara al pasar por debajo en 1874, lo que le valió el apodo de "Puente Volado".*

0 metros 500
0 yardas 500
N

→ Multitud de escaparates en las calles de Camden

285

Pedaleando por el bosque del Hampstead Heath

HAMPSTEAD Y HIGHGATE

Estos barrios bastante exclusivos del norte de Londres, situados uno a cada lado del enorme y bucólico Hampstead Heath, eran dos pueblos distintos siglos antes de ser engullidos por la metrópolis, y eso sigue notándose hoy. Highgate está poblado al menos desde la Alta Edad Media, cuando se convirtió en una importante escala de la Great North Road, procedente de Londres, con una puerta para controlar el paso. Por su parte, se sabe que Hampstead existe desde el siglo X. Hacia el siglo XVII, ambos se pusieron de moda como lugares de retiro de la capital y su encanto mermó solo parcialmente en el siglo XIX debido a su propia expansión urbana, a la llegada del ferrocarril y a la invasión de la ciudad. También comparten ilustres vínculos literarios y artísticos, aunque se puede decir que Hampstead tiene ventaja, ya que alojó a figuras como John Keats. A pesar de haber vivido en Hampstead, muchos de los intelectuales de la ciudad están enterrados en el cementerio de Highgate, entre ellos el teórico político Karl Marx.

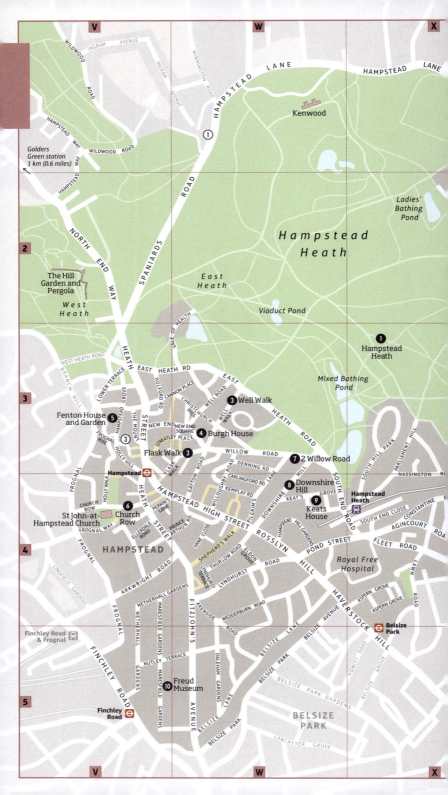

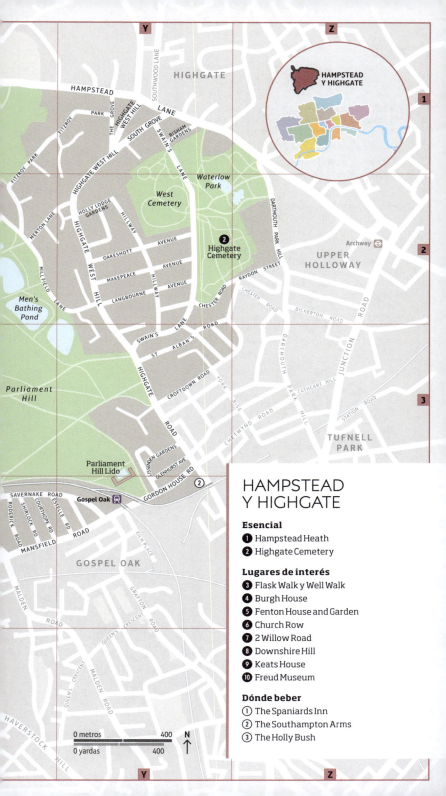

HAMPSTEAD HEATH

◉X3 ⏣NW3, NW5 ⊖Hampstead, Golders Green ⊞Hampstead Heath, Gospel Oak
⏱24 h diario; Kenwood: abr-oct: 10.00-17.00 diario; nov-mar-: 10.00-16.00 diario
⊕Hampstead Heath: cityoflondon.gov.uk; Kenwood: english-heritage.org.uk

Este espacio verde, el favorito de muchos londinenses, es el mayor parque de Londres, aunque muchos no lo consideran como tal por su estado silvestre y deliciosamente descuidado.

Esta extensa zona verde, que separa los *villages* de Hampstead y Highgate, aporta una porción de campo a la ciudad, con amplias franjas boscosas y praderas que cubren colinas y rodean lagos y estanques. Cuenta con un área de 8 km² y sus hábitats atraen abundante fauna, incluidos ciervos y murciélagos y unas 180 especies de aves. También contiene zonas ajardinadas de todo tipo, entre las que destaca el Hill Garden, un encantador jardín eduardiano con una pasarela elevada con pérgola, macizos florales y un hermoso estanque formal, que fue en su día parte de la antigua finca de lord Leverhulme, pero ahora está abierto al público. Entre los muchos rincones del parque sobresalen Vale of Health, un poblado rodeado de árboles en el sur del recinto, y el pintoresco estanque del Viaducto.

Kenwood

Esta magnífica mansión neoclásica, de cuyas paredes cuelgan pinturas de grandes maestros, domina un espléndido terreno ajardinado en el borde norte del parque, frente a Hampstead Lane. Es uno de los lugares más pintorescos de toda la zona, con dos estanques magníficos, extensas praderas y senderos entre bosques. En el lugar hay una casa desde 1616, pero la villa actual es una remodelación que hizo

→ Vista de Londres desde Parliament Hill, en Hampstead Heath

↑ Un chapuzón en el estanque para hombres (hay otro para mujeres y otro mixto)

 MEJORES VISTAS
Londres desde el parque

Parliament Hill, en el extremo sureste del parque, ofrece una de las vistas más espectaculares de la capital, que abarca el Shard, los rascacielos de la City, la cúpula de la catedral de San Pablo y Canary Wharf.

Estatua de Henry Moore en los terrenos de la Kenwood

↑ La grandiosa Kenwood, en Hampstead Heath

Esencial ☆

Robert Adam desde 1764 hasta 1779 para el conde de Mansfield. Adam transformó el interior y gran parte de su obra ha sobrevivido, incluida la sala más destacada, la magnífica biblioteca, con pinturas en el techo, ábsides y columnas corintias. Entre las valiosas pinturas de la colección hay obras de Vermeer, Van Dyck, Hals, Reynolds, Gainsborough y Rembrandt, cuyo *Autorretrato con dos círculos* es la estrella de la exposición. Visitas guiadas de una hora o charlas de 15 minutos (según el día) iluminan la colección a diario, salvo los lunes. La casa tiene tiendas y un café con una agradable terraza ajardinada.

↑ Elegante sala llena de pinturas de grandes maestros

HIGHGATE CEMETERY

Y2 **Swain's Lane N6** **Archway** **10.00-17.00 diario (nov-feb: hasta 16.00)** **25 y 26 dic** **highgatecemetery.org**

Abierto en 1839, es el cementerio más conocido de Londres, paradigma de la obsesión victoriana por la muerte y el más allá.

Los dos frondosos sectores del cementerio, divididos por una pista rural, están llenos de macizos florales, estatuas, tumbas elaboradas y descuidadas lápidas, bañadas por una luz sutilmente atenuada por la sombra de los árboles. Fue el cementerio favorito de los victorianos más ricos, preocupados por la muerte y más proclives a la inhumación que a la cremación. Aquí podían descansar al lado de poetas, artistas e intelectuales. En el East Cemetery hay enterradas muchas figuras emblemáticas, pero el West Cemetery es el más evocador e interesante arquitectónicamente hablando. Su joya es la restaurada Egyptian Avenue, una calle con criptas familiares inspiradas en tumbas egipcias antiguas que lleva al Circle of Lebanon, una rotonda dominada por un cedro.

↑ Estatua de un ángel, una de las muchas que adornan el cementerio

¿Lo sabías?

Las normas del cementerio original exigían que las tumbas estuviesen revestidas de plomo, lo que hizo que algunas explotaran.

Tumba de Karl Marx ↑
en el tranquilo entorno
del East Cemetery

Esencial ☆

TOP 5 TUMBAS FAMOSAS

Karl Marx (1818-1883)
Político y filósofo alemán.

George Eliot (1819-1880)
Seudónimo de Mary Ann Evans, autora de *Middlemarch*.

Douglas Adams (1952-2001)
Autor de la obra de culto *Guía del autoestopista galáctico*.

Christina Rossetti (1830-1894)
Poeta romántica.

Malcolm McLaren (1946-2010)
Mánager de los famosos Sex Pistols.

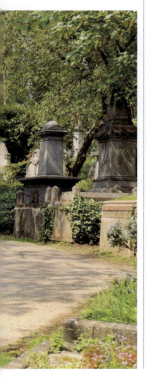

↑ La Fenton House, cuyos tesoros pueden verse en verano

LUGARES DE INTERÉS

❸
Flask Walk y Well Walk

W3 **NW3** **Hampstead**

Flask Walk tomó su nombre del *pub* Flask, donde en el siglo XVIII se embotellaban las aguas medicinales locales para venderlas a los visitantes o enviarlas a Londres. Una fuente en desuso señala ahora el sitio donde se encontraba el cercano pozo Well Walk. Entre los muchos residentes notables que tuvo el Well Walk destacan el pintor John Constable, los novelistas D. H. Lawrence y J. B. Priestley y el poeta John Keats. Al final de High Street, Flask Walk se estrecha y se llena de tiendas extravagantes. Pasado el *pub* Flask se ensancha en una hilera de casas de estilo Regencia.

❹
Burgh House

W3 **New End Sq NW3** **Hampstead** **10.00-16.00 mi-vi y do** **3 sem en Navidad** **burghhouse.org.uk**

Desde 1979, una fundación independiente gestiona en esta casa el Hampstead Museum, que ilustra la historia de la zona y de algunos de sus notables residentes. El museo posee una significativa colección de arte que incluye obras de los pintores Duncan Grant y Helen Allingham. En la Peggy Jay Gallery hay exposiciones de arte contemporáneo y el café tiene una terraza y un acogedor espacio interior.

❺
Fenton House and Garden

V3 **20 Hampstead Grove NW3** **Hampstead** **Mar-oct: 11.00-16.00 vi, do y festivos** **nationaltrust.org.uk**

Esta hermosa mansión del periodo de Guillermo y María se construyó en 1686 y es la más antigua de Hampstead. Alberga la colección Benton Fletcher de instrumentos de teclado –con un clavecín de 1612 que, según se dice, tocó Handel– y una colección de porcelana. Los instrumentos se conservan en perfecto estado de uso y los días de apertura a veces los tocan voluntarios. La porcelana la reunió *lady* Binning, quien donó la casa y su contenido al National Trust en 1952. Ver el jardín tapiado es esencial. Es preciso reservar la visita a la casa.

293

↑ Edificios de Church Row, en Hampstead, un buen ejemplo del estilo georgiano

❻ Church Row

♥ V4 ⌂ NW3 🚇 Hampstead

Esta es una de las calles del periodo georgiano mejor conservadas de Londres. Se mantienen muchos de sus detalles originales, en especial los forjados. En su extremo oeste se alza St John-at-Hampstead, la iglesia parroquial, construida en 1745, aunque las rejas de hierro son más antiguas. En el interior hay un busto del poeta John Keats y en el cementerio se halla la tumba del pintor John Constable y de otras celebridades de Hampstead.

❼
2 Willow Road

♥ W3 ⌂ NW3 🚇 Hampstead 🚆 Hampstead Heath 🕐 mar-oct: 11.00-16.30 ju y sá 🌐 nationaltrust.org.uk

La llamativa casa modernista de la década de 1930 de Ernö Goldfinger, autor de varios edificios brutalistas de Londres, se conserva casi en su estado original y contiene muchas de las atractivas posesiones del arquitecto húngaro. La fachada, relativamente sencilla y corriente, hace aún más memorable el interior, pulcro y estiloso pero acogedor. Desde la planta baja, una escalera traza una suave espiral hacia la planta superior, diáfana y bellamente eficiente. Las salas, geométricamente diseñadas e inundadas de una luz natural perfecta para ver la preciosa

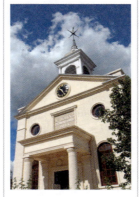

↑ Fachada de estilo Regencia de St John's Downshire Hill, terminada en 1823

colección de arte del siglo XX de Goldfinger, están llenas de detalles innovadores, como las paredes móviles, que permiten reconfigurar los espacios. De 11.00 a 13.00 el acceso está reservado a las visitas guiadas (en inglés) y hay que reservar.

❽ Downshire Hill

♥ W4 ⌂ NW3 🚇 Hampstead

Esta hermosa calle con numerosas casas de estilo Regencia dio nombre a un grupo de artistas, entre ellos Stanley Spencer y Mark Gertler, que solían reunirse en el nº 47 en el periodo de entreguerras. La misma casa sirvió de punto de encuentro de artistas prerrafaelitas como Dante Gabriel Rossetti y Edward Burne-Jones. Más recientemente, en el nº 5 vivió Jim Henson, creador de los *Teleñecos*.

La iglesia situada en la esquina (la segunda de Hampstead llamada St John) se levantó en 1823 para los habitantes de Hill. En ella se conservan los bancos originales.

Keats House

📍W4 🏠10 Keats Grove NW3 🚇Hampstead, Belsize Park 🚌Hampstead Heath 🕐11.00-13.00 y 14.00-17.00 mi-do 🚫Semana de Navidad 🌐cityoflondon.gov.uk/keats

Este inmueble de 1816 constaba en su origen de dos casas semiadosadas; el poeta John Keats se mudó a la más pequeña en 1818, convencido por un amigo. En ella pasó 18 fructíferos meses. Se dice que escribió *Oda a un ruiseñor*, tal vez su poema más conocido, bajo un ciruelo del jardín. La familia Brawne se instaló en la casa más grande un año después y Keats se enamoró de su hija Fanny, a la que describió como "hermosa y elegante, con estilo, tontuela, moderna y extraña". Sin embargo, nunca llegaron a casarse: Keats murió en Roma de tuberculosis casi dos años más tarde, con tan solo 25 años. Una copia de una de las cartas de amor de Keats a Fanny, el anillo de compromiso que le regaló y un mechón de cabello de ella son algunos de los recuerdos que se exponen en la casa. Los visitantes pueden ver copias de algunos manuscritos de Keats, parte de una colección que sirve para evocar su vida y obra.

¿Lo sabías?

Sigmund Freud estuvo nominado 32 veces para el premio Nobel de Psicología o Medicina. Nunca lo obtuvo.

Freud Museum

📍V5 🏠20 Maresfield Gdns NW3 🚇Finchley Rd 🕐10.30-17.00 mi-do 🚫1 ene, 24-26 dic 🌐freud.org.uk

En 1938 Sigmund Freud, creador del psicoanálisis, huyó de la persecución nazi en Viena y se instaló en esta casa de Hampstead. Con las posesiones que el mismo Freud había traído, su familia recreó el ambiente de su consulta vienesa.

Tras su muerte en 1939, su hija Anna (pionera del psicoanálisis infantil) conservó la casa intacta, y en 1986 se abrió como museo dedicado a su padre. En el estudio se exhibe el diván para los pacientes –tal como él lo dejó–, así como su escritorio y su inusual silla, que recuerda a una figura de Henry Moore. También se pueden ver arriba películas caseras de la década de 1930 que muestran desde momentos de Freud con su perro hasta duras escenas de los ataques nazis a su casa.

El museo cuenta con una librería en la que se venden sus obras y ofrece visitas guiadas (en inglés) todas las semanas (consultar detalles en la página web) El museo también programa exposiciones temporales y conferencias frecuentes.

En 2002 se recordó a Anna Freud con su propia placa azul en la casa, colocada junto a la de su padre.

The Spaniards Inn

Pub dickensiano en el Hampstead Heath con una pintoresca historia de 400 años, terraza en verano y chimenea en invierno.

📍W1 🏠Spaniards Rd NW3 🌐thespaniardshampstead.co.uk

The Southampton Arms

Tranquilo *pub* tradicional con una bonita terraza. Ofrece un gran surtido de cervezas y sidras de productores independientes.

📍Y4 🏠139 Highgate Rd NW5 🌐thesouthamptonarms.co.uk

The Holly Bush

Acogedor *pub* del siglo XVIII con techos bajos en un callejón de Hampstead. Además, comida excelente.

📍V3 🏠22 Holly Mount NW3 🌐hollybushhampstead.co.uk

El famoso diván de Sigmund Freud, que le regaló una paciente agradecida en 1890

UN PASEO
HAMPSTEAD

Distancia 1,5 km (1 milla) **Tiempo** 30 minutos
Metro Hampstead

Situado sobre una colina y con un extenso bosque al norte, Hampstead ha mantenido su ambiente rural y un cierto aire de aislamiento. Por eso ha atraído a artistas y escritores desde la época georgiana, convirtiéndolo en una de las zonas residenciales más cotizadas. Sus mansiones y casas adosados se conservan en perfecto estado y pasear por sus estrechas calles es uno de los mayores placeres que ofrece Londres.

¿Lo sabías?
La Admiral's House inspiró la casa del almirante Boom en la novela *Mary Poppins*, de P. L. Travers.

El extenso **Hampstead Heath**, *con sus estanques para bañarse, praderas y lagos, es un agradable lugar de descanso* (p. 290).

El **Whitestone Pond** *toma su nombre del viejo mojón de color blanco cercano.*

La **Admiral's House** *se edificó hacia 1700 para un capitán de barco; su nombre alude a los motivos marinos de su fachada, pero nunca la habitó un almirante.*

Grove Lodge *fue la residencia del novelista John Galsworthy (1867-1933), autor de* La saga de los Forsyte, *durante los últimos 15 años de su vida.*

En verano se puede visitar la **Fenton House** *y su delicioso jardín tapiado, de finales del siglo XVII; está escondida en un revoltijo de calles cerca del parque* (p. 293).

← Imponentes vistas de la ciudad desde una ladera del Hampstead Heath

Plano de situación
Para más detalles ver p. 288

↑ Curioseando en las pintorescas tiendas de Flask Walk

En el nº 40 de Well Walk *vivió el pintor John Constable mientras trabajaba en sus cuadros de Hampstead (p. 293).*

La **Burgh House,** *construida en 1704, aunque muy reformada, alberga un fascinante museo de historia local y un café con vistas al pequeño jardín (p. 293).*

Flask Walk *es una callejuela con encantadoras tiendas que se ensancha hasta convertirse en calle residencial (p. 293).*

Estación de Hampstead

El **Everyman,** *un antiguo teatro, es un cine de arte y ensayo desde 1933.*

Las altas casas de **Church Row** *son ricas en detalles originales. Destacan los hierros forjados de la que es, probablemente, la calle georgiana más bella de Londres (p. 294).*

297

Vista de Queen's House con Canary Wharf al fondo

GREENWICH Y CANARY WHARF

Fue el hijo de Enrique IV, Humphrey, duque de Gloucester y hermano de Enrique V, quien estableció el primer bastión real en Greenwich, a mediados del siglo XV, cuando construyó el palacio de Placentia, conocido en su origen como Bella Court. Enrique VIII nació en dicho palacio, igual que sus hermanas, María e Isabel. El palacio se demolió a finales del siglo XVII y en el terreno que ocupaba se alza hoy el Old Royal Naval College; el coto de caza real es ahora el precioso Greenwich Park. Los edificios del Naval College, punto fuerte del lugar declarado Patrimonio Mundial por la Unesco y conocido como Maritime Greenwich, constituían el Greenwich Hospital, un asilo para marineros lesionados y retirados abierto en 1692. Su conversión en escuela de la Marina Real en 1873 afianzó el ya sólido patrimonio marítimo de Greenwich, compartido con Canary Wharf, en la otra orilla del río, cuyos muelles datan de principios del siglo XIX.

El casco cubierto de cobre del Cutty Sark en su imponente recinto de acero y vidrio

LUGARES DE INTERÉS

1

Cutty Sark

N9 King William Walk SE10 Cutty Sark DLR Greenwich Pier 10.00-17.00 diario 24-26 dic rmg.co.uk

Este majestuoso barco es uno de los clíperes que surcaban los océanos Atlántico y Pacífico en el siglo XIX. Botado en 1869 para transportar té, era muy veloz para su época: regresó de Australia en 1884 en solo 83 días, 25 días antes que cualquier otro navío. Hizo su último viaje en 1938 y se expone aquí desde 1957. Tras un incendio durante unas obras de reforma en 2007, el Cutty Sark volvió a abrir en 2012, ligeramente elevado en un recinto acristalado. Los visitantes pueden ver la bodega y los camarotes y tomar el timón. Hay muestras interactivas sobre la navegación y la vida a bordo. En verano, y pagando un pequeño recargo, los más intrépidos pueden incluso ponerse un arnés y subir por las jarcias para contemplar unas vistas sin igual de Londres y bajar por una tirolina (hay que reservar).

2

National Maritime Museum

N9 Romney Rd SE10 Cutty Sark DLR Greenwich 10.00-17.00 diario 24-26 dic rmg.co.uk

Este importante museo, construido en el siglo XIX como escuela para los hijos de los marineros, explora la historia

→ Retrato de un joven Nelson en el National Maritime Museum

3
Greenwich Park

📍 010 🏠 SE10 🚇 Cutty Sark DLR, Greenwich DLR 🚂 Greenwich, Maze Hill, Blackheath 🕐 6.00-18.00 o anochecer 🌐 royalparks.org.uk

En su origen era el jardín de un palacio real y sigue siendo parque real. Se cerró en 1433 y su muro de ladrillo fue construido durante el reinado de Jacobo I. En el siglo XVII se invitó al jardinero real francés André Le Nôtre a que remodelara el parque. El parterre, las avenidas arboladas y las terrazas con hierba que subían al Observatory Hill, sujetos ahora a un proyecto de restauración de tres años para devolverles su aspecto original, también formaban parte de su plan. La subida es empinada, pero se disfrutan unas amplias vistas de Londres y del río.

4
Royal Observatory Greenwich

📍 010 🏠 Greenwich Park SE10 🚇 Cutty Sark DLR 🚂 Greenwich 🕐 10.00-17.00 diario 🚫 24-26 dic 🌐 rmg.co.uk

El principal meridiano (0° de longitud), que divide los hemisferios oriental y occidental, pasa por este punto, donde millones de visitantes se han retratado con un pie a cada lado. En 1884, la Greenwich Mean Time (GMT) se convirtió en la base de la medida horaria para la mayor parte del mundo. En el Royal Observatory se puede viajar por la historia del tiempo y ver inventos muy importantes, como el mayor telescopio del Reino Unido.

→

Cúpula bulbosa del Royal Observatory Greenwich, que alberga un enorme telescopio

de la navegación marítima y el papel de Gran Bretaña en ella, desde su emergencia como nación marinera destacada hasta sus viajes de exploración (y explotación), y desde las guerras napoleónicas hasta la actualidad. Si se va escaso de tiempo, es mejor centrarse en las magníficas galerías interactivas del ala este. En la galería Tudor and Stuarts Seafarers, una serie de artificios teatrales reviven el astillero real Deptford en 1690. La sección Polar Worlds reúne objetos de las peligrosas expediciones de Shackleton y Scott a las regiones ártica y antártica.

En la galería Nelson, Navy, Nation destaca el uniforme que vestía el almirante lord Nelson cuando cayó herido en la batalla de Trafalgar, en octubre de 1805. Todavía más espectacular es la barcaza real construida para el príncipe Federico en 1732, decorada con sirenas doradas y sus plumas de príncipe de Gales en la popa. Por todo el museo hay actividades para niños, aunque algunos espacios están cerrados por reforma hasta el verano de 2025.

Greenwich Market
Histórico mercado cubierto con unos 100 puestos, sobre todo de artesanía, antigüedades y artículos *vintage*, pero también de ropa y complementos poco comunes, y comida.

📍 N9 🏠 Greenwich Church St SE10 🌐 greenwichmarket.london

El edificio señorial original, la Flamsteed House, fue diseñado por Christopher Wren para el primer astrónomo real, John Flamsteed. Su hermosa Octagon Room, el observatorio original, alberga instrumentos de sus sucesores, incluido Edmond Halley. Aquí también están, en la sala Time and Longitude, los célebres cronómetros marinos diseñados por John Harrison para resolver el problema de la longitud, incluido el H4, el más perfecto construido hasta la fecha. También hay un moderno planetario, el único de Londres.

⑤ Queen's House

📍 O9 📌 Romney Rd SE10
🚇 Cutty Sark DLR 🚉 Greenwich 🕐 10.00-17.00 diario
🚫 24-26 dic 🌐 rmg.co.uk

Esta casa, diseñada por Inigo Jones, se terminó en 1637. Estaba destinada a ser la residencia de Ana de Dinamarca, esposa de Jacobo I, pero murió mientras se realizaban las obras y se terminó para la reina consorte de Carlos I, Enriqueta María.

Entre los elementos de época que destacan en el austero interior está el Great Hall, de planta cuadrada y embellecido con un techo de pan de oro de Richard Wright, ganador del premio Turner, añadido en 2016; también la *tulip staircase*, una escalera de caracol voladiza que asciende sinuosamente sin soporte central. Pero el foco de interés es la soberbia colección de arte del National Maritime Museum, que incluye obras de Turner, Canaletto y Lowrey. El famoso *Retrato de la Armada* está en la Queen's Presence Chamber, bajo un techo con opulentos frescos, de la época en la que la sala tuvo su primera función, como alcoba de Enriqueta María.

Algunos miércoles hay conciertos a la hora de comer en el Great Hall y, en Navidad, se instala junto a la casa una de las más bonitas pistas de patinaje sobre hielo de la ciudad.

⑥ Old Royal Naval College

📍 N9 📌 King William Walk SE10 🚇 Cutty Sark DLR, Greenwich DLR 🚉 Greenwich, Maze Hill 🕐 10.00-17.00 diario; jardín: 8.00-23.00 diario 🚫 24-26 dic, algunos días cierra antes por eventos especiales 🌐 ornc.org

Estos ambiciosos edificios de Christopher Wren, un punto

Estos ambiciosos edificios de Christopher Wren se construyeron en el solar del palacio del siglo XV donde nacieron Enrique VIII, María I e Isabel I.

de referencia en Greenwich, se construyeron para alojar a marinos jubilados en el solar del palacio del siglo XV donde nacieron Enrique VIII, María e Isabel I. En su apogeo, el entonces Royal Hospital for Seamen alojaba a 2.700 veteranos. En 1873, el Naval College de Portsmouth adquirió el asilo, que funcionó como centro de formación de oficiales de la Marina hasta 1997. Aquí se formaron miles de *Wrens* (miembros femeninos) en la Segunda Guerra Mundial.

El Painted Hall es el punto central de la visita. Diseñado como comedor, fue ricamente decorado por *sir* James Thornhill a principios del siglo XVIII con escenas alegóricas. El enorme mural del techo es la mayor pintura figurativa del país y los visitantes pueden recostarse en bancos de cuero rojo desde los que descifrar cómodamente sus significados

El Old Royal Naval College, una obra maestra de Christopher Wren

Escultura de Bergonzoli y tapices de temática china en la Ranger's House

en clave. En 1806, el salón acogió la fastuosa capilla ardiente del almirante lord Nelson (*p. 114*). La entrada incluye las guías multimedia, charlas de expertos y visitas guiadas temáticas del recinto que abarcan sus 500 años de historia o su papel protagonista como localización de cine en infinidad de películas. También da acceso a la bóveda, equipada con una bolera victoriana construida para los pensionados.

En el ala este, la capilla es de acceso libre. El interior se rediseñó con estilo neogriego con motivos decorativos de James Stuart cuando el original de Wren quedó destruido por un incendio en 1779.

Hay dos cafés y un *pub* con terraza con vistas al Cutty Sark. También se permite hacer pícnic en el jardín.

❼ Ranger's House y Wernher Collection

📍 011 🏛 Chesterfield Walk, Greenwich Park SE10 🚇 Cutty Sark DLR 🚆 Greenwich ⏰ Abr-oct: 11.00-16.00 mi-do y festivos 🌐 english-heritage.org.uk

La colección Wernher se encuentra en la Ranger's House (1688), un elegante edificio situado al sudoeste del Greenwich Park (*p. 303*). Es una fascinante selección de unas 700 piezas recopiladas a finales del siglo XIX por *sir* Julius Wernher, que hizo fortuna en Sudáfrica con la minería y se convirtió en ávido coleccionista de arte medieval y renacentista, principalmente. Se reparte en una docena de salas e incluye cuadros, joyas, tapices, muebles y porcelana. Destacan obras maestras realizadas por Hans Memling y Filippo Lippi, un plato de cerámica decorado con animales y plantas, un colgante en forma de lagarto con ópalos incrustados y una magnífica escultura de una mujer y un ángel del artista decimonónico Giulio Bergonzoli.

❽ Greenwich Foot Tunnel

📍 N9 🏛 Entre Greenwich Pier SE10 e Isle of Dogs E14 🚇 Island Gardens, Cutty Sark DLR 🚆 Greenwich Pier ⏰ 24 h diario

Este túnel de 370 m de longitud se abrió en 1902 para que los trabajadores del sur de Londres fueran a pie a los muelles de Millwall, en la Isle

Trafalgar Tavern
Pub victoriano muy concurrido, decorado con imágenes relacionadas con la tradición marítima de la zona, incluido el almirante Nelson.

📍 08 🏛 Park Row SE10 🌐 trafalgartavern.co.uk

200.000

Los azulejos que se usaron para revestir el Greenwich Foot Tunnel.

of Dogs. Hoy, al cruzarlo desde Greenwich hay magníficas vistas, cuando se sale en la otra orilla, del Old Royal Naval College, y de la Queen's House. Los extremos del túnel están cerca de estaciones del DLR.

❾ The Fan Museum

📍 N10 🏛 12 Crooms Hill SE10 🚆 Greenwich ⏰ 11.00-17.00 mi-sá 🗓 6 semanas med dic-ene 🌐 thefanmuseum.org.uk

Este museo debe su atractivo al entusiasmo de su fundadora, Hélène Alexander, cuya colección personal de abanicos ha ido aumentando con adquisiciones y donaciones; la colección del museo tiene ahora más de 7.000, que datan del siglo XII en adelante. Una pequeña exposición permanente presenta los tipos de abanico y su fabricación, mientras que la colección rota en muestras temporales.

305

The O2 Arena

📍 08 🚇 North Greenwich SE10 🚌 North Greenwich ⛴ North Greenwich Pier 🕐 10.00-22.00 🌐 theo2.co.uk

El foco de atención de las celebraciones por el nuevo milenio, el Millennium Dome, es una proeza de la ingeniería. La cubierta está compuesta de 100.000 m² de fibra de vidrio revestida de teflón y sostenida por 70 km de cable de acero amarrados a 12 mástiles de 100 m de altura. Ahora se llama O2 Arena y es la mayor sala de conciertos de Londres. También cuenta con bares, restaurantes, un cine y el Indigo at The O2, un auditorio más pequeño. También se puede ascender por el exterior hasta la cúspide por una larga pasarela elástica.

IFS Cloud Cable Car

📍 08 🚇 Western Gateway E16/Edmund Halley Way SE10 🚌 Royal Victoria DLR, North Greenwich 🕐 7.00-21.00 lu-ju, 7.00-23.00 vi, 8.00-23.00 sá, 9.00-21.00 do y festivos 🌐 tfl.gov.uk/modes/london-cable-car

Este teleférico, que cruza el Támesis entre el Royal Victoria Dock y el O2, es una excelente manera de cruzar el río y ofrece unas vistas espectaculares en los cinco minutos que dura el viaje. Hay que reservar entradas *online* o utilizar una tarjeta *contactless* u Oyster. Por la noche las cabinas van más despacio para disfrutar de las luces.

¿Lo sabías?

La construcción del teleférico costó 60 millones de libras.

Museum of London Docklands

📍 08 🚇 No 1 Warehouse, West India Quay E14 🚌 Canary Wharf, West India Quay DLR 🕐 10.00-17.00 diario 🌐 museumoflondon.org.uk

Este museo ocupa un almacén de estilo georgiano tardío y cuenta la historia de los muelles de Londres desde la época romana hasta la actualidad. Destaca la recreación del oscuro

y peligroso barrio de marineros de Wapping hacia 1840.

↑ Vistas desde el IFS Cloud Cable Car de Canary Wharf y el O2 Arena, a cuyo tejado se puede subir *(derecha)*

Canary Wharf

Hogar de muchos de los rascacielos más altos de Londres, este complejo comercial abrió en 1991, cuando los primeros inquilinos se instalaron en One Canada Square, de 50 plantas. Con sus 235 m de altura, aún es la megaestructura más alta de la zona, inconfundible por su tejado piramidal. El Canary Wharf se alza en lo que era el West India Dock, cerrado, como todos los muelles de Londres, en las décadas de 1960 y 1980, cuando la actividad se fue a Tilbury. Hoy la zona prospera con un gran complejo comercial con cafés y restaurantes.

THE THAMES BARRIER

En 1236 el nivel del Támesis creció tanto que se pudo entrar en barca al Westminster Hall; Londres se inundó de nuevo en 1663, 1928 y 1953. Para solucionarlo, en 1984 se inauguró la Thames Barrier, un dique de 520 m de longitud. Sus 10 compuertas se elevan 1,60 m sobre el nivel que alcanzó el agua en 1953 y se han usado unas 200 veces. Hay visitas turísticas en barco a la barrera, dotada de un centro de interpretación (solo grupos).

UN PASEO
GREENWICH

Distancia 1,5 km (1 milla) **Tiempo** 25 minutos
Metro Cutty Sark DLR

La marítima Greenwich, con sus ilustres lazos reales y navales, fue declarada Patrimonio de la Humanidad por la Unesco. En época de los Tudor albergaba un palacio muy apreciado por Enrique VIII, cerca de un coto de caza. El palacio ya no existe, pero se puede ver la exquisita Queen's House de Inigo Jones, que se completó para la esposa de Carlos I. La ruta también pasa por el magnífico National Maritime Museum y el glorioso Royal Naval College, y hace de este un lugar perfecto para pasear.

*El **Greenwich Pier** es el punto de embarque de los barcos que van a Westminster, el O2 y la Thames Barrier.*

*El **Greenwich Foot Tunnel** (p. 305) es uno de los dos túneles para peatones que cruzan el Támesis.*

*Clíperes como el **Cutty Sark** (p. 302) transportaron mercancías por todo el mundo.*

*El **Greenwich Market**, en el centro de Greenwich, tiene artesanía, antigüedades y libros y cuenta con un excelente mercado de comida callejera (p. 303).*

*Donde está **St Alfege Church** ha habido una iglesia desde 1012.*

¿Lo sabías?

El Old Royal Naval College aparece en el filme de Marvel *Thor: el mundo oscuro*.

Plano de situación
Para más detalles ver p. 300

← El Cutty Sark, restaurado y elevado para que los visitantes vean el interior y el exterior del casco

Estatua de Jorge II

El **Old Royal Naval College (p. 304)**, un majestuoso diseño de Wren, se dividió en cuatro partes para que la Queen's House conservara las vistas del río.

El **Painted Hall** contiene murales del siglo XVIII de sir James Thornhill, que pintó el interior de la cúpula de la St Paul's Cathedral.

LLEGADA

ROMNEY ROAD

↑ Impresionante techo del Painted Hall en el Old Royal Naval College de Greenwich

La **Queen's House** (p. 304) fue el primer edificio que Inigo Jones diseñó en estilo paladiano a su regreso de Italia.

Barcos reales, maquetas, mascarones de proa, muestras digitales e infinidad de objetos más ilustran la historia naval en el **National Maritime Museum** (p. 302).

0 metros 100
0 yardas 100

N ↑

309

Un ciervo en el Richmond Park

Esencial
1 Queen Elizabeth Olympic Park
2 Hampton Court
3 Kew Gardens
4 Warner Bros. Studio Tour: The Making of Harry Potter

Lugares de interés
5 BAPS Shri Swaminarayan Mandir
6 Victoria Park
7 Alexandra Palace
8 William Morris Gallery
9 Charlton House
10 Sutton House
11 Eltham Palace
12 Horniman Museum
13 Wimbledon Lawn Tennis Museum
14 Wimbledon Windmill Museum
15 Dulwich Picture Gallery
16 Dulwich Park
17 Brixton
18 Ham House and Garden
19 Orleans House Gallery
20 Marble Hill
21 Richmond
22 Richmond Park
23 Syon House
24 Musical Museum
25 Osterley Park and House
26 Pitzhanger Manor and Gallery
27 London Museum of Water & Steam
28 Fulham Palace
29 Chiswick House and Gardens
30 Hogarth's House

FUERA DEL CENTRO

Los ricos y poderosos buscaban refugio del ajetreo urbano en sus casas de campo, situadas a poca distancia del centro. Alcanzadas por la rápida expansión en la época victoriana, esas casas solariegas y fincas reales se rodearon de crecientes suburbios que dieron como fruto los actuales *boroughs*. La inmigración de posguerra contribuyó a forjar la identidad de cada nuevo barrio de Londres, desde la población antillana de Brixton a la comunidad india de Neasden; sus caracteres locales siguen evolucionando a medida que la regeneración de la ciudad y la gentrificación empujan a la población fuera del centro.

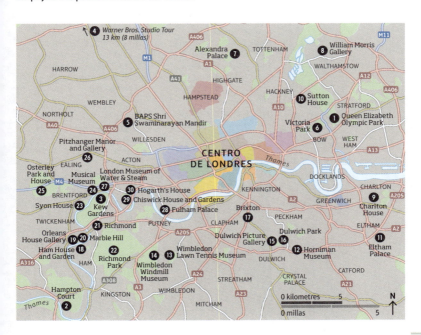

QUEEN ELIZABETH OLYMPIC PARK

🏠 E20 🚇 Stratford, Pudding Mill Lane DLR 🚆 Stratford International, Hackney Wick 🚌 308, 339, 388, 108 🚆 Stratford International ⏰ 24 h diario; punto de información 11.00-16.00 diario 🌐 queenelizabetholympicpark.co.uk

Sede de los Juegos Olímpicos de Londres en 2012, esta zona del este de la ciudad ha pasado de terreno industrial baldío a parque verde que acoge eventos deportivos y culturales de talla mundial.

Londres, única ciudad que ha albergado tres Juegos Olímpicos –1908, 1948 y 2012–, se enorgullece con razón del lugar que ocupa en la historia olímpica. La principal sede de los Juegos de 2012 era una zona industrial baldía de 225 hectáreas que se extendía junto al río Lea, al este de Londres. Aún perviven los espacios más imponentes, entre canales sinuosos y prototípicos jardines ingleses cruzados por varios senderos. Rebautizado con el nombre de Queen Elizabeth Olympic Park, el lugar es ahora un espacio permanente para el ocio. Aquí hay mucho que ver y hacer, sobre todo si la visita coincide con uno de los numerosos actos que acoge el parque, pero también se puede venir a hacer deporte, y cuenta con varios lugares donde comer y beber. La zona está en desarrollo y nuevas instituciones y espacios culturales abrirán a lo largo de 2025 en el East Bank por la orilla de Stratford, como dos minisedes del V&A, los reubicados BBC Music Studios y un nuevo teatro de la danza de Sadler's Wells.

① Lee Valley VeloPark

⏰ 9.00-21.00/22.00 lu-vi, (los horarios varían), 9.00-18.00 sá y do 🌐 better.org.uk/destinations/lee-valley/velopark

El velódromo tiene una gran actividad ciclista, con pistas para BMX y bicicletas de carretera y montaña. Se pueden probar previa reserva.

② London Aquatics Centre

⏰ 6.00-22.00 lu-vi 6.00-17.00 sá y do; consultar la página web para uso 🌐 londonaquaticscentre.org

La difunta arquitecta Zaha Hadid se inspiró en el fluir del agua para el sinuoso diseño de este centro. Sus piscinas de competición y entrenamiento están abiertas al público.

③ ArcelorMittal Orbit

⏰ 12.00-17.00 ju, 10.00-18.00 vi-do, festivos y no lectivos 🌐 arcelormittalorbit.com

Diseñada por el artista Anish Kapoor, esta torre retorcida de acero es a la vez escultura y mirador. Tiene un vertiginoso tobogán de 178 m.

[1] El velódromo de 6.000 localidades es un emblema del parque y contiene una de las pistas de ciclismo más rápidas del mundo.

[2] Las piscinas del London Aquatics Centre están bajo el tejado curvo de su atractivo edificio.

[3] La ArcelorMittal Orbit, visible desde todo el parque olímpico, ofrece magníficas vistas.

Esencial ☆

> CONSEJO DK
> **Desde el agua**
>
> Hay visitas guiadas en barco (en inglés) de tres horas por el parque algunos fines de semana *(leeandstortboats.co.uk)*.

↑ El estadio principal, situado entre praderas y canales

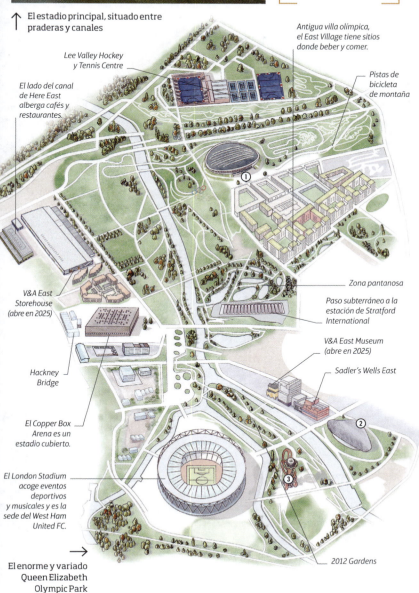

Lee Valley Hockey y Tennis Centre

Antigua villa olímpica, el East Village tiene sitios donde beber y comer.

El lado del canal de Here East alberga cafés y restaurantes.

Pistas de bicicleta de montaña

Zona pantanosa

V&A East Storehouse (abre en 2025)

Paso subterráneo a la estación de Stratford International

V&A East Museum (abre en 2025)

Sadler's Wells East

Hackney Bridge

El Copper Box Arena es un estadio cubierto.

El London Stadium acoge eventos deportivos y musicales y es la sede del West Ham United FC.

2012 Gardens

→ El enorme y variado Queen Elizabeth Olympic Park

HAMPTON COURT

🏠 East Molesey, Surrey 🚊 Hampton Court 🚢 Hampton Court pier (solo verano) 🕐 Los horarios varían, consultar web 🗓 24-26 dic 🌐 hrp.org.uk

Con su palacio extraordinariamente bien conservado, sus cuidados jardines y su ubicación junto al Támesis, el antiguo patio de recreo de Enrique VIII tiene un irresistible atractivo.

El glorioso Hampton Court nació en 1514 como casa de campo ribereña del cardenal Wolsey, arzobispo de York con Enrique VIII. En 1528, con la esperanza de conservar el favor regio, Wolsey se la regaló al rey. El inmueble fue reconstruido y ampliado dos veces, la primera por el propio Enrique y la segunda, en la década de 1690, por Guillermo III y la reina María, con Christopher Wren como arquitecto. Hay un llamativo contraste entre los aposentos reales clásicos de Wren y las torretas, gabletes y chimeneas Tudor. Los jardines conservan los rasgos de la época de Guillermo y María, quienes crearon un enorme paisaje barroco formal, con avenidas y podas artísticas.

HAMPTON COURT GARDEN FESTIVAL

La mayor muestra de flores del mundo tiene lugar cada año en julio en Hampton Court, con talleres y música en directo junto con jardines minuciosamente diseñados y muestras de flores deslumbrantes. Entradas en rhs.org.uk

↑ Los Pond Gardens eran antaño estanques donde se almacenaba pescado para Enrique VIII

Esencial ☆

↑ El espectacular Hampton Court visto desde el Privy Garden

← Un ejemplo del estilo formal y ordenado de los jardines del palacio

→ El elegante Great Fountain Garden, creado durante el reinado de Guillermo y María

Cronología

1528
▲ El cardenal Wolsey le cede el palacio a Enrique VIII para conservar el favor del rey.

1647
▲ Oliver Cromwell encarcela a Carlos I.

1734
▲ William Kent decora la escalera de la reina.

1992
▲ Se reabren los aposentos dañados por el fuego en 1986.

Explorando el palacio

Por su condición de palacio real histórico, Hampton Court conserva las huellas de los muchos monarcas que vivieron aquí, desde Enrique VIII hasta Jorge II. El edificio es una armoniosa mezcla de los estilos Tudor y barroco inglés. Dentro se pueden visitar el Great Hall, construido por Enrique VIII, y los aposentos oficiales de la corte Tudor. Muchas de las estancias de estilo barroco, incluidas las que dan al Fountain Court, están decoradas con muebles, tapices y cuadros de maestros antiguos de la colección real.

¿Lo sabías?

En Hampton Court todavía se juega al tenis real, el precursor del juego actual.

Wren rediseñó la Chapel Royal, respetando el techo abovedado dorado de estilo Tudor.

Se dice que el fantasma de Catalina Howard corretea por la Haunted Gallery.

El Great Hall Tudor está decorado con tapices y cuenta con un elaborado techo de vigas de madera.

1 En la cocina de los Tudor se preparaban más de 800 comidas al día, a menudo platos de caza, cordero, venado y cisne frescos, en unos tiempos en que la mayoría de la gente solo conocía la carne en conserva.

2 La gran escalinata que lleva a las estancias de Guillermo III se redecoró con pinturas alegóricas de Antonio Verrio.

3 El Great Hall se usaba copara banquetes y, después, como teatro; los King's Men de William Shakespeare actuaron aquí para Jacobo I en Navidad y Año Nuevo de 1603-1604.

→ El enorme Hampton Court, con su mezcla de arquitectura Tudor y barroca inglesa

EL CARDENAL WOLSEY

Thomas Wolsey (*c.* 1475-1530), al mismo tiempo cardenal, arzobispo de York y lord canciller, era, después del rey, el hombre más poderoso de Inglaterra. Sin embargo, perdió el favor real al no poder persuadir al papa de que autorizase el divorcio de Enrique VIII de su primera mujer, Catalina de Aragón. Murió de camino a su juicio por traición.

Esencial ☆

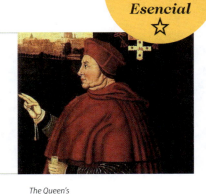

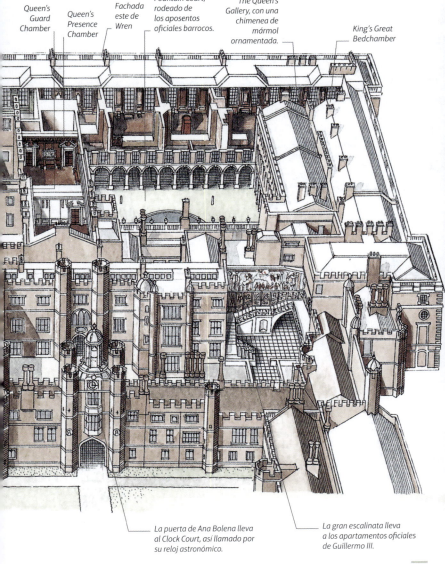

Queen's Guard Chamber

Queen's Presence Chamber

Fachada este de Wren

Fountain Court, rodeado de los aposentos oficiales barrocos.

The Queen's Gallery, con una chimenea de mármol ornamentada.

King's Great Bedchamber

La puerta de Ana Bolena lleva al Clock Court, así llamado por su reloj astronómico.

La gran escalinata lleva a los apartamentos oficiales de Guillermo III.

↑ Cuidadísimos macizos florales frente a la emblemática Palm House

3

KEW GARDENS

Royal Botanic Gardens, Richmond ⊖Kew Gardens ⊜Kew Bridge ⊙Jardines: desde las 10.00 diario (los horarios de cierre varían, consultar página web); Kew Palace y Great Pagoda: Abr-sep 11.00-16.00 (último acceso) diario; Queen Charlotte's Cottage: Abr-sep 11.30-15.30 sá, do y festivos ⊙24 y 25 dic Ⓦkew.org; hrp.org.uk

Los Jardines Botánicos Reales de Kew, Patrimonio Mundial y cedidos a la nación en 1841, tienen unas 50.000 plantas.

Kew adquirió renombre gracias al naturalista y buscador de especies *sir* Joseph Banks, que trabajó aquí a finales del siglo XVIII. La princesa Augusta, madre de Jorge III, creó los primeros jardines en un terreno de 3,6 ha en 1759. El mayor invernadero victoriano del mundo, el magnífico Temperate House, expone más de 1.200 especies de plantas raras o en peligro de extinción de todo el planeta. Palm House, diseñada por Decimus Burton en la década de 1840, alberga plantas tropicales en condiciones similares a las de un bosque tropical.

↑ El Treetop Walkway brinda buenas vistas desde las copas de los árboles

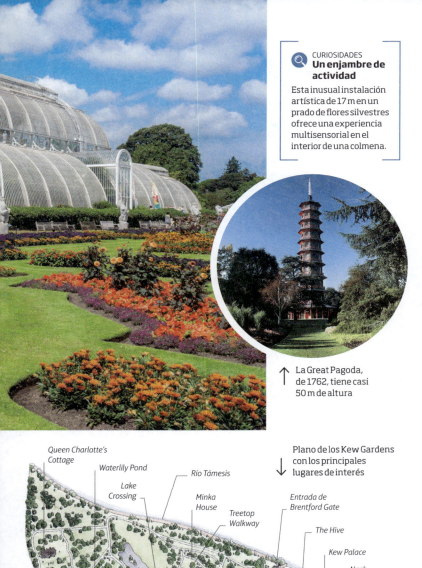

> CURIOSIDADES
> **Un enjambre de actividad**
>
> Esta inusual instalación artística de 17 m en un prado de flores silvestres ofrece una experiencia multisensorial en el interior de una colmena.

↑ La Great Pagoda, de 1762, tiene casi 50 m de altura

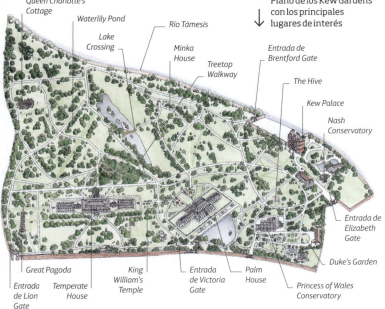

↓ Plano de los Kew Gardens con los principales lugares de interés

WARNER BROS. STUDIO TOUR: THE MAKING OF HARRY POTTER

Studio Tour Drive, Leavesden ⏵ **Watford Junction (autobuses desde la estación cada 30 minutos)** 🕐 **9.30-20.00 lu-vi (última visita: 16.00), 8.30-22.00 sá, do y vacaciones escolares (última visita: 18.30)** 📅 **25-26 dic** 🌐 **wbstudiotour.co.uk**

Caminar por las aceras de Diagon Alley, beber una espumosa Butterbeer y admirar los personajes animatrónicos de la saga. Este recorrido por el mundo de Harry Potter es indispensable para cualquier aprendiz de mago o bruja.

Ubicado en un edificio adyacente a los estudios donde se rodaron los ocho filmes de Harry Potter, The Making of Harry Potter muestra al visitante los escenarios, atrezos, maquetas y vestuarios originales de las famosas películas. Se puede entrar al gran comedor de Hogwarts, pasear por Diagon Alley, adentrarse en el invernadero del

Entrada principal del Warner Bros. Studio Tour: The Making of Harry Potter

El andén 9¾, de donde parte el Hogwarts Express

¿Lo sabías?

Se han vendido más de 600 millones de novelas de Harry Potter en 85 lenguas.

Esencial
☆

← En Diagon Alley están la tienda de varitas de Ollivander y la botica del señor Mulpepper

profesor Sprout, explorar el bosque prohibido y contemplar la locomotora del Hogwarts Express en el andén 9¾. Igual de impresionante que los decorados de tamaño natural es la enorme y detallada maqueta del Colegio Hogwarts, usada en las escenas exteriores.

Muchas cosas causan asombro durante el recorrido, desde los trajes de los estudiantes de la Academia Beauxbatons y el baile de Yule hasta las ampollas de memoria del despacho de Dumbledore, pasando por las criaturas animatrónicas, incluidos Buckbeak, una Aragog de 5,5 m de anchura y una cabeza de basilisco. En los departamentos de efectos especiales y visuales se revela cómo funciona la capa de invisibilidad y qué papel tuvo el croma. Como cabe esperar, las tres tiendas del lugar ofrecen una amplia gama de recuerdos.

↑ El despacho de Albus Dumbledore, creado para *Harry Potter y la cámara secreta*

The Food Hall
Esta cafetería bastante básica sirve comida británica clásica. Buenos desayunos: el Full English vale para todo el día. Para almorzar hay platos calientes y fríos: pasteles, hamburguesas, ensaladas y cosas por el estilo.

£££

The Backlot Café
Este es el sitio ideal para tomar cerveza de mantequilla, ya sea bebida o como helado. También hay platos calientes.

£££

LUGARES DE INTERÉS

⑤ BAPS Shri Swaminarayan Mandir

📍 105-119 Brentfield Rd, NW10 🚇 Harlesden, luego autobús 206 o 224 (o Stonebridge Park y autobús 112) 🕐 Mandir y Haveli: 9.00-18.00; deidades: 9.00, 11.00, 11.45-12.15 y 16.00-18.00 (17.00 sá) 🌐 londonmandir.baps.org

Justo en el noroeste de Londres, no lejos del estadio de Wembley, se encuentra uno de los edificios religiosos más incongruentes –y hermosos– de la ciudad, más conocido como Neasden Temple. Este templo hindú con infinidad de relieves asombrosamente detallados fue concluido en 1995, después de que un pequeño ejército de voluntarios de la comunidad local se organizara para recaudar fondos. Para construirlo se enviaron a India miles de toneladas de piedra caliza búlgara y mármol de Carrara para tallarlos y, después, ensamblarlos aquí como un gigantesco puzle.

Cuando el *mandir* (santuario interior) no está cerrado por oración, se pueden ver de cerca las figuras de deidades. El *haveli* (centro de educación y cultura) contiene relieves aún más hermosos, en este caso de teca birmana y roble irlandés.

Para entrar en el edificio principal hay que dejar los bolsos grandes en las consignas del aparcamiento, cubrirse los hombros y las rodillas y dejar el calzado en el guardarropa.

---

⑥ Victoria Park

📍 Grove Rd E3 🚇 Mile End, luego autobús 277 o 425 🚆 Hackney Wick, Cambridge Heath 🕐 7.00-anochecer 🌐 towerhamlets.gov.uk

Victoria Park, inaugurado en 1845, fue el primer parque público de Londres, y ahora forma parte del mayor cinturón verde del este de la ciudad. Sirvió de escenario a muchos actos políticos en el siglo XIX, por lo que empezó a ser conocido como el *parque del pueblo*. Hoy aún es muy popular. En uno de sus dos lagos se alquilan barcas (desde Semana Santa hasta octubre). Tiene jardines, cafés, zonas infantiles, piscinas, pistas de tenis y un *skate park*. Bordean dos de sus lados los caminos de sirga de los canales Hertford Union y Regent, que se unen al río Lea de camino al Olympic Park.

⑦ Alexandra Palace

📍 Alexandra Palace Way N22 🚆 Alexandra Palace 🚇 Wood Green, luego autobús W3 🕐 Diario 🌐 alexandrapalace.com

Construido como People's Palace en 1873, Alexandra Palace (cariñosamente conocido como Ally Pally) tiene una historia un tanto accidentada: se ha quemado dos veces, una solo 16 días después de su inauguración y la otra en 1980. Albergó de 1936 a 1956 los estudios de la BBC y desde aquí se realizó la primera retransmisión televisiva ordinaria. Sus grandes y ornados salones acogen hoy una gran variedad de actos, desde ferias

---

Crate Brewery
Esta cervecería a orillas de un canal pertenece a la escena *hipster* del este londinense: decoración posindustrial y gran cerveza.

📍 Queens Yard, Hackney Wick E9 🌐 cratebrewery.com

de comercio y antigüedades hasta conciertos, y en el teatro victoriano restaurado se representa un ecléctico programa. Asentado en un parque, el edificio se alza majestuoso sobre una colina con vistas espectaculares. El parque suele acoger fuegos artificiales y atracciones de feria (más detalles en la página web) y alberga una pista de hielo permanente, un campo de golf pequeño, un lago con barcas y zonas infantiles.

artistas del movimiento Arts and Crafts, como azulejos de William De Morgan o pinturas de miembros de la Hermandad Prerrafaelita. Las muestras interactivas introducen al visitante en técnicas como el estampado a mano o el teñido. Hay frecuentes exposiciones, talleres y charlas.

↑ El precioso e intrincado BAPS Shri Swaminarayan Mandir

⑨
Charlton House

🏠 Charlton Rd SE7
🚆 Charlton ⏰ Casa: 9.30-15.30 lu-vi, 9.30-15.00 sá; jardines: 10.00-16.00 lu-sá
🚫 Semana de Navidad
🌐 greenwichheritage.org/visit

Construida en 1612 es la mansión mejor conservada de la época de Jacobo I. Se conservan muchos de los techos y chimeneas originales, así como la escalera principal esculpida y partes del revestimiento de madera. Otros techos se han restaurado usando los moldes originales. La casa tiene jardines tapiados y los terrenos tienen una casita estival, en teoría diseñada por Inigo Jones, y una morera supuestamente plantada por Jacobo I. En la casa hay conciertos de música clásica gratuitos los martes a las 13.00.

⑩
Sutton House

🏠 2 y 4 Homerton High St E9 🚆 Hackney Central
⏰ 11.00-16.00 vi y do
🚫 med dic-med feb
🌐 nationaltrust.org.uk

Esta es una de las pocas casas de comerciantes del Londres Tudor que han sobrevivido con su forma original. Se construyó en 1535 para Ralph Sadleir, cortesano de Enrique VIII. Después, la compró un comerciante de seda de la Compañía de las Indias Orientales. Aunque la fachada se modificó en el siglo XVIII, la estructura Tudor se mantiene sorprendentemente intacta, incluidos el enladrillado, las chimeneas y los revestimientos de madera. El inmueble también ha sido escuela y casa *okupa*.

⑧
William Morris Gallery

🏠 Lloyd Park, Forest Rd E17
🚆 Walthamstow Central
⏰ 10.00-17.00 ma-do 🚫 25 y 26 dic 🌐 wmgallery.org.uk

El diseñador más influyente de la era victoriana, nacido en 1834, pasó su juventud en esta casa del siglo XVIII. Hoy es un museo cautivador y bien organizado que permite conocer al William Morris artista, diseñador, escritor, artesano y socialista. Contiene ejemplos de su obra y de la de otros

← El Victoria Park, parte de un corredor verde de 3 km en el este de Londres

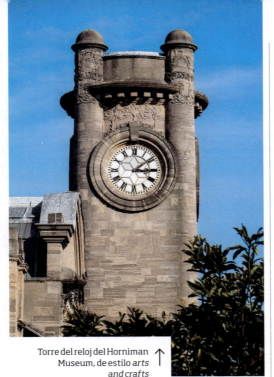

Torre del reloj del Horniman Museum, de estilo *arts and crafts*

Eltham Palace

🏠 Court Yard SE9 🚉 Eltham, luego 15 minutos a pie 🕐 Med feb-mar: 10.00-16.00 mi-do; abr-oct: 10.00-17.00 diario; nov-med feb: 10.00-16.00 sá y do; diario en vacaciones escolares 🚫 24-26 dic 🌐 english-heritage.org.uk

Este edificio único permite ver cómo vivían las clases altas en dos épocas muy diferentes. En la Baja Edad Media era un espléndido palacio frecuentado por los reyes. Los Tudor lo usaron para sus cacerías de ciervos, pero quedó en ruinas tras la guerra civil (1642-1651). En 1935 Stephen Courtauld, miembro de una rica familia textil, restauró el Great Hall y, a su lado, construyó una casa descrita como "una maravillosa combinación del glamur de Hollywood y el diseño *art déco*". El palacio ha sido magníficamente restaurado, especialmente el vestíbulo circular con cúpula de cristal. Su exuberante terreno es encantador, en especial el foso lleno de carpas y el jardín de rosas sumergidas.

Horniman Museum

🏠 100 London Rd SE23 🚉 Forest Hill 🕐 10.00-17.30 diario; Butterfly House: 10.30-16.00 diario; Animal Walk: 12.30-16.00 diario; jardines: 19.15-anochecer lu-sá, 8.00-anochecer do y festivos 🌐 horniman.ac.uk

El comerciante de té Frederick Horniman mandó construir este museo en 1901 para mostrar lo que había reunido durante sus viajes en la década de 1860. Aunque su destacada galería de historia natural está cerrada por reforma hasta 2026, hay otros atractivos, como una galería de música, un acuario (con entrada aparte) y exposiciones de cultura del mundo. En los jardines hay un invernadero victoriano, un quiosco de música, senderos, un jardín hundido, un mariposario (se cobra entrada) y un pequeño zoo, el Animal Walk.

Wimbledon Lawn Tennis Museum

🏠 Church Rd SW19 🚉 Southfields 🕐 10.00-17.30 diario (oct-mar: 17.00) 🚫 1 ene, 24-26 dic 🌐 wimbledon.com

Incluso a quienes no les interese mucho el tenis les gustará este museo, que examina la evolución de este deporte desde su invención, en la década de 1860, como diversión para fiestas campestres hasta la actualidad. Se exhiben equipos y moda tenística desde la época victoriana y unas salas interactivas ofrecen la posibilidad de ser por unos momentos leyenda de la era Open. Hay que reservar antes las visitas guiadas (en inglés), que se hacen por la Centre y N°. 1 Courts y las instalaciones de prensa.

Wimbledon Windmill Museum

🏠 Windmill Rd SW19 🚉🚉 Wimbledon, luego autobús 93 🕐 Abr-oct: 14.00-17.00 sá, 11.00-17.00 do y festivos 🌐 wimbledonwindmill.org.uk

Construido en 1817, el molino de Wimbledon Common es hoy un museo sobre los

¿Lo sabías?

En 2018, el *New York Times* incluyó el Horniman entre los 10 museos más geniales del mundo.

molinos, la vida rural y la historia local. Robert Baden-Powell, fundador de los *boy scouts*, escribió aquí en 1908 parte de *Escultismo para muchachos*. Hay recuerdos de los inicios del escultismo y el guidismo. El molino quedó fuera de servicio en 1864, pero aún se ve parte del mecanismo en las plantas superiores y se puede moler grano en morteros y molinillos, actividad popular entre los niños. También hay bonitas maquetas artesanales de este y otros molinos.

Dulwich Picture Gallery

🅐 Gallery Rd SE21 🚆 West Dulwich, North Dulwich ⏰ 10.00-17.00 ma-do y festivos 🚫 1 ene, 24-26 dic 🌐 dulwichpicture gallery. org.uk

La galería pública de arte más antigua de Inglaterra se inauguró en 1817. Fue diseñada y construida por *sir* John Soane *(p. 143)* para albergar la colección del rey de Polonia, que había sido obligado a abdicar en 1795. Su imaginativo uso de los tragaluces sirvió de modelo para muchas galerías creadas después. La excelente colección tiene obras de Rembrandt (su *Retrato de Jacobo de Gheyn III* ha sido robado cuatro veces del museo), Canaletto, Poussin, Watteau, Rafael y Gainsborough. El edificio alberga el mausoleo de Desenfans y Bourgeois, los marchantes de arte que reunieron la colección.

Dulwich Park

🅐 College Road SE21 🚆 West Dulwich, North Dulwich 🚌 P4, P13 ⏰ 7.30-anochecer

Este parque, situado enfrente de la Dulwich Picture Gallery, se abrió en 1890 en los antiguos terrenos del Dulwich College, la

CURIOSIDADES
Sydenham Hill Wood

A un breve paseo de Dulwich Park se encuentra el mayor tramo de bosque que se conserva del antiguo Great North Wood. Paseando por sus senderos se puede encontrar algún que otro capricho victoriano.

escuela pública cuyos edificios se encuentran al sur. Es uno de los parques más bellos de los *boroughs*, con senderos bordeados de macizos florales, jardines de invierno y de secano y un lago con barcas y un estanque de patos. Los perros solo tienen acceso al perímetro, así que en las praderas centrales da gusto jugar y comer algo en los meses cálidos. Los fines de semana, la empresa local London Recumbents alquila bicicletas (incluidos tándems y divertidas bicicletas para niños).

Visitantes en la excelente Dulwich Picture Gallery ↑

Una fría mañana de escarcha en Richmond Park

Banderas de distintos países en Brixton Village, una de las dos coloridas galerías comerciales

17

Brixton

🅰 SW2, SW9 🚇🚆 Brixton

La capital oficiosa del sur de Londres se caracteriza desde la década de 1950 por albergar una de las mayores comunidades antillanas de la ciudad. El Brixton Market se extiende en torno al centro por Electric Avenue, Pope's Road y Station Road, y está lleno de puestos de alimentos caribeños, artesanía, ropa y las habituales baratijas. Brixton Village y Market Row, las cercanas galerías comerciales, están repletas de pequeños comercios y de una ecléctica mezcla de restaurantes. A pesar del avance de la gentrificación, Brixton protege con pasión sus raíces y sigue siendo una vigorosa zona de la ciudad.

18

Ham House and Garden

🅰 Ham St, Richmond 🚇🚆 Richmond, luego autobuses 65 o 371 🕐 Casa: 12.00-16.00 diario; jardín: 10.00-16.30 diario (16.00 nov-feb) 🚫 Ene-med feb, 24 y 25 dic 🌐 nationaltrust.org.uk

Esta magnífica casa junto al Támesis se construyó en 1610 y vivió su apogeo cuando la condesa de Dysart la heredó de su padre, *whipping boy* de Carlos I, es decir, quien recibía los castigos por las travesuras del futuro rey. Desde 1672, la condesa y su esposo, confidente de Carlos II, se dedicaron a remodelar la casa, que acabó considerándose una de las más elegantes de Inglaterra. El jardín ha recuperado su aspecto del siglo XVII. En verano y los fines de semana de invierno (excepto noviembre), un ferri enlaza este lugar con la Marble Hill y la Orleans House, en Twickenham.

Franco Manca

Se puede decir que la historia de amor de Londres con la pizza de masa fermentada empezó aquí. Carta sencilla, pizzas perfectas.

🅰 1-3 Market Row SW9 🌐 francomanca.co.uk

19

Orleans House Gallery

🅰 Orleans Rd, Twickenham 🚇🚆 St Margaret's 🕐 10.00-17.00 ma-do 🚫 1 ene, 25 y 26 dic 🌐 orleanshousegallery.org

Esta galería ocupa lo que queda de la Orleans House, que debe su nombre a Luis Felipe, duque de Orleans, que vivió en ella de 1815 a 1817. James Gibbs diseñó la Octagon Room, restaurada para James Johnson en 1720. La galería expone la colección de arte del Richmond Borough.

20

Marble Hill

🅰 Richmond Rd, Twickenham 🚆 St Margaret's 🕐 Casa: abr-oct: 10.00-17.00 mi-do y festivos; parque: 7.00-anochecer diario 🌐 english-heritage.org.uk

Construida en 1729 para Henrietta Howard, miembro destacado de la corte de Jorge II que alimentó un círculo

La Syon House, construida en torno a un patio central

intelectual, Marble Hill ha recobrado su lujoso aspecto del siglo XVIII tras una amplia restauración. Contiene una magnífica colección de muebles, porcelana y pinturas, entre otras retratos de los contemporáneos de la sociedad de Howard, y una vista del río y la casa en 1762 del artista Richard Wilson, considerado el padre del paisajismo inglés. Los jardines también se han recreado basándose en los planos originales.

Barcos de recreo en el Támesis a su paso por Richmond

Richmond

TW10 **Richmond**

Este atractivo barrio residencial tomó su nombre del palacio que levantó aquí Enrique VII alrededor de 1500; se conserva la casa de guardia Tudor del palacio, en el extremo occidental de Richmond Green. También está aquí la Maids of Honour Row, un conjunto de casas de principios del siglo XVIII.

La bonita vista del río desde Richmond Hill ha sido pintada por muchos artistas.

Richmond Park

Richmond TW10 **Richmond, luego autobuses 65 o 371** **24 h diario (7.30-20.00 nov-prin dic y feb-prin mar)** **royalparks.org.uk**

En 1637 Carlos I mandó construir un muro de 13 km en torno a este parque real para convertirlo en coto de caza. Hoy es una vasta y bella reserva natural nacional y los ciervos aún pacen entre los castaños, abedules y robles. Han aprendido a convivir con los visitantes que vienen aquí a pasear y montar en bicicleta, especialmente los fines de semana.

Su mayor atractivo, sobre todo a finales de primavera, son las espectaculares azaleas en flor de la Isabella Plantation. Los Pen Ponds son populares entre los pescadores. El resto del parque está cubierto de brezo, helechos y árboles (algunos son centenarios).

John Soane *(p. 143)* diseñó en 1798 la Richmond Gate, en el extremo noroeste. Cerca está el Henry VIII Mound, que ofrece bellas vistas del valle del Támesis, con la City y San Pablo enmarcadas por los árboles. El White Lodge, construido en 1729 en estilo palladiano, es una de las sedes de la famosa Royal Ballet School.

Syon House

London Rd, Brentford **Gunnersbury, luego autobuses 237 o 267** **Med mar-oct: 10.30-16.30 mi, ju, do y festivos; jardines: med mar-oct 10.30-17.00 mi-do** **syonpark.co.uk**

Los condes y duques de Northumberland han vivido aquí desde hace más de 400 años; es la única mansión de propiedad hereditaria que queda en Londres. El interior fue restaurado en 1761 por Robert Adam y se considera una de sus obras maestras. Las cinco salas de Adam contienen muebles originales y una colección de pinturas de maestros antiguos. Entre semana, solo se accede a la casa con visitas guiadas.

El parque de 80 hectáreas incluye un bello jardín y arboreto de 16 hectáreas, diseñado por Capability Brown, con más de 200 especies de árboles raros.

㉔ Musical Museum

📍 399 High St, Brentford
🚆 Kew Bridge 🚇 Gunnersbury y luego autobuses 237 o 267, o South Ealing y autobús 65
🕒 10.00-16.00 vi-do
🌐 musicalmuseum.co.uk

La colección, en tres plantas, lo tiene todo sobre grandes instrumentos automáticos, incluidos órganos y pianolas, pianos de cine y en miniatura y el que, al parecer, es el único órgano mecánico Wurlitzer que queda en Europa. El museo también programa conciertos frecuentes.

㉕ Osterley Park and House

📍 Jersey Rd, Isleworth
🚇 Osterley 🕒 Casa: abr-oct: 11.00-15.30 mi-do; jardín: 10.00-17.00 diario (16.00 nov-mar); parque: 9.00-17.00 diario (nov-mar: hasta 16.00)
🌐 nationaltrust.org.uk

Considerada una de las mejores obras de Robert Adam, su pórtico de columnas y sus estucos demuestran por qué. Gran parte del mobiliario también es de Adam. La casa está rodeada de jardines, a los que se ha devuelto su esplendor del siglo XVIII, y varias hectáreas de parque.

㉖ Pitzhanger Manor and Gallery

📍 Mattock Lane W5
🚆 🚇 Ealing Broadway
🕒 Casa: 10.00-17.00 mi-do y festivos (hasta 20.00 ju); parque: 7.30- anochecer diario 🚫 Festivos
🌐 pitzhanger.org.uk

Sir John Soane, arquitecto del Bank of England, reconstruyó esta mansión en 1804 para convertirla en su casa de campo. Tiene claras semejanzas con su elaborada casa urbana de Lincoln's Inn Fields *(p. 142)*. Soane conservó dos de las estancias principales: la sala de estar y el comedor, diseñados en 1768 por George Dance el Joven, que había trabajado con él.

En el ajardinado Walpole Park, Pitzhanger tiene ahora adjunta una galería de arte contemporáneo. La entrada es gratuita los jueves por la tarde.

㉗ London Museum of Water & Steam

📍 Green Dragon Lane, Brentford 🚆 Kew Bridge
🚇 Gunnersbury, luego autobuses 237 o 267
🕒 10.00-16.00 ju-do, diario en Semana Santa y vacaciones escolares
🚫 2 semanas en Navidad
🌐 waterandsteam.org.uk

Esta estación de bombeo de agua del siglo XIX, cercana al extremo norte del Kew Bridge, es hoy un museo del vapor y el agua. Sus mejores piezas, en sus salas de máquinas originales, son cinco gigantescas máquinas de vapor Cornish que bombeaban agua desde el río a la estación para distribuirla por la ciudad. Hay otras bombas en la Steam Hall. Se pueden ver en funcionamiento algunos fines de semana (consultar detalles en la página web). La galería

←

Detalle de un tapiz de gobelinos que representa *Los amores de los dioses* en Osterley

↑ Detalle del jardín de nudo *(arriba)* del Fulham Palace *(izquierda)*, creado por el obispo Blomfield en 1831

Waterworks cuenta la historia del suministro de agua en Londres con abundantes detalles interactivos. Hay una zona exterior donde los niños pueden jugar.

28
Fulham Palace

🏠 Bishops Ave SW6
🚇 Putney Bridge ⏰ Museo: 10.30-17.00 diario; jardín botánico: amanecer-anochecer diario; jardín amurallado: 10.15-16.15 diario 🗓 Med dic-med ene
🌐 fulhampalace.org

El palacio de Fulham, residencia de los obispos de Londres desde el siglo VIII hasta 1973, tiene zonas que datan del siglo XV. Tiene su propio terreno ajardinado, que incluye un jardín botánico y un precioso jardín tapiado, del cual se vende todo lo que se cultiva desde una carretilla.

El patio Tudor original está en el centro del palacio. Dentro, un museo narra las historias de los obispos de Londres, e incluye una sala sensorial que recrea el pasado con luz y sonido. Visitas guiadas (en inglés) indagan en la historia del palacio y el jardín.

29
Chiswick House and Gardens

🏠 Burlington Lane W4
🚇 Chiswick ⏰ Casa: fin may-sep 10.00-16.00 ju-do; jardines: 7.00-anochecer diario 🌐 chiswickhouseandgardens.org.uk

Esta casa, bello ejemplo de villa palladiana, se terminó en 1729 según el proyecto del tercer conde de Burlington. El conde admiraba a Palladio y a su discípulo Inigo Jones, cuyas estatuas se alzan en el exterior. En la casa, alzada en torno a una estancia octogonal, abundan las referencias a la antigua Roma y la Italia renacentista.

Chiswick era la casa de campo de Burlington y se construyó como anexo a otra mayor y más antigua, demolida más tarde. Se concibió como lugar de recreo. Lord Hervey, enemigo de Burlington, dijo que "era demasiado pequeña para vivir en ella y demasiado grande para colgarla de la cadena del reloj". Algunas pinturas de los techos son del arquitecto William Kent, que también participó en el diseño del jardín.

La casa fue sanatorio mental de 1892 a 1928, cuando comenzó a restaurarse. El trazado de los jardines, con bosques, prados y edificios ornamentales, se parece mucho a lo que concibieron Burlington y Kent, con adiciones del siglo XIX. Hoy son un parque público.

The Bell and Crown
Muchas mesas al aire libre, junto al río; interior rústico.

🏠 11-13 Thames Rd, Chiswick W4

The City Barge
Un *pub* histórico que sirve comida y cerveza magníficas. El asado del domingo es legendario.

🏠 27 Strand-on-the-Green, Chiswick W4

Bull's Head
Pub acogedor. Buenos *brunchs* los fines de semana y zona de pícnic junto al río.

🏠 15 Strand-on-the-Green, Chiswick W4

30
Hogarth's House

🏠 Hogarth Lane W4
🚇 Turnham Green ⏰ 12.00-17.00 ma-do y algunos festivos 🗓 1 ene, Viernes Santo, domingo de Pascua, 24-26 dic 🌐 hogarthshouse.org

Cuando el pintor William Hogarth vivió en esta casa desde 1749 hasta su muerte, en 1764, se refería a ella como "una cajita de campo junto al Támesis" y desde sus ventanas pintó vistas rurales. Vino aquí desde Leicester Square *(p. 115)*. Ahora es un pequeño museo lleno de grabados de los cuadros moralistas de estilo viñeta con los que Hogarth forjó su reputación. Aquí pueden verse ciclos satíricos como *Matrimonio a la moda, La campaña electoral, La carrera de una prostituta* y muchos otros.

GUÍA ESENCIAL

Tráfico por el Strand

Antes de partir 334

Llegada y desplazamientos 336

Información práctica 340

ANTES DE PARTIR

La planificación es esencial para que el viaje sea un éxito. Hay que estar preparado para cualquier situación teniendo en cuenta los siguientes datos antes de viajar.

DE UN VISTAZO

MONEDA
Libra esterlina (GBP)

GASTO MEDIO DIARIO

BAJO	MEDIO	ALTO
90 £	150 £	+250 £

AGUA MINERAL	CAFÉ	CERVEZA	CENA PARA DOS
1,20 £	3,40 £	5,90 £	85 £

CLIMA

Los días más largos son de mayo a agosto, y los más cortos, de noviembre a febrero.

Las máximas en verano suelen ser de 22 °C. El invierno puede ser gélido.

Los meses más húmedos son agosto y noviembre, pero llueve todo el año.

ENCHUFES

Los enchufes son de tipo G, con tres clavijas planas. El voltaje estándar es de 230 V.

Documentación

Tras el Brexit los ciudadanos españoles pueden entrar en el Reino Unido con su pasaporte en vigor durante toda la estancia en el país. Se recomienda consultar la información específica en la **embajada del Reino Unido en Madrid** o en la página web de **UK Government**.
Embajada de Reino Unido en Madrid
gov.uk/world/organisations/british-embassy-madrid.es
UK Government
gov.uk/check-uk-visa

Consejos oficiales

Es importante tener en cuenta los consejos oficiales antes de viajar. Se pueden consultar las recomendaciones sobre seguridad, sanidad y otras cuestiones importantes tanto en la web del Ministerio de Asuntos Exteriores de España como en la del Gobierno británico.
Ministerio de Asuntos Exteriores y de la Commonwealth del Reino Unido
gov.uk/foreign-travel-advice
Ministerio de Asuntos Exteriores de España
exteriores.gob.es

Información de aduanas

La información sobre las regulaciones que afectan a las cantidades de productos y moneda con las que se puede entrar y salir del Reino Unido se encuentra en la página web de **UK Government**.
UK Government
gov.uk/duty-free-goods
gov.uk/bringing-cash-into-uk

Seguros de viaje

Se aconseja contratar un seguro que cubra el robo y la pérdida del equipaje, la asistencia sanitaria, la cancelación del viaje y los retrasos, y leer atentamente la letra pequeña.

La atención sanitaria de urgencia es gratuita en el National Health Service *(p. 340)* y existen acuerdos de atención sanitaria con los estados de la UE y otros países; consultar detalles en la página web del NHS (National Health Service). Los visitantes de países de la UE deben llevar la **Tarjeta Sanitaria Europea (TSE)** en vigor.
Tarjeta Sanitaria Europea (TSE)
seg-social.es

Vacunas

No se exige ninguna vacuna para entrar al Reino Unido. Para información relativa a la vacunación por COVID-19, consultar los consejos oficiales.

Dinero

En casi todas las tiendas y restaurantes se aceptan las principales tarjetas de crédito y débito, incluidas las contactless; las de prepago, solo en la mayoría. Cada vez más comercios rechazan el pago en efectivo, aunque sigue valiendo la pena llevar alguna cantidad porque algunas tiendas más pequeñas imponen límites mínimos para pagar con tarjeta. Hay cajeros automáticos en los bancos, las estaciones de tren, las zonas comerciales y las calles principales.

No es necesario ni obligatorio dejar propina. En los restaurantes es habitual dar una propina del 10-12,5% cuando el servicio ha sido bueno. También se suele dar un 10% de propina a los taxistas y 1-2 £ por maleta o día a los botones, los porteros y el servicio de habitaciones.

Reservas de alojamiento

Londres posee alojamientos para todos los presupuestos, desde lujosos hoteles de cinco estrellas a albergues económicos. En verano Londres se llena y suben los precios; conviene reservar con mucha antelación.

La página web oficial de información turística de la ciudad, **Visit London,** incluye una completa lista de alojamientos para todos los gustos.

Visit London
W visitlondon.com/where-to-stay

Viajeros con necesidades específicas

La página web de **TFL** ofrece información sobre accesibilidad en el transporte público.

El distintivo de conductor discapacitado Blue Badge ofrece aparcamiento a las personas con movilidad reducida, aunque hay que tener en cuenta que en algunas zonas del centro de Londres se aplican otras normas especiales. La página web de Visit London ofrece consejos prácticos sobre accesibilidad en la ciudad y **AccessAble** tiene un útil directorio *online*.

Muchos museos y galerías disponen de audioguías para visitantes invidentes y muchos teatros y cines programan funciones con descripción de audio y cuentan con sistemas de infrarrojos y de apoyo auditivo a través del móvil. El **RNID** (Royal National Institute for Deaf People) y el **RNIB** (Royal National Institue of Blind People) también ofrecen información y consejos útiles.

TFL
W tfl.gov.uk/transport-accessibility
AccessAble
W accessable.co.uk
RNID
W mid.org.uk
RNIB
W rnib.org.uk

Idioma

Londres es una ciudad multicultural donde se hablan muchas lenguas además del inglés, que es el idioma oficial del país, entre ellas el español. Muchos lugares de interés y agencias ofrecen visitas en varios idiomas.

Horarios

> Las circunstancias pueden cambiar repentinamente. Antes de visitar museos, monumentos u otros lugares de interés consulte los horarios actualizados y las formalidades de reserva.

Lunes Algunos museos y lugares de interés cierran todo el día.
Domingos La mayoría de las tiendas tienen horarios de apertura limitados (normalmente de 10.00 a 16.00 o de 11.00 a 17.00).
Días festivos Colegios y servicios públicos cierran todo el día; algunas tiendas, museos y lugares de interés cierran o funcionan menos horas.

DÍAS FESTIVOS EN 2025

1 ene	Año Nuevo
18 abr	Viernes Santo
21 abr	Lunes de Pascua
5 may	Early May Bank holiday
26 may	Spring Bank holiday
25 ago	Summer Bank holiday
25 dic	Navidad
26 dic	Boxing Day

LLEGADA Y DESPLAZAMIENTOS

Tanto se se trata de una escapada de fin de semana o de una estancia más larga, aquí está toda la información para llegar mejor al destino y viajar como un londinense.

DE UN VISTAZO

PRECIO DEL TRANSPORTE PÚBLICO

BILLETE SENCILLO DE AUTOBÚS
1,75 £
Zonas 1-9 (tarifa fija)

BILLETE SENCILLO DE METRO
2,70 £
Zonas 1-2 (horas valle)

LÍMITE DIARIO
8,50 £
Zonas 1-6 (horas valle)

LÍMITES DE VELOCIDAD

AUTOPISTAS — 70 mph (112 km/h)
AUTOVÍAS — 70 mph (112 km/h)

CARRETERAS DE UN CARRIL — 60 mph (96 km/h)
ÁREAS URBANAS — 30 mph (48 km/h)

Llegada en avión

Londres cuenta con cinco grandes aeropuertos: Heathrow, Gatwick, Stansted, Luton y City. Excepto este último, todos están situados a distancias significativas del centro de la ciudad. Todos disponen de buenas conexiones. Para conseguir los mejores precios conviene reservar los billetes de autobús o tren con antelación. En la tabla adjunta pueden verse los medios de transporte disponibles, la duración de los trayectos y los precios.

Llegada en tren

Desde el extranjero

St Pancras International es la terminal londinense del Eurostar, el tren de alta velocidad que une el Reino Unido con el continente.

Se pueden adquirir billetes y abonos para viajes internacionales flexibles con **Eurail** e **Interrail;** siempre conviene comprobar si el abono es válido para la línea en que se desea viajar antes de subir a bordo.

Eurostar opera una línea directa desde París, Bruselas, Ámsterdam y Rotterdam a Londres por el Channel Tunnel.

Eurotunnel transporta pasajeros y vehículos entre Calais y Folkestone (sudeste de Inglaterra).

Eurail
w eurail.com
Eurostar
w eurostar.com
Eurotunnel
w eurotunnel.com
Interrail
w interrail.eu

Desde el Reino Unido

La red ferroviaria británica es compleja y puede ser confusa. Varias compañías operan las líneas, pero están coordinados por **National Rail,** que dispone de un servicio de información común.

En Londres hay 14 terminales de tren que prestan servicio a diferentes partes del país (las principales son Euston, King's Cross, Liverpool Street, London Bridge, St Pancras, Paddington, Waterloo y Victoria). También hay unas 300

CONEXIONES CON LOS AEROPUERTOS

Aeropuerto	Transporte a Londres	Duración	Precio
London City	DLR	30 min	desde 3 £
	Taxi	30 min	desde 40 £
London Heathrow	Heathrow Express	15 min	desde 16,50 £
	Elizabeth Line	35 min	13,30 £
	London Underground	50 min	desde 5,60 £
	National Express Coach	1 h	desde 8 £
	Taxi	1 h	desde 60 £
London Stansted	Stansted Express	50 min	desde 9,90 £
	National Express Coach	2 h	desde 12,50 £
	Taxi	1 h 10 min	desde 75 £
London Gatwick	Gatwick Express	30 min	desde 19,50 £
	Thameslink	40 min	desde 13,20 £
	National Express Coach	2 h 20 min	desde 10 £
	Taxi	1 h 30 min	desde 75 £
London Luton	Lutton Dart y London Thameslink	35 min	desde 22,40 £
	National Express Coach	1h 20 min	desde 12,50 £
	Taxi	1h 10 min	desde 80 £

estaciones menores. De cada terminal parten también líneas locales y suburbanas que cubren todo el sureste de Inglaterra.

Los trabajadores usan las líneas locales y suburbanas de Londres a diario. Para los visitantes, los servicios ferroviarios son más útiles para ir a las afueras y a zonas de la ciudad a las que no llega el metro (sobre todo en el sur de Londres). En caso de tener pensado un desplazamiento fuera de la capital hay que intentar reservar los billetes con antelación.
National Rail
W nationalrail.co.uk

Llegada en autocar

Los autocares de Europa y de otras localidades del Reino Unido llegan a la Victoria Coach Station. La mayor compañía británica es **National Express. Flixbus** y **BlablaCar Bus** son los principales operadores europeos y ofrecen viajes baratos a Londres desde ciudades europeas. Conviene reservar.

BlaBlaCar Bus
W blablacar.co.uk/bus
Flixbus
W flixbus.co.uk
National Express
W nationalexpress.com

Transporte público

Transport for London **(TFL)** es el principal organismo municipal para la gestión del transporte público. Su página web ofrece información sobre medidas de seguridad e higiene, horarios y billetes, y también incluye planos.
TFL
W tfl.gov.uk

Tarifas por zonas

TFL divide la ciudad en nueve zonas para los servicios de Underground, Elizabeth Line, DLR, Overground y National Rail a partir de la zona 1, el centro. Los autobuses tienen una tarifa fija por trayecto, sin importar la distancia.

Billetes

Las tarifas de metro y tren son caras, sobre todo los billetes sencillos. La forma más barata y flexible de viajar es utilizar una tarjeta de crédito o débito *contactless*, o pagar con el móvil. Si esto supone comisiones bancarias, es mejor opción comprar una tarjeta Oyster. Son tarjetas inteligentes que se pueden cargar y rellenar y que son válidas para todas las zonas, así como en los trenes desde el aeropuerto de Gatwick. Se puede comprar, o bien una Visitor Oyster *online*, antes de viajar a Londres, a través de su página web, o bien (ligeramente más cara), una tarjeta Oyster de pago al subir, disponibles en las estaciones, los Visitor Centres de TFL y muchos quioscos de la ciudad. Hay que tener una por persona.

Al acceder al medio de transporte se acerca la tarjeta o el dispositivo móvil al lector amarillo y se deduce la cantidad correspondiente. En las líneas de Underground, Elizabeth Line, DLR y Overground hay que pasar siempre la tarjeta al terminar el viaje; de no hacerlo, se cargará la tarifa máxima. Los precios suben a las horas punta: de lunes a viernes de 6.30 a 9.30 y de 16.00 a 19.00. Las tarifas tienen límites diarios y semanales.

También hay billetes en papel, aunque salen significativamente más caros. Una tarjeta de viaje en papel para un día ofrece viajes ilimitados en todas las redes desde hasta las 4.30 de la madrugada siguiente por una tarifa fija. Si se viaja después de las 9.30 de lunes a viernes, el fin de semana o en festivo, conviene comprar una Off-Peak Travel Card (más barata, para horas valle). Hay que asegurarse de que el billete sirve para todas las zonas por las que se desea viajar.

Metro

El metro de Londres (conocido como *Tube)* tiene 11 líneas, cada una con un nombre y color, que se cruzan en varias estaciones.

Algunas líneas, como la Jubilee, tienen un solo recorrido; otras, como la Northern, tienen ramales; es importante mirar las pantallas del andén y el destino en el frente de cada tren.

Los trenes salen cada pocos minutos de 7.30 a 9.30 y de 16.00 a 19.00, y cada 5 a 10 minutos el resto del tiempo. Las líneas Central, Jubilee, Northern, Victoria y Piccadilly tienen servicios de 24 horas para determinadas rutas los viernes y sábados. El resto opera de 5.00 a 0.15 de lunes a sábado; los domingos se reduce el horario.

Unas 90 estaciones de la red de metro ofrecen acceso sin escalones. Están indicadas en los planos, presentes en todos los trenes y estaciones.

Elizabeth Line

Es un ferrocarril urbano-suburbano que atraviesa el centro de Londres desde Reading y Heathrow, en el oeste, hasta Shenfield y Abbey Wood, en el este. Con varias paradas fundamentales en el centro (entre ellas Paddington y

Liverpool Street, ha reducido el tiempo de trayecto hacia destinos populares de la ciudad y entre ellos. Circulan hasta 24 trenes por hora en la zona más ajetreada, entre Paddington y Whitechapel, que operan más o menos entre las 5.30 y medianoche de lunes a sábado, con horarios reducidos y mayor frecuencia los domingos.

DLR

El DLR (Docklands Light Railway) es un ferrocarril casi totalmente exterior que comunica la City con el este y sudoeste de Londres, incluido el City Airport y Greenwich. Funciona de lunes a sábados de 5.30 a 24.30 y los domingos de 7.00 a 23.30. Al igual que la Elizabeth Line, DLR ofrece acceso sin escaleras desde la calle a los andenes.

Overground

El Overground de Londres, una red compuesta por seis líneas, conecta el metro con las principales estaciones de tren en muchos puntos. Funciona en gran medida como el Underground y cubre muchas zonas de la ciudad sin estaciones cercanas de metro. El trayecto de la línea de Windrush entre Highbury e Islington y New Cross Gate funciona 24 horas viernes y sábado por la noche.

Autobús

Es más lento pero también más económico que el metro y permite ver la ciudad durante el viaje.

Las líneas se muestran en la página web de TFL y en los planos de las paradas. El número y el destino se indican en el frente de cada autobús y las paradas se anuncian a bordo.

En los autobuses no se acepta dinero en metálico, así que hay que llevar tarjeta de débito *contactless*, Oyster o Travelcard.

Un billete sencillo cuesta 1,75 £. A partir de 5,25 £ de gasto en la tarjeta se viaja sin pagar el resto del día; solo hay que usar la misma tarjeta para alcanzar el tope diario. La tarifa Hopper permite viajes ilimitados gratis en una hora desde su primer uso. Los menores de menores de 11 años viajan gratis y también quienes tienen entre 11 y 15 siempre que lleven una tarjeta Zip Oyster con foto; se solicita *online* con mucha antelación.

Algunas líneas prestan servicio 24 horas, apoyadas por autobuses nocturnos (indicados con la letra N antes del número de línea), que circulan desde medianoche hasta las 6.00, generalmente 2 o 3 veces por hora.

Taxis

Los emblemáticos taxis negros pueden pararse en la calle, reservarse con antelación o tomarse en una parada. El distintivo amarillo se enciende cuando el vehículo está libre. El número de licencia debe estar a la vista en la parte trasera. Todos los taxis tienen taxímetro y la bajada de bandera cuesta 3,80 £. En Londres también operan compañías como Uber. La página web de TFL tiene un formulario de búsqueda de operadores de minitaxis autorizados en la ciudad.

En coche

Los ciudadanos de la UE que visiten el Reino Unido no necesitan disponer de un permiso internacional para conducir por el país un coche o una moto, aunque si se es de fuera de la UE debe ser válido al menos 12 meses desde la fecha de llegada. Si se lleva vehículo propio hay que tener tarjeta de residencia o prueba de tener seguro.

No se aconseja conducir en Londres. El tráfico es lento y el aparcamiento escaso y caro; a ello se suma la **Congestion Charge,** una tasa diaria de 15 £ por conducir por el centro de Londres de 7.00 a 18.00 de lunes a viernes y de 12.00 a 18.00 sábados, domingos y festivos (excepto la semana de Navidad). Otros vehículos tal vez tengan que pagar la tasa adicional de 12,50 £ de Ultra Low Emission Zone (ULEZ); consultar detalles en la página web de TFL.

En caso de avería, se puede contactar con **AA** y solicitar asistencia.

AA

🔳 theaa.com/breakdown-cover/instant-cover

Congestion Charge

🔳 tfl.gov.uk/modes/driving/congestion-charge

Aparcamiento

Está prohibido aparcar en cualquier lugar marcado con una línea roja o una doble línea amarilla junto al bordillo. En zonas marcadas con una sola línea amarilla se puede aparcar de lunes a sábados de 18.00 a 8.30 y los domingos todo el día, pero el horario exacto varía y hay que mirar las señales antes de estacionar el vehículo. En los lugares sin marcar se permite aparcar, pero son muy escasos en el centro. Los conductores de coches de alquiler también están sujetos a sanciones.

Alquiler de coches

Para alquilar un vehículo en el Reino Unido hay que ser mayor de 21 años (o 25 en algunos casos) y tener carné de conducir con al menos un año de antigüedad. Se tarda una hora en salir del centro de Londres en cualquier dirección, más en horas punta. Para salir al campo es mejor tomar el tren a una localidad de las afueras y alquilar un coche allí. Alquilar coche en el aeropuerto es más barato.

Normas de circulación

Se conduce por la izquierda. Conductor y pasajeros deben llevar puesto el cinturón de seguridad. Los niños menores de 12 años o de menos de 135 cm deben viajar con el sistema de sujeción adecuado para su peso y edad. No se puede usar el teléfono al conducir, excepto con dispositivo de manos libres. Se requiere seguro a terceros. Se debe adelantar por la derecha. Al aproximarse a una rotonda se cede el paso a los vehículos que vienen por la derecha, a menos que se indique lo contrario. Es obligatorio ceder el paso a los vehículos de emergencias.

Está prohibido circular por el carril bus durante ciertas horas (se indica en las señales). Los límites de alcohol (p. 341) se hacen cumplir con rigor y las penas pueden ser graves.

En bicicleta

Las condiciones para los ciclistas en Londres han mejorado mucho en los últimos años y la bicicleta puede ser un buen medio para ver la ciudad. **Santander Cycles,** el autoservicio público de alquiler de bicicletas ordinarias y eléctricas, tiene estaciones en el centro.

Hay varias opciones para las bicicletas eléctricas compartidas; **Lime** tiene la flota más grande.

Lime

🔳 li.me/en-gb/locations/london

Santander Cycles

🔳 tfl.gov.uk/modes/cycling/santander-cycles

A pie

Caminar es una agradable manera de moverse por Londres. El centro no es grande y sorprende lo cortas que son las distancias entre lugares que parecen muy alejados en el metro.

Barcos y ferris

Los ferris desde Calais y Dunquerque van a Dover o Folkestone, a dos horas en coche de Londres. También hay servicios para pasajeros y coches desde otros puertos del norte de Francia a la costa sur de Inglaterra, así como desde Bilbao y Santander. Desde Países Bajos e Irlanda hay líneas de ferris a otros puertos del Reino Unido.

Londres en barco

El río Támesis ofrece algunas de las vistas más espectaculares de Londres.

Uber Boat by Thames Clippers ofrece más o menos cada 15 minutos servicios por el río en catamarán entre Battersea Power Station o The London Eye y North Greenwich, en ambas direcciones, pasando por Bankside y Tower Bridge. Algunos trayectos empiezan en Putney, en el suroeste, y en Barking, en el este de Londres.

El billete sencillo cuesta 10,90 £ en la zona central, pero se aplican descuentos si se compra *online* con la app de Thames Clippers o de Uber, o se usa una Travelcard, una *contactless* o una Oyster.

Multitud de empresas ofrecen servicios de todo tipo en el Támesis, desde **cruceros fluviales** con cena hasta líneas en las que es posible subir y bajar del barco en cualquier momento.

Cruceros fluviales

🔳 tfl.gov.uk/modes/river/about-river-tours

Uber Boat by Thames Clippers

🔳 thamesclippers.com

INFORMACIÓN PRÁCTICA

Conocer la información local ayuda a moverse con facilidad por Londres. Aquí están todos los consejos e información esencial que pueden resultar necesarios durante la estancia.

DE UN VISTAZO

NÚMEROS DE EMERGENCIAS

POLICÍA, BOMBEROS O AMBULANCIAS

999

ZONA HORARIA

GMT (UTC)/BST Una hora antes que en España.
Horario de verano británico (BST): 30 mar-26 oct 2025
EST -5; AEDT +11

AGUA DEL GRIFO

A menos que se indique lo contrario, el agua del grifo es potable.

APPS

Citymapper
Cubre todos los medios de transporte urbanos, incluidas rutas en bicicleta y a pie, para navegar por la ciudad.

TFL Oyster y *contactless*
App de Transport for London para recargar y gestionar la tarjeta Oyster.

Trainline
Para encontrar los billetes de tren más económicos y ver los horarios.

Visit London
Incluye planos de transportes, guías de zonas y descuentos, consejos prácticos y ofertas.

Seguridad personal

Londres es una ciudad relativamente segura. Los carteristas son un problema menor que en el resto de capitales europeas. Conviene mantener los objetos personales en un lugar seguro, usar el sentido común y estar alerta.

En caso de robo se debe denunciar lo antes posible a la **policía** *online*, llamando al 101 o en la comisaría de policía más cercana. No hay que olvidar quedarse con una copia de la denuncia para reclamar al seguro.

En caso de robo del pasaporte, delito grave o accidente se recomienda contactar con la embajada.

Como norma general, los londinenses suelen mostrarse tolerantes hacia personas de otra raza, género u orientación sexual. La homosexualidad fue legalizada en 1967 y en 2004 el Reino Unido reconoció el derecho a cambiar de sexo legalmente. Desde 2014 se pueden celebrar matrimonios entre personas del mismo sexo en Inglaterra. En el caso de sentirse inseguro, la **Safe Space Alliance** indica cuál es el lugar más cercano en el que encontrar refugio.

Metropolitan Police
w met.police.uk
Safe Space Alliance
w safespacealliance.com

Salud

El Reino Unido dispone de un buen sistema sanitario. La atención médica de urgencia suele ser gratuita, pero siempre es conveniente contratar un seguro médico completo antes de iniciar el viaje. Si se dispone de TSE, es importante presentarla tan pronto como sea posible, aunque puede que haya que pagar el importe del tratamiento y reclamar su devolución después. En el caso de no disponer de TSE, habrá que pagar el tratamiento médico por adelantado y reclamárselo al seguro posteriormente; se recomienda consultar los acuerdos recíprocos entre el Reino Unido y España.

En caso de emergencia médica hay que llamar al 999 o acudir al departamento de Accidentes y Emergencias más próximo. La página web del **NHS** ofrece detalles de dónde están los servicios médicos no urgentes o de A&E más próximos.

Para recibir consejo urgente, también se puede contactar con el NHS 111 a cualquier hora *online* o llamando al 111.

En caso de dolencias leves se puede acudir a una de las numerosas farmacias de la ciudad. Cadenas como Boots y Superdrug disponen de sucursales en casi todas las zonas comerciales.

Algunos medicamentos solo pueden adquirirse con receta médica; el farmacéutico puede informar dónde encontrar el centro médico más cercano.

NHS
🌐 nhs.uk/contact-us/get-medical-help

Tabaco, alcohol y drogas

En el Reino Unido está prohibido fumar en los lugares públicos cerrados, incluidos bares, cafés, restaurantes, transporte público, estaciones y hoteles La prohibición no incluye el vapeo, aunque, en general, está prohibido por la legislación local, incluido en transporte público y en estaciones.

No se puede vender alcohol a menores de 18 años, ni comprárselo. El límite de alcohol para los conductores en Inglaterra es de 80 mg por 100 ml de sangre, es decir, 0,08%. Esta cifra equivale aproximadamente a un vaso pequeño de vino o una pinta de cerveza normal. En cualquier caso, es mejor evitar beber si se va a conducir.

La posesión de drogas ilegales está prohibida y puede acarrear pena de prisión.

Carné de identidad

No se exige a los visitantes al Reino Unido que lleven encima el carné de identidad.

Costumbres

En las escaleras mecánicas es habitual pararse a la derecha para dejar paso. En los medios de transporte hay que dejar salir antes de entrar. En el metro es costumbre ceder el asiento a pasajeros discapacitados, mujeres embarazadas y personas mayores.

Visitas a lugares de culto

Al entrar en los lugares de culto hay que cubrirse el torso y los hombros. Los pantalones y las faldas deben cubrir las rodillas.

Teléfonos móviles y wifi

En toda la ciudad hay muchos puntos con wifi gratuito. En los cafés y restaurantes dan la contraseña del wifi, pero se espera que a cambio se consuma algo. Actualmente, los operadores de redes móviles no aplican tarifas de *roaming* a quienes visitan el Reino Unido.

Correos

En el Reino Unido gestiona el correo Royal Mail, con oficinas en toda la ciudad. Estas suelen abrir de lunes a viernes de 9.00 a 17.30 y los sábados hasta las 12.30 , aunque los horarios varían.

En las oficinas de correos, algunas tiendas y supermercados se venden sellos. Los característicos buzones de color rojo se hallan en las principales calles de la ciudad.

Compras libres de impuestos

El VAT (IVA) en el Reino Unido es del 20% y casi siempre está incluido en el precio marcado. Después del Brexit, a quienes visitan Gran Bretaña solo se les permite comprar artículos libres de impuestos en las tiendas si se envían a una dirección de fuera del Reino Unido; consulte al minorista si le ofrece este servicio.

Tarjetas de descuento

Londres puede ser una ciudad muy cara, pero hay formas de reducir costes. Muchos museos, galerías y lugares de interés son gratuitos. Los estudiantes y menores de 18 años tienen descuentos en. Los titulares del ISIC (carné de estudiante internacional) y del IYTC (carné joven de viaje internacional) también gozan de descuentos.

En Internet y en las oficinas de turismo se pueden adquirir abonos turísticos y tarjetas de descuento. No son gratuitos, por lo que es mejor valorar cuántas ofertas se pueden aprovechar antes de comprar. La web de **Visit London** tiene una lista con las opciones disponibles.

Una de estas tarjetas es el **London Pass,** que ofrece entrada gratis a más de 80 lugares de interés, acceso rápido a lugares concurridos, visitas seleccionadas y descuentos en tiendas con la opción de añadir una tarjeta Visitor Oyster (p. 338).

London Pass
🌐 londonpass.com

Visit London
🌐 visitlondon.com

ÍNDICE

Los números en **negrita** hacen referencia a las entradas principales

2 Willow Road 32, **294**
22 Bishopsgate 51, 189

A

Accesibilidad 335
Actividades para días lluviosos 52
Adam, Robert 98, 160, 291, 329, 330
Adams, Douglas 293
Adams, Igshaan 225
Adams, John 99
Admiralty Arch 121
Aduanas, información 334
Afternoon Tea at the Ritz 96
Agua del grifo 340
Albert Bridge 40-41, 240
Albert Embankment 231
Albert Memorial 34, **255**, 259
Alberto, príncipe 34, 246, 255, 259
Alcantarillado 64
Alcohol 341
Alexandra Palace **322-323**
Ali, Muhamed 255
All Hallows by the Tower **188**
All Souls, Langham Place **278-279**
Alojamiento
    reservas 335
    ver también Hoteles
Ana, reina 256
Ana de Dinamarca 304
Angel **171**
Anglosajones 61
Año Nuevo Chino 58, **112**
Aparcamiento 339
Apps 340
Apsley House 32, **98-99**
ArcelorMittal Orbit 38, **312**
Arnold, Benedict 239
Arquitectura 11
    de posguerra 65
    Londres desde las alturas **50-51**
    proyectos del nuevo milenio 65
Artistas callejeros 126, 127, 135
Arts and Crafts, movimiento 323
Augusta, princesa 318
Autobús 338
    larga distancia 337
Avión
    conexiones con los aeropuertos 337
    llegada en avión 336
Azoteas, ocio **50-51**

B

Bacon, Francis (artista) 208
Bacon, Francis (erudito) 141
Baden-Powell, Robert 191, 324-325
Ballet 46, 129
    ver también Ocio
Banco de Inglaterra 63
Bank of England Museum **186**, 193
Banks, Joseph 318
Bankside ver Southwark y Bankside
Bankside Gallery **212-213**
Banqueting House **82**, 85
Bañarse
    Hampstead Heath 290
    London Aquatics Centre **312**
    Serpentine 257

BAPS Shri Swaminarayan Mandir **322**, 323
Barbican Centre 46, 47, **184-185**
Barbican Estate **185**
Barco
    desplazamientos 339
    Queen Elizabeth Olympic Park 313
    Serpentine 257
    Uber Boat by Thames Clippers 41, 339
Bares ver Pubs y bares
Barrett, Elizabeth 278, 282
Barrie, J. M. 256
Barry, Charles 94
    Houses of Parliament 76, 85
Battersea ver Chelsea y Battersea
Battersea Park 53, **238-239**, 240-241
Battersea Power Station **239**, 240, 241
Bazalgette, Joseph 64
BBC 278, 312, 322
Bebida ver Comida y bebida; Pubs y bares
Bedford Square 162
Beefeaters 180-181
Bell, Vanessa 158
Bergonzoli, Giulio 305
Berkeley Square 103
Bermondsey Beer Mile 42
Bermondsey Street 215
Berwick Street Market 57, **118-119**
Betjeman, John 169
BFI Southbank 222, **225**
Biblia de Gutenberg 168
Bibliotecas
    British Library 55, **168**
    National Art Library 246
    Reading Room (British Museum) 157
    Wellcome Library 160
Bicicleta 339
    Lee Valley VeloPark **312**
Big Ben 76, **80**
Billetes
    London Eye 228
    transporte público 337-338
Blake, William 95, 199, 239
Bligh, William 231
Bloomsbury Square **158**, 163
Bloomsbury y Fitzrovia 19, 36, **150-163**
    compras 159
    dónde comer 161
    plano 152-153
    pubs y bares 161
    Un paseo: Bloomsbury 162-163
Blue Badge Guides 33
Bolena, Ana 35, 182, 230
Bombardeos 64, 77
Borough Market 10, 57, **213**, 217
Boswell, James 135, 146
Botticelli, Sandro 108, 129
Boudica, reina 33, 60, 85
Bow Street Police Museum **133**, 135
Bowie, David 98
Brawne, Fanny 295
Brick Lane 49, 57, **199**
British Film Institute 45, 225
    BFI Southbank 45, 222, **225**
British Library 55, **168**
British Museum **154-157**, 162
Britten, Benjamin 254
Brixton 57, **328**
Broadcasting House **278**
Brompton Oratory **254**, 259
Brompton Square 259
Brown, Capability 329
Browning, Robert 278, 282
Bruegel el Viejo, Pieter 129
Buckingham Palace 35, **90-91**, 96

Bunhill Fields **199**
Bunyan, John 199
Burgh House **293**, 297
Burlington Arcade 97, 100
Burne-Jones, Edward 269, 294
Burns, Robert 132
Byron, Lord 266, 278

C

Caballeros de San Juan 191
Caballeros templarios **141**, 149
Cafés ver Dónde comer
Cajeros automáticos 335
Calendario
    deportivo 39
    Un año en Londres **58-59**
Cambio de guardia 34-35
Camden ver King's Cross, Camden e Islington
Camden Market 49, **170-171**, 285
Camden Passage 171
Camila, reina 73, 91
Camley Street Natural Park 37, **168**
Canaletto 79, 304, 325
Canary Wharf 41, **307**
    ver también Greenwich y Canary Wharf Canuto, rey 61
Capillas ver Iglesias y catedrales
Carlos I 62, 82, 315, 329
Carlos II 62, 95, 97, 114, 180, 183, 188, 238
Carlos III 73, 91, 94, 178
Carlota de Mecklemburgo-Strelitz 97
Carlyle, Thomas 95
    Carlyle's House **237**
Carnaval de Notting Hill 11, 59, **268**
Carné de identidad 341
Caro, Anthony 201
Carolina, reina 257
Carrington, Dora 158
Carteristas 340
Cartoon Museum **160**
Casas de subastas **98**
Catalina, princesa 34, 75
Catalina de Aragón 317
Catedrales ver Iglesias y catedrales
Cavell, Edith 121
Caxton, William 144
Cecil Court 121
Celtas 60
Cementerios
    Bunhill Fields **199**
    Highgate Cemetery **292-293**
    St Pancras Old Church y cementerio **168**
Cenotaph **81**, 85
Cerveza 42-43
César, Julio 60
Cézanne, Paul 129
Charing Cross Road **118**
Charles Dickens Museum 54, **159**
Charles Street 103
Charlton House **323**
Charterhouse **191**
Chelsea Harbour **238**
Chelsea Old Church **237**
Chelsea Pensioners 238
Chelsea Physic Garden **237**
Chelsea y Battersea 22, **232-241**
    dónde comer 238
    hoteles 237
    plano 234-235
    Un recorrido largo: Battersea y Chelsea 240-241
Cheyne Walk 240
Chinatown **112-113**, 120
Chiswick House and Gardens 36, **331**

Christ Church, Spitalfields **201**
Church Row **294**, 297
Churchill, Winston 64, 80, 93, 178
  Churchill War Rooms 33, **81**, 84
Cine
  Londres para los amantes del cine 44-45
  Rooftop Film Club 50
  Warner Bros. Studio Tour: The Making of Harry Potter **320-321**
  ver también Cines
Cines **44-45**, 50, 96, 184, 203, 225, 239, 252, 297
City 20, **172-193**
  dónde comer 191
  plano 174-175
  Un paseo: la City 192-193
Cleopatra's Needle **132**
Clima 334
Clink Prison Museum **214**, 217
Coal Drops Yard **168**
Coche 339
Cocteau, Jean 120
Coleridge-Taylor, Samuel 254
College of Arms 192
Columbia Road Market 10, 49, **202**
Comida callejera 56, 57
Comida y bebida
  comida de *pub* 43
  Londres para comidistas **56-57**
  Londres y sus famosos *pubs* **42-43**
  té 146
  Top 5 centros culinarios 57
  ver también Dónde comer, *Pubs* y bares
Commonwealth Institute 264, 265
Compras
  Bloomsbury y Fitzrovia 159
  casas de subastas **98**
  galerías comerciales **97**
  Greenwich y Canary Wharf 303
  Holborn y los Inns of Court 146
  Kensington, Holland Park y Notting Hill 264
  librerías 54-55, 118, 159, 281
  London Silver Vaults **147**
  Londres de compras **48-49**
  Mayfair y St James 95
  Regent's Park y Marylebone 281
  Shoreditch y Spitalfields 202
  South Kensington y Knightsbridge 254
  ver también Mercados
Compras libres de impuestos 341
Conducir 336, 339
Congestion Charge 339
Consejos oficiales 334
Constable, John 249, 293, 294, 297
Coram, Thomas 160-161
Coram's Fields 53, 161
Coronaciones 73, 75, 183
Correos 341
Costumbres 341
County Hall 224, 229
Courtauld Gallery 128, **129**
Covent Garden Piazza y mercado **126-127**, 134-135
Covent Garden y el Strand 18, **122-135**
  dónde comer 127, 128, 131
  plano 124-125
  pubs y bares 133
  Un paseo: Covent Garden 134-135
COVID-19 231
Críquet 39, 58
  Lord's Cricket Ground **279**
Cromwell, Oliver 62, 82, 315

Cromwell, Thomas 182
Cumberland Terrace **281**
Cutty Sark **302**, 305, 308, 309

D

Dalí, Salvador 208
Darwin, Charles 237
Davison, Emily 159
Defoe, Daniel 199
Delincuencia 340
Dennis Severs' House **200-201**
Deportes y actividades al aire libre
  bañarse 257, 290, 312
  Lee Valley VeloPark **312**
  London Aquatics Centre **312**
  Londres y el deporte **38-39**
  Lord's Cricket Ground **279**
  pistas de hielo 129, 257, 323
  Queen Elizabeth Olympic Park 38, **312-313**
Descuentos
  entradas para el teatro 47, 115
  niños 53
  tarjetas y abonos 341
  transporte público 338, 339
Design Museum **264-265**, 270
Diana, princesa de Gales 94, 178, 256
Diana Memorial Playground 52-53, **256**
Días festivos 335
Dickens, Charles 141, 143, 146, 149, 237, 240
  Charles Dickens Museum 54, **159**
  Londres de Dickens 54
Dinero 335
Discapacitados, viajeros 335
Disraeli, Benjamin 147
Docklands Light Railway (DLR) 338
Documentación 334
Domesday Book 162
Donatello 248
Dónde comer 13
  Bloomsbury y Fitzrovia 161
  Chelsea y Battersea 238
  Chinatown 113
  City 191
  Covent Garden y el Strand 127, 128, 131
  fuera del centro 321, 328
  Greenwich y Canary Wharf 303
  Kensington, Holland Park y Notting Hill 269
  King's Cross, Camden e Islington 169
  Londres para comidistas **56-57**
  Mayfair y St James's 96
  restaurantes con estrella Michelin 56, 57
  restaurantes de azotea 51
  restaurantes junto al río 41
  restaurantes para familias 52
  Shoreditch y Spitalfields 199
  Soho y Trafalgar Square 113, 115
  South Bank 224
  Southwark y Bankside 214
  ver también Comida y bebida
Donne, John 141
Downing Street **81**, 85
Downshire Hill **294**
Doyle, Arthur Conan 280
Dr Johnson's House **146**
Drake, Francis 214-215, 217
Drogas 341
Duchamp, Marcel 208
Duke of York Square 241
Dulwich Park **325**
Dulwich Picture Gallery 143, **325**
Dunstan, san 73

E

East Bank 312
Edificios históricos
  2 Willow Road 32, **294**
  Admiral's House 296
  antigua central eléctrica de Bankside 208-209
  Apsley House 32, **98-99**
  Banqueting House **82**, 85
  Battersea Power Station **239**, 240, 241
  Bethlem Royal Hospital for the Insane (Bedlam) 227
  Broadcasting House **278**
  Burgh House **293**, 297
  Burlington House 92
  Carlyle's House **237**
  Central Hall (Westminster) 84
  Charlton House **323**
  Charterhouse **191**
  Chatham House 94
  Chiswick House 36, **331**
  Churchill War Rooms 33, **81**, 84
  Clarence House 100
  Crosby Moran Hall 240
  Dennis Severs' House **200-201**
  Dover House 85
  Dr Johnson's House 32, **146**
  Elizabeth Tower 76, 80
  Fenton House and Garden **293**, 296
  Flamsteed House 303
  Great Pagoda (Kew Gardens) 319
  Guildhall **190**
  Ham House **328**
  Hogarth's House **331**
  Holland House 266, 270
  Houses of Parliament 13, 64, **76-77**, 85
  Inns of Court **140-141**, 148
  Jewel Tower 77, **80**, 84
  Keats House **295**
  Kenwood **290-291**
  Leighton House **267**, 270
  livery halls **187**
  mansión Albany 100
  Mansion House **186**, 193
  Marble Hill **328-329**
  Old Curiosity Shop **143**
  Old Royal Naval College **304-305**, 308, 309
  Orleans House 328
  Osterley Park and House **330**
  Pantechnicon 102
  Peace Pagoda (Battersea Park) 239
  Pitzhanger Manor and Gallery 330
  Queen's House **304**, 309
  Ranger's House **305**
  Royal Exchange **186**, 193
  Royal Hospital Chelsea **238**
  Sambourne House **266**, 271
  Somerset House **128-129**
  Spencer House **94**, 100
  Strawberry Hill 32
  Sutton House **323**
  Syon House 36, **329**
  Torre de Londres 35, **180-183**
  Ye Olde Cheshire Cheese **146-147**
  ver también Bibliotecas; Iglesias y catedrales; Museos; Palacios
Eduardo I 181
Eduardo III 80
Eduardo IV 183
Eduardo V 182
Eduardo el Confesor 61, 74, 77
Efectivo 334, 335
Elder Street 201
Electric Cinema 44

343

Eliot, George 293
Eliot, T. S. 159
Elizabeth Line 338
Eltham Palace **324**
Emergencias, números 340
Emin, Tracey 161, 258
Enchufes 334
Enrique III 73, 182, 183
Enrique VII 62, 74, 329
Enrique VIII 35, 82, 95, 110, 308
  armadura 183
  Hampton Court 314-317
  Henry VIII Mound 329
  Hyde Park 257
  lugar de nacimiento 304
  St James's Palace 94, 100, 101
Enriqueta María, reina 97, 304
Entradas
  teatro 47, 115
Eros 114-115
Esculturas del Partenón 155, 156, 157
Estorick Collection of Modern Italian Art **171**
Etiqueta 341
Eurotunnel 336

F

Fan Museum **305**
Faraday Museum **99**
Farmacias 340-341
Fauna
  Camley Street Natural Park 37, 168
  Coram's Fields 161
  granjas urbanas 53
  Hampstead Heath 290
  London Zoo 53, **277**
  Mudchute Park and Farm 53
  Sea Life London Aquarium 224, 229
  zoo infantil (Battersea Park) 53, 239
Fawcett, Millicent 33, 81
Fawkes, Guy 62, 77, 230
Fenton House and Garden **293**, 296
Ferris 339
Festival of Gran Bretaña (1951) 65, **223**
Festivales y eventos 11
  calendario deportivo 39
  carnaval de Notting Hill 11, 59, **268**
  eventos culinarios 56
  festivales de cine 45, 58
  Hampton Court Garden Festival 314
  Southbank Centre 222
  Un año en Londres **58-59**
Fitzrovia *ver* Bloomsbury y Fitzrovia
Fitzroy Square **160**
Flamsteed, John 303
Flask Walk **293**, 297
Fleet Street **144**, 149
Florence Nightingale Museum **230**
Forster, E. M. 158
Fortnum & Mason 95, 100, 186
Foster, Norman 156, 239
Foundling Museum **160-161**
Fox, Charles James 266
Foyles 54-55, 118
Franklin, Benjamin 189
Freud, Anna 295
Freud, Sigmund (Freud Museum) 32, **295**
Fry, Roger 160
Fuera del centro 25, **310-331**
  dónde comer 321, 328
  mapa 311
  pubs y bares 322, 331
Fulham Palace **331**
Fútbol 38-39, 58

G

Gabriel's Wharf **230**
Gainsborough, Thomas 279, 291, 325
Galsworthy, John 296
Gandhi, Mahatma 157
Garden Museum **231**
Gatwick, aeropuerto 336, 337
Gauguin, Paul 129
Gehry, Frank 239, 241
Gerrard Street 112
Gertler, Mark 294
Gherkin 189
Giambologna 248
Gibbons, Grinling 95, 97, 238
Gibbs, James 114, 132, 249, 328
Gillray, James 160
Gladstone, William 148
Glebe Place 240
Golden Hinde **214-215**, 217
Golden Jubilee Bridges 41
Goldfinger, Ernö 32, 249, 294
Gordon Square 55
Goya, Francisco de 98, 108
Grahame, Kenneth 271
Gran Exposición (1851) 64, 223, 257
Gran Incendio de 1966 63, 176, 188, 211
Gran Peste 62, 199
Granary Square **168**
Grand Union Canal 268
Grandes almacenes 48, 49
Grant, Duncan 158, 293
Grant Museum of Zoology **161**
Gray's Inn 140, **141**
Great Court (British Museum) 156, 157
Green Park **97**
Greenwich Foot Tunnel 41, **305**, 308
Greenwich Park 36, 53, **303**
Greenwich Pier 308
Greenwich y Canary Wharf 24, **298-309**
  compras 303
  dónde comer 303
  plano 300-301
  pubs y bares 305
  Un paseo: Greenwich 308-309
Grey, *lady* Jane 181, 183
Grosvenor Square **99**
Grupo de Bloomsbury 55, 129, **158**
Guards Museum **83**
Guerra civil 62, 324
Guerra Mundial, Primera 64, 81, 217, 227
Guerra Mundial, Segunda 64-65
  Churchill War Rooms 33, **81**
  HMS Belfast 33, **215**
  Imperial War Museum 33, 227
Guías turísticos 33
Guildhall **190**
Guillermo, príncipe 34, 75
Guillermo III 95, 101, 256, 314-317
Guillermo IV 90, 256
Guillermo el Conquistador 35, 61, 180
Gursky, Andreas 225
Gwynne, Nell 114, 133

H

Hadid, Zaha 255, 312
Halley, Edmond 303
Hals, Frans 279, 291
Ham House and Garden **328**
Hamilton, Patrick 54
Hampstead Heath **290-291**, 296
Hampstead y Highgate 24, **286-297**
  plano 288-289
  pubs y bares 295
  Un paseo: Hampstead 296-297

Hampton Court 10, 40, 35, **314-317**
Hampton Court Garden Festival **314**
Handel, George Frideric 32, 99, 161, 191, 293
Handel Hendrix House 32, **99**
Hardy, Thomas 168
Harley Street 283
Harrison, John 303
Harrods 49, **254**
Harvard, John 212
Hatton Garden **147**
Hawksmoor, Nicholas 74, 159, 193, 201
Hayward Gallery 222, **225**
Heatherwick, Thomas 168
Heathrow, aeropuerto 336, 337
Hendrix, Jimi 32, 99
Henson, Jim 294
Hess, Rudolf 181
High Street Kensington **267**, 270
Highgate *ver* Hampstead y Highgate
Highgate Cemetery **292-293**
Hillary, Edmund 254
Himid, Lubaina 79
Hippodrome 121
Hirst, Damien 189, 236
Historia **60-65**
  Londres y la historia **32-33**
HMS Belfast 33, **215**
Hockney, David 258
Hogarth, William 114, 115, 160, 191
  Hogarth's House **331**
Hogwarts Express 169, 321
Holbein, Hans 110
Holborn y los Inns of Court 18, **136-149**
  compras 146
  plano 138-139
  pubs y bares 145
  Un paseo: Inns of Court 148-149
Holland Park 46, 53, **266**, 270-271
  ver también Kensington, Holland Park y Notting Hill
Holmes, Sherlock 280
Holocausto 227
Hop Exchange 217
Horarios 335
Horizon 22 51, **189**
Horniman Museum **324**
Horse Guards Parade 35, **82**, 85
Hoteles
  Chelsea y Battersea 237
  Mayfair y St James's 99
  Regent's Park y Marylebone 277
  reservas 335
  Ritz Hotel 96, 100
  Savoy Hotel **130**
  Whitehall y Westminster 80
Household Cavalry 35, 83
  Household Cavalry Museum **83**
Houses of Parliament 13, 64, **76-77**, 85
Howard, Catalina 182, 316
Hoxton **200**
Hugonotes 198, **201**
Hungerford Bridge 41, 224
Hunterian Museum **143**, 148
Hyde Park 33, 36, 53, 59, 102-103, 252, **257**
Hyde Park Corner 103

I

Icenos 60
Idioma 335
IFS Cloud Cable Car **306**, 307
Iglesias y catedrales
  All Hallows by the Tower **188**
  All Souls, Langham Place **278-279**

344

Brompton Oratory **254**, 259
capilla de la Virgen (Westminster Abbey) 75
Charterhouse 191
Chelsea Old Church **237**
Christ Church, Spitalfields **201**
conciertos 46
etiqueta 341
Holy Trinity Church 259
Notre Dame de France 120
Queen's Chapel **97**
Shoreditch Church **202**
Southwark Cathedral **212**, 217
St Alfege Church 308
St Andrew, Holborn **147**
St Bartholomew-the-Great **189**
St Bride's Church **145**, 176
St Clement Danes **144**, 149
St Ethelreda's Church **147**
St George's, Bloomsbury **159**, 163
St James Garlickhythe 192
St James's Church **95**, 101
St John's Downshire Hill 294
St John's Smith Square 46, **83**
St John-at-Hampstead 294
St Katharine Cree **190**
St Lawrence Jewry 190
St Leonard's Church **202**
St Luke's Church 240, 241
St Margaret's Church **80-81**, 84
St Martin-in-the-Fields 46, **114**
St Mary Abchurch 193
St Mary Aldermary 192
St Mary Woolnoth 192
St Mary's, Battersea **239**
St Marylebone Parish Church **278**, 282
St Mary-le-Bow 176, **187**, 192
St Mary-le-Strand **132**
St Nicholas Cole 192
St Pancras Old Church y cementerio **168**
St Paul's Cathedral 51, 63, **176-179**, 192
St Paul's Church **129**, 135
St Sophia's Cathedral **269**
St Stephen Walbrook 176, **187**, 193
Temple Church 141
Union Chapel (Islington) 46, 171
Wesley's Chapel **198**
Westminster Abbey **72-75**, 84
Westminster Cathedral 51, **83**
Imperial College 259
Imperial War Museum 33, **226-227**
Inmigración 65
Inner Temple 140, **141**
Inns of Court **140-141**, 148
ver también Holborn y los Inns of Court
Institute of Contemporary Arts **96**
Isabel I, reina 62, 74, 186, 304
Isabel II, reina 80, 94, 185
coronación 73, 75
Diamond Jubilee 74, 224
muerte y funeral 65, 75
Isle of Dogs 41, 305
Islington *ver* King's Cross, Camden e Islington
Itinerarios **26-31**
1 día 26-27
2 días 28-29
7 días 30-31

J

Jack el Destripador 145, 230
Jacobo I 62, 74, 82, 257, 316

Japan House 267
Jardines Botánicos Reales de Kew *ver* Kew Gardens
Jardines *ver* Parques y jardines
Jermyn Street 49, 101
Jewel Tower 77, **80**, 84
Jinnah, Muhammad Ali 141
Johnson, Amy 253
Johnson, Samuel 135
Dr Johnson's House 32, **146**
Jones, Inigo
Banqueting House 82, 85
casita estival de Charlton House 323
Covent Garden 126
Queen's Chapel 97
Queen's House 304, 308, 309
Jonson, Ben 141, 144
Jorge II 316
Jorge III 97
Jorge IV 90
Joyas de la Corona 180, 181, 183
Juegos Olímpicos 38, 64, 65
estadio olímpico 313
Queen Elizabeth Olympic Park 38, **312-313**

K

Kahlo, Frida 201
Kapoor, Anish **312**
Keats, John 293, 294
Keats House 32, **295**
Kensington Gardens 36, 52-53, **256**
Kensington Palace **256**
Kensington Square **269**
Kensington, Holland Park y Notting Hill 23, **260-271**
compras 264
dónde comer 269
plano 262-263
pubs y bares 267
Un paseo: Kensington y Holland Park 270-271
Kent, William 82, 256, 315, 331
Kenwood **290-291**
Kew Gardens 36, **318-319**
Keynes, John Maynard 158
Khan, Sadiq 65
King's Cross, Camden e Islington 19, **164-171**
dónde comer 169
plano 166-167
pubs y bares 170
King's Cross, estación de 44, 169
King's Road **236**, 240, 241
Kings Place **169**
Klee, Paul 225
Knightsbridge *ver* South Kensington y Knightsbridge
Kray, gemelos 182, 189

L

Lamb, *lady* Caroline 266
Lambeth Palace **231**
Lanchester, John 54
Lane, Danny 249
Lawrence, D. H. 293
Le Nôtre, André 303
Leadenhall, edificio 189
Leadenhall Market **190**
Leather Lane Market **147**
Lee Valley VeloPark **312**
Leicester Square 47, **115**, 120
Leighton, Frederic 267, 270
Leighton House **267**, 270
Leonardo da Vinci 91, 93, 108
LGTBIQ+ 340
Orgullo de Londres 59
Soho 119
Liberty 49

Libros
librerías 54-55, 95, 118, 134, 159, 281
Londres para los amantes de los libros **54-55**
Límites de velocidad 336
Lincoln's Inn 140, **141**, 148
Lincoln's Inn Fields 141, **143**, 148, 149
Lippi, Filippo 305
Literatura **54-55**
Little Venice **268**, 284, 285
Livery halls **187**
Livingstone, David 259
Lombard Street 193
London Aquatics Centre **312**
London Bridge 41, 217
London Bridge Experience **213**
London Central Mosque **280**
London City, aeropuerto 336, 337
London Coliseum 46, **132**
London Dungeon 52, 224, 229, **230**
London Eye 224, **228-229**
London Film Festival 45, 58
London Mithraeum 32, **186**, 193
London Museum of Water & Steam **330-331**
London Silver Vaults **147**
London Stadium 313
London Transport Museum **131**, 135
London Zoo 53, **277**
Londres de los Tudor 62
Londres medieval 61
Londres romano 60
anfiteatro romano 32, 190
London Mithraeum 32, **186**, 193
Londres victoriano 64
Lord Mayor's Show 11
Lord's Cricket Ground **279**
Los girasoles (Van Gogh) 98, 108
Luton, aeropuerto 336, 337
Lutyens, Edwin 81, 85

M

Macclesfield Bridge 285
Madame Tussauds **278**, 282
Magna Carta 168
Mall, The **96**
Manet, Edouard 129
Mansion House **186**, 193
Mapas y planos
Bloomsbury y Fitzrovia 152-153
Chelsea y Battersea 234-235
City 174-175
Covent Garden y el Strand 124-125
fuera del centro 311
Greenwich y Canary Wharf 300-301
Hampstead y Highgate 288-289
Holborn y los Inns of Court 138-139
Kensington, Holland Park y Notting Hill 262-263
Kew Gardens 319
King's Cross, Camden e Islington 166-167
Londres en el mapa 14-15
Mayfair y St James's 88-89
periferia de Londres 15
Regent's Park y Marylebone 274-275
Reino Unido 14
Shoreditch y Spitalfields 196-197
Soho y Trafalgar Square 106-107
South Bank 220-221, 224

345

Índice

South Kensington y Knightsbridge 244-245
Southwark y Bankside 206-207
Un paseo: Bloomsbury 162-163
Un paseo: Covent Garden 134-135
Un paseo: Greenwich 308-309
Un paseo: Hampstead 296-297
Un paseo: Inns of Court 148-149
Un paseo: Kensington y Holland Park 270-271
Un paseo: la City 192-193
Un paseo: Marylebone 282-283
Un paseo: Soho y Trafalgar Square 120-121
Un paseo: South Kensington 258-259
Un paseo: Southwark 216-217
Un paseo: St James's 100-101
Un paseo: Whitehall and Westminster 84-85
Un recorrido largo: a lo largo del Regent's Canal 284-285
Un recorrido largo: Battersea y Chelsea 240-241
Un recorrido largo: de Mayfair a Belgravia 102-103
Whitehall y Westminster 70-71
Maratón de Londres 39, 59, 96
Marble Arch **257**
Marble Hill **328-329**
María I, reina 304
María I de Escocia 74
María II, reina 256, 314, 315
Marx, Karl 33, 157, 293
Marylebone
Un paseo: Marylebone 282-283
ver también Regent's Park y Marylebone
Marylebone High Street **281**, 282, 283
May Fair 97
Mayfair y St James's 17, **86-103**
compras 95
dónde comer 96
hoteles 99
plano 88-89
Un paseo: St James's 100-101
Un recorrido largo: de Mayfair a Belgravia 102-103
McLaren, Malcolm 236, 293
Meatopia 56
Médica, atención 340-341
Memling, Hans 305
Mercados 10
Bermondsey Square 48, 215
Berwick Street Market 57, 118-119
Borough Market 10, 57, **213**, 217
Brick Lane 49, 199
Brixton Market 328
Camden Market 49, 57, **170-171**, 285
Camden Passage 171
Chelsea Farmers' Market 240
Columbia Road Market 10, 49, **202**
comida callejera 57
Covent Garden Piazza y mercado **126-127**, 135
Greenwich Market 48, 303, 308
Leadenhall Market **190**
Leather Lane Market 57, **147**
Maltby Street Market 57
Marylebone Farmers' Market 281
Petticoat Lane **198-199**
Portobello Road 48, 49, **266**
Smithfield Market **188-189**
Southbank Centre Food Market 57, 224
Spitalfields Market 49, **198**, 199
Top 5 mercados de Londres 49

Metro 64, 338
Middle Temple 140, **141**
Miguel Ángel 248
Tondo Taddei 93
Mill, John Stuart 269
Millais, John 267
Millennium Bridge 177, 216
Millennium Dome 306
Milton, John 199
Modigliani, Amedeo 129
Monarquía **34-35**
Moneda 334
Monet, Claude 108, 129
Monument **188**
Moore, Henry 241, 291
Moro, Tomás 141, 180, 237
Morris, William 249, 266
William Morris Gallery **323**
Mudchute Park and Farm 53
Multiculturalismo 65
Museos 10
Bank of England Museum **186**, 193
Bankside Gallery **212-213**
Bow Street Police Museum **133**, 135
British Museum **154-157**, 162
Cartoon Museum **160**
Charles Dickens Museum 54, 159
Charterhouse 191
Churchill Museum 81
Clink Prison Museum **214**, 217
Courtauld Gallery 128, **129**
Cutty Sark **302**, 308, 309
Design Museum **264-265**, 270
Dulwich Picture Gallery 143, 325
Estorick Collection of Modern Italian Art **171**
Fan Museum **305**
Faraday Museum **99**
Fashion and Textile Museum 215
Florence Nightingale Museum **230**
Foundling Museum **160-161**
Freud Museum 32, **295**
Garden Museum **231**
Grant Museum of Zoology **161**
Guards Museum **83**
Guildhall Art Gallery 190
Hampstead Museum 293
Handel Hendrix House 32, **99**
Hayward Gallery 222, **225**
HMS Belfast 33, **215**
Hogarth's House **331**
Horniman Museum **324**
Household Cavalry Museum **83**
Hunterian Museum **143**, 148
Imperial War Museum 33, **226-227**
Institute of Contemporary Arts **96**
London Bridge Experience **213**
London Dungeon 52, 224, 229, **230**
London Museum of Water & Steam **330-331**
London Transport Museum **131**, 135
Madame Tussauds **278**, 282
MCC Museum 39, 279
Museum of Brands **268**
Museum of Comedy 159
Museum of Freemasonry **131**
Museum of London 189
Museum of London Docklands **306-307**
Museum of the Home **203**
Museum of the Order of St John **191**
Musical Museum **330**

National Army Museum **236**
National Gallery **108-109**, 121
National Maritime Museum **302-303**, 304, 309
National Portrait Gallery **110-111**, 121
Natural History Museum 34, 44, 52, **250-251**, 258
Old Operating Theatre Museum 212
Orleans House Gallery **328**
Pangolin Gallery 169
para niños 52
Photographers' Gallery **119**
Pitzhanger Manor and Gallery 143, **330**
Postal Museum **160**
Ranger's House y Wernher Collection **305**
Royal Academy of Arts **92-93**, 100
Royal Academy of Music Museum **279**
Royal College of Music 254
Saatchi Gallery **236**, 241
Science Museum 52, **252-253**, 258
Serpentine Galleries **255**
Sherlock Holmes Museum **280**
Sir John Soane's Museum 32, **142-143**, 148
Somerset House **128-129**
Tate Britain **78-79**
Tate Modern **208-209**, 216
The Queen's Gallery **91**
V&A East Museum 313
Victoria and Albert Museum **246-249**, 259
Wallace Collection **279**
Wellcome Collection **160**
White Cube Bermondsey 215
Whitechapel Gallery **201**
William Morris Gallery **323**
Wimbledon Lawn Tennis Museum 39, **324**
Wimbledon Windmill Museum **324-325**
Young V&A 52, **203**
ver también Edificios históricos
Música
en directo 46
festivales 59
Musical Museum **330**
Royal Academy of Music 277, 282
Royal Academy of Music Museum **279**
Royal College of Music **254**, 258
ver también Ocio
Músicos callejeros 47

N

Nash, John
All Souls, Langham Place 278
Buckingham Palace 90
Carlton House Terrace 96
Cumberland Terrace 281
Marble Arch 257
Pall Mall 94
Park Crescent 283
Piccadilly Circus 115
Regent's Park 276, 282, 284
Royal Mews 91
Trafalgar Square 114
Nash, Paul 131
National Army Museum **236**
National Covid Memorial Wall 231
National Gallery **108-109**, 121
National Maritime Museum **302-303**, 304, 309
National Portrait Gallery **110-111**, 121

National Theatre 47, 222, 224, **229**
Natural History Museum 34, 44, 52, **250-251**, 258
Neal Street **130**, 134
Neal's Yard **130**, 134
Neasden Temple **322**
Necesidades específicas, viajeros con 335
Nelson, almirante Horatio 114, 121, 179, 278, 303, 305
Nelson, columna de 114
Newman, John Henry 254
Newton, Isaac 115
Nichols, Mary Ann 145
Nightingale, Florence **230**
Niños **52-53**
Normandos 61
Normas de circulación 336, 339
Notting Hill 49, **268**
   ver también Kensington, Holland Park y Notting Hill

O

O2 Arena **306**, 307
Ocio
   Alexandra Palace **322-323**
   Barbican Centre 46, 47, **184-185**
   BFI Southbank 45, **225**
   Castle Cinema 44
   Electric Cinema 44
   Kings Place **169**
   London Coliseum 46, **132**
   Londres desde las alturas **50-51**
   Londres en directo **46-47**
   Londres para los amantes del cine **44-45**
   National Theatre 47, 222, 224, **229**
   O2 Arena **306**
   Old Vic **231**
   Opera Holland Park 46, 266
   para niños 53
   Puppet Theatre Barge 53
   Purcell Room 222, **225**
   Queen Elizabeth Hall 51, 222, **225**
   Regent Street Cinema 44
   Regent's Park Open Air Theatre 276
   Rich Mix **202-203**
   Royal Albert Hall 46-47, 64, **254-255**, 258
   Royal Court Theatre 236
   Royal Festival Hall 46, 222-224, 225
   Royal Opera House 46, 126, **129**, 135
   Sadler's Wells East 313
   Sam Wanamaker Playhouse 210, 211
   Savoy Theatre 130
   Shakespeare's Globe **210-211**, 216
   Southbank Centre 65, **222-225**
   Theatre Royal Drury Lane 129, **133**, 135
   Theatre Royal Haymarket 120
   Theatreland **133**
   Wigmore Hall 46, **281**
Old Bailey 145, **189**
Old Compton Street 119
Old Curiosity Shop **143**
Old Operating Theatre Museum **212**
Old Royal Naval College **304-305**, 308, 309
Old Vic **231**
Olivier, Laurence 229
One Canada Square 307
Ópera 46, 129, 266

Orleans House Gallery **328**
Orwell, George 55, 170
Osterley Park and House **330**
Outernet London 118
Overground (trenes) 338
Oxford Street 48, **280**
Oxo Tower 230
Oyster, tarjeta 338, 340

P

Palacios
   Buckingham Palace 35, **90-91**
   Eltham Palace **324**
   Fulham Palace **331**
   Hampton Court 35, **314-317**
   Kensington Palace **256**
   Kew Palace 35
   Lambeth Palace **231**
   palacio de Westminster 13, **76-77**, 80
   St James's Palace **94**, 100, 101
Pall Mall **94**, 100, 101
Palmerston, lord 82
Pangolin Gallery 169
Park Crescent 283
Park Lane 102
Parlamento 13, 62, **76-77**
Parliament Hill 290
Parliament Square **81**
Parques y jardines 12, **36-37**
   Battersea Park 41, 53, **238-239**, 240-241
   Chelsea Physic Garden **237**
   Chiswick House and Gardens **331**
   Coram's Fields 53, 161
   Crossrail Place Roof Garden 51
   Dulwich Park **325**
   Fenton House and Garden **293**, 296
   Fulham Palace **331**
   Garden Museum **231**
   Green Park **97**
   Greenwich Park 36, 53, **303**
   Ham House and Garden **328**
   Hampstead Heath **290-291**, 296
   Hampton Court 314-315
   Hill Garden y pérgola 290
   Holland Park 46, 53, **266**, 270-271
   Hyde Park 36, 53, 59, 102-103, 252, **257**
   Inns of Court 140-141
   invernadero del Barbican 184
   jardines de azotea 51
   Jubilee Gardens 224
   Kensington Gardens 36, 52-53, **256**
   Kew Gardens 36, **318-319**
   Lincoln's Inn Fields 141, **143**, 148
   Marble Hill 329
   Mount Street Gardens 103
   Osterley Park and House **330**
   para niños 52-53
   Queen Elizabeth Hall Roof Garden 51
   Queen Elizabeth Olympic Park 38, **312-313**
   Regent's Park 53, **276-277**, 282, 284
   Richmond Park 36, **329**
   Sky Garden 51, **189**
   St James's Park 36, 53, **95**, 96
   Syon House 329
   Victoria Embankment Gardens **132**
   Victoria Park **322**
   ver también Reservas naturales
Paseos
   a pie 339
   Capital Ring 37

literarios 54, 55
Thames Path 40
Un paseo: Bloomsbury 162-163
Un paseo: Covent Garden 134-135
Un paseo: Greenwich 308-309
Un paseo: Hampstead 296-297
Un paseo: Inns of Court 148-149
Un paseo: Kensington y Holland Park 270-271
Un paseo: la City 192-193
Un paseo: Marylebone 282-283
Un paseo: Soho y Trafalgar Square 120-121
Un paseo: South Kensington 258-259
Un paseo: Southwark 216-217
Un paseo: St James's 100-101
Un paseo: Whitehall y Westminster 84-85
Un recorrido largo: a lo largo del Regent's Canal 284-285
Un recorrido largo: Battersea y Chelsea 240-241
Un recorrido largo: de Mayfair a Belgravia 102-103
Paz - Entierro en el mar (Turner) 79
Pepys, Samuel 111, 146, 188
Perry, Grayson 79
Peste negra 61
Petticoat Lane **198-199**
Photographers' Gallery **119**
Piano, Renzo 215
Picasso, Pablo 208
Piccadilly Circus 101, **114-115**
Pink Floyd 239
Pistas de hielo
   Alexandra Palace 323
   Hyde Park 257
   Queen's House 304
   Somerset House 129
Pitt el Viejo 95
Pitzhanger Manor and Gallery 143, **330**
Planos *ver* Mapas y planos
Policía 340
Pollock, Jackson 201
Por qué visitar Londres **10-13**
Portland Place 283
Portobello Road 49, **266**
Postal Museum **160**
Potter, Harry
   andén 9¾ 169, 320
   Warner Bros. Studio Tour **320-321**
Poussin, Nicolas 325
Precios
   gasto medio diario 334
   propina 335
   transporte público 336, 337
Premio Turner **79**
Prerrafaelismo 267, 294, 323
Presupuesto 334
Priestley, J. B. 293
Primrose Hill **171**, 284, 285
Príncipes en la Torre **183**
Proms 46-47, 59, 255
Propina 335
Pub in the Park 56
Pubs y bares 13
   bares de azotea 50
   Bloomsbury y Fitzrovia 161
   Covent Garden y el Strand 133
   fuera del centro 322, 331
   Greenwich y Canary Wharf 305
   Hampstead y Highgate 295
   Holborn y los Inns of Court 145
   Kensington, Holland Park y Notting Hill 267
   King's Cross, Camden e Islington 170
   Londres y sus famosos *pubs* **42-43**
   música 47

347

pubs tradicionales 43
Shoreditch y Spitalfields 200
Soho y Trafalgar Square 118
Southwark y Bankside 213, 217
Ye Olde Cheshire Cheese **146-147**
Puentes 40-41
Punk 236
Puppet Theatre Barge 53
Purcell, Henry 191
Purcell Room 222, **225**
Puritanos 62
Putney Bridge 40

Q

Quant, Mary 236
Queen Anne's Gate **82**
Queen Elizabeth Hall 51, 222, **225**
Queen Elizabeth Olympic Park 38, **312-313**
Queen's Chapel **97**
Queen's Gallery **91**
Queen's House **304**, 309

R

Rafael 108, 248, 325
Raleigh, Walter 181, 240
Ranger's House y Wernher Collection **305**
Reading Room (British Museum) 156, **157**
Realeza **34-35**
Recorridos
Blue Badge Guides 33
cruceros fluviales 339
Regent Street 48
Regent Street Cinema 44
Regent's Canal 169, 170, 268, 322
Un recorrido largo: a lo largo del Regent's Canal 284-285
Regent's Park 53, **276-277**, 282, 284
Regent's Park y Marylebone 23, **272-285**
compras 281
hoteles 277
plano 274-275
Un paseo: Marylebone 282-283
Un recorrido largo: a lo largo del Regent's Canal 284-285
Rembrandt 108, 291, 325
Remembrance Sunday 59, 81
Renoir, Pierre-Auguste 129
Reservas naturales
Camley Street Natural Park 37, 168
Walthamstow Wetlands 37
Restaurantes *ver* Dónde comer
Revuelta de los Campesinos 61
Reynolds, Joshua 114, 115, 279, 291
autorretrato 93
Royal Academy of Arts 93, 100
Ricardo I Corazón de León 73, 84
Ricardo III 183, 240
Rich Mix **202-203**
Richmond 40, **329**
Richmond Park **329**
Riley, Bridget 225
Ritz Hotel 96, 100, 103
Rodin, Auguste 248
Los burgueses de Calais 84, 85
Romney, George 279
Roosevelt, Franklin D. 99
Rosetta, piedra 154, 155, 157
Rossetti, Christina 293
Rossetti, Dante Gabriel 249, 294
Rothko, Mark 201, 208
Rowlandson, Thomas 160
Royal Academy of Arts **92-93**, 100
Royal Academy of Music 277, 282

Royal Academy of Music Museum **279**
Royal Albert Hall 46-47, 64, **254-255**, 258
Royal College of Art 258
Royal College of Music **254**, 258
Royal Court Theatre 236
Royal Courts of Justice (Law Courts) **145**, 149
Royal Exchange **186**, 193
Royal Festival Hall 46, 222-224, **225**
Royal Geographical Society **254**, 259
Royal Hospital Chelsea **238**
Royal Institute of British Architects 283
Royal Mews **91**
Royal Observatory Greenwich **303**
Royal Opera House 46, 126, **129**, 135
Royal Shakespeare Company 184
Rubens, Peter Paul 98, 129
Rugby 39, 58
Russell Square 55, **158-159**, 163

S

Saarinen, Eero 99
Saatchi Gallery **236**, 241
Sadler's Wells East 313
Sajones 61
Salud 340-341
seguro 334
vacunas 335
Sambourne House **266**, 271
Sargent, John Singer 227
Savile Row 49
Savoy Hotel **130**
Science Museum 52, **252-253**, 258
Scott, Giles Gilbert 239, 249, 255
Scott, Robert Falcon 254, 303
Sea Life London Aquarium 224, **229**
Seguridad
consejos oficiales 334
seguridad personal 340
Seguros de viaje 334
Selfridges 49, 280
Sellos 341
Selvon, Sam 54
Senate House 55, 162
Serpentine 102, 257
Serpentine Galleries **255**
Seurat, Georges 108
Seven Dials 57, **130**, 134
Severs, Dennis 200-201
Shackleton, Ernest 254, 303
Shaftesbury, conde de 114
Shaftesbury Avenue **118**, 120
Shakespeare, William 62, 115, 144, 168, 212, 249
Hampton Court 316
National Portrait Gallery 110
Shakespeare's Globe **210-211**, 216
Westminster Abbey 74
Shakespeare's Globe **210-211**, 216
Shard 189, **215**
Shaw, George Bernard 134, 160
Shepherd Market **96**, 103
Sherlock Holmes Museum **280**
Shonibare, Yinka 161
Shoreditch Church **202**
Shoreditch y Spitalfields 20, **194-203**
compras 202
dónde comer 199
plano 196-197
pubs y bares 200
Sicilian Avenue 163

Sir John Soane's Museum 32, **142-143**, 148
Sky Garden 51, **189**
Sloane Square 236
Smith, Zadie 54
Smith-Cumming, Mansfield 82
Smithfield Market **188-189**
Soane, John 32, 142, **143**, 186, 325, 329, 330
Soho y Trafalgar Square 17, **104-121**
dónde comer 113, 115
plano 106-107
pubs y bares 118
Un paseo: Soho y Trafalgar Square 120-121
Somerset House **128-129**
South Bank 12, 21, **218-231**
dónde comer 224
planos 220-221, 224
South Kensington y Knightsbridge 22, **242-259**
compras 254
plano 244-245
Un paseo: South Kensington 258-259
Un recorrido largo: de Mayfair a Belgravia 102-103
Southbank Centre 65, **222-225**
Southwark Bridge 216
Southwark Cathedral **212**, 217
Southwark y Bankside 21, **204-217**
dónde comer 214
plano 206-207
pubs y bares 213
Un paseo: Southwark 216-217
Speakers' Corner 33, 102, **257**
Spencer, Stanley 294
Spencer House **94**, 100
Spitalfields *ver* Shoreditch y Spitalfields
Spitalfields Market 49, **198**, 199
St Andrew, Holborn **147**
St Bartholomew-the-Great **189**
St Bride's Church **145**, 176
St Clement Danes **144**, 149
St Ethelreda's Church **147**
St George's, Bloomsbury **159**, 163
St James Garlickhythe 192
St James's Church **95**, 101
St James's Palace **94**, 100, 101
St James's Park 36, 53, **95**, 96
St James's Square **94-95**, 101
St James's *ver* Mayfair y St James's
St John's Smith Square 46, **83**
St Katharine Cree **190-191**
St Katharine Docks **191**
St Leonard's Church **202**
St Margaret's Church **80-81**, 84
St Martin-in-the-Fields 46, **114**
St Mary Abchurch 193
St Mary Aldermary 192
St Mary Woolnoth 193
St Mary's, Battersea **239**
St Marylebone Parish Church **278**, 282
St Mary-le-Bow 176, **187**, 192
St Mary-le-Strand **132**
St Nicholas Cole 192
St Pancras International 64, **169**
St Pancras Old Church y cementerio **168**
St Paul's Cathedral 51, 63, **176-179**, 192
St Paul's Church **129**, 135
St Sophia's Cathedral **269**
St Stephen Walbrook 176, **187**, 193
Stansted, aeropuerto 336, 337
State Opening of Parliament 11
Strachey, Lytton 158
Strawberry Hill 32

Sufragistas 33
Summer Exhibition (Royal Academy) 92, **93**
Sutherland, Graham 131
Sutton Hoo 157
Sutton House **323**
Sydenham Hill Wood **325**
Syon House 36, **329**

T

Tabaco 341
Támesis, río
  barcos 339
  inundaciones 307
  Londres desde el Támesis **40-41**
  South Bank **224**
Tarjetas de crédito y débito 335
Taste of London 56
Tate Britain **78-79**
Tate Modern **208-209**, 216
Taxis 338
Teatro
  para niños
  West End 12, 47, 115, **133**
  ver también Ocio
Teleférico
  IFS Cloud Cable Car **306**, 307
Teléfonos 341
Telford, Thomas 191
Temple Bar Memorial **144-145**, 149
Tenis 39, 59
  Wimbledon Lawn Tennis Museum **324**
Tennyson, Alfred 237
Terrorismo 65
Thackeray, William 191, 237
Thames Barrier **307**
Thames Path 40
The Boat Race 39, 59
Tiempo 334
Tiziano 98, 279
Todd, Sweeney 144
Tondo Taddei (Miguel Ángel) 93
Torre de Londres 35, **180-183**
Tower Bridge 40, 41, 64, 182, **188**
Tradescant, John (padre e hijo) 231
Trafalgar Square **114**, 121
  ver también Soho y Trafalgar Square
Transporte público 336-338
  etiqueta 341
  niños 53
  precios 336
Travers, P. L. 296
Treasury 84
Tren 336-337, 338
Trooping the Colour 11, 34-35, 58, 82, 91
Truman Brewery 199
Turner, J. M. W. 79, 108, 239, 249
  Paz - Entierro en el mar 79
Twain, Mark 146
Twickenham 32, 328
  Twickenham Stadium 39

U

ULEZ 339
Union Chapel (Islington) 46, 171
Upper Street **171**

V

V&A *ver* Victoria and Albert Museum
Vacunas 335
Van Dyck, Anthony 291
Van Eyck, Jan 108
Van Gogh, Vincent 129
  Los girasoles 98, 108
Vapeo 341
Velázquez, Diego 98, 108
Vermeer, Johannes 91, 291
Viaje
  apps 340
  llegada y desplazamientos 336-339
  recomendaciones sobre seguridad 334
Victoria, reina 34, 64, 75, 90, 144
  Albert Memorial 255
  Kensington Palace 256
  Old Vic 231
  Royal Albert Hall 255
  Victoria and Albert Museum 246
  Victoria Memorial 96
Victoria and Albert Museum **246-249**, 259
  V&A East Museum 312, 313
Victoria Embankment Gardens **132**
Victoria Memorial 96
Victoria Park **322**
Vida nocturna
  Soho 119
  ver también Ocio; *Pubs* y bares
Vikingos 61
Viñoly, Rafael 189
Vistas
  Greenwich Park 36, 303
  Hampstead Heath 290, 296
  Horizon 22 51, **189**
  IFS Cloud Cable Car 306, 307
  Lift 109 (Battersea Power Station) 239
  London Eye 228-229
  Londres desde las alturas **50-51**
  Monument 188
  Parliament Hill 290
  Primrose Hill 171, 284
  Shard 215
  Sky Garden 189
  Tate Modern 208
  Waterloo Bridge 230

W

Wallace Collection **279**
Walpole, Horace 32
Walthamstow Wetlands 37
Wanamaker, Sam 210
Warhol, Andy 209
Warner Bros. Studio Tour: The Making of Harry Potter **320-321**
Waterhouse, Alfred 250
Waterloo Bridge 224, **230**
Watling Street 192
Watteau, Jean-Antoine 325
Watts, George Frederic 256, 267
Well Walk **293**, 297
Wellcome Collection **160**, 252
Wellington, duque de 32, 94, 98

Wellington Arch **98**
Wembley Stadium 39
Wernher Collection 305
Wesley, John 191, 198
Wesley's Chapel y Leysian Mission **198**
West End 12, 47, **133**
  ver también Teatro
West India Dock 63, 307
Westminster *ver* Whitehall y Westminster
Westminster Abbey **72-75**, 84
  coronaciones 73, 75
  Evensong 72
Westminster Bridge 40
Westminster Cathedral 51, **83**
Westminster Pier 85

Westwood, Vivienne 236
Whispering Gallery (St Paul's Cathedral) 178, 179
Whistler, James 79
Whitechapel Gallery **201**
Whitehall y Westminster 16, **68-85**
  hoteles 80
  plano 70-71
  Un paseo: Whitehall and Westminster 84-85
Whitestone Pond (Hampstead Heath) 296
Wifi 341
Wigmore Hall 46, **281**
Wilde, Oscar 189
William Morris Gallery **323**
Wimbledon 39, 59, 324
Wimbledon Lawn Tennis Museum 39, **324**
Wimbledon Windmill Museum **324-325**
Winehouse, Amy 171
Wolsey, cardenal Thomas 314, 315, **317**
Woolf, Virginia 158, 160
Wren, Christopher 63, **176**
  Flamsteed House 303
  Hampton Court 314, 316, 317
  Kensington Palace 256
  Old Royal Naval College 304-305, 309
  Queen's Chapel 97
  Royal Hospital Chelsea 238
  St Andrew, Holborn 147
  St Bride's Church 145, 176
  St Clement Danes 144, 149
  St James's Church 95, 101
  St Lawrence Jewry 190
  St Mary Abchurch 193
  St Mary-le-Bow 176, 187, 192
  St Nicholas Cole 192
  St Paul's Cathedral 176-179
  St Stephen Walbrook 176, 187
Wright, Richard 304

Y

Ye Olde Cheshire Cheese 144, **146-147**
Young V&A 52, **203**

Z

Zona horaria 340

AGRADECIMIENTOS

DK quiere dar las gracias por su contribución a la edición anterior a las siguientes personas:
Edward Aves, Alice Fewery, Michael Leapman, Matt Norman, Alice Park, Helen Peters

La editorial quiere agradecer a las siguientes personas, instituciones y compañías el permiso para reproducir sus fotografías:

Leyenda: a, arriba; b, abajo/al pie; c, centro; f, extremo; l, izquierda; r, derecha; t, encima.

123RF.com: bloodua 280tl; Alexey Fedorenko 271br; flik47 157clb; Allan Gregorio 59cla; Christian Mueller 23tc, 260-61; Michael Spring 59tr.

4Corners: Olimpio Fantuz 20tl, 172–3; Maurizio Rellini 8–9b; Alessandro Saffo 21bl, 218–19.

Alamy Stock Photo: age fotostock / Lluìs Real 44–5t; Alan King engraving 181bl; Arcaid Images / Diane Auckland 131bl,/ Richard Bryant 200tr, 267tl; ART Collection 317tr; Matthew Ashmore 130t; A. Astes 121tl, 284cl; Colin Bain 140–41b; Rob Ball 46–7t; John Baran 176cr; Richard Barnes 38b; Peter Barritt 257cr; Guy Bell 51b, 227crb, 302–3t, 321tl; Nigel Blacker 128–9t; John Bracegirdle 143br, 256bl, 309cr; Eden Breitz 212tr; Michael Brooks 96–7b; Matthew Bruce 330cra, 330–31t; Jason Bryan 307cr; Colin Burdett 252cr; Paul Carstairs 225tr; Chronicle 61tr, 65tr, 74bc, 75bl; Stephen Chung 48tl; Classic Image 179tl; Milton Cogheil 160tl; Vera Collingwood 293t; Lindsay Constable 56–7b; csimagebase 37b; Ian Dagnall 36bl, 40–41bc, 40–41tl, 183bl, 246cra; DavidCC 187tl; Kathy deWitt 146bl; Chris Dorney 252–3b; V. Dorosz 291tl; Greg Balfour Evans 12t, 120bl; Exflow 266–7b; eye35.pix 318–19t; Malcolm Fairman 156–7b; Andrew Fare 60t; John Farnham 290clb; Tony Farrugia 49cla; Stephen Foote 75crb; Fotomaton 268br; Tony French 32br, 315cr; Horst Friedrichs 57cr; Garden Photo World / David C Phillips 21tl, 204–5; Roger Garfield 103tr; Goss Images 28bl; Granger Historical Picture Archive 61br, 74ca, 77ca; Grant Rooney Premium 42–3t; Rik Hamilton 33br; Alex Hare 303br; Dinendra Haria 93tr; Cath Harries 43br, 43clb, 146t; Heritage Image Partnership Ltd 75bc, 77tc, 180br; Jeremy Hoare 294bc; Angelo Hornak 179cl, 179cr, 179bl; Ianni Dimitrov Pictures 90–91b; Yanice Idir 119tc; imageBROKER / Helmut Meyer zur Capellen 246br, / Werner Lang 320cl; Imagedoc 52bl; Imageplotter 58clb; incamerastock 49crb; INTERFOTO 64br, 77tl; Jansos 22tl, 232–3; Benjamin John 58cra, 93br, 162cl, 278t; Johnny Jones 53cr; Bjanka Kadic 246clb; Susie Kearley 203cr, 253tl; John Kellerman 176–7; Michael Kemp 248bl; Norman Krimholtz 170bc; Elitsa

Lambova 155tl; Peter Lane 280–81b; LatitudeStock 225cla; Lebrecht Music & Arts 179tr, 183c; LecartPhotos 32tl; Geraint Lewis 211cla; London Picture Library 19tl, 150–51; Londonstills.com 291tr; De Luan 74br; M. Sobreira 230br; mauritius images GmbH / Steve Vidler 108clb, 183cra, 214t, 302br; Neil McAllister 74cla; Trevor Mogg 10bl; Frank Molter 39br; Luciano Mortula 34bl; adam parker 39tl; PawelLibera Images 35bl; PA Images / Hollie Adams 45crb; Aaron Chown 73br; Mark Phillips 111tl, 158–9t; picture 230tl; Enrico Della Pietra 18tl, 122–3; PjrTravel 179ftl, 231t; PjrWindows 18bl, 136, 147tl; Portrait Essentials 143tl; Laurence Prax 113tl; Prisma by Dukas Presseagentur GmbH 55tr, 155tr; RayArt Graphics 17cb, 104-105; Richard Wareham Fotografie 40–41t; David Richards 283br; robertharding / Chris Mouyiaris 201tr,/ Adina Tovy 11cr,/ Adam Woolfitt 77br; Roger Cracknell 01 / classic 238t, 240bl; Marcin Rogozinski 56–7t, 248tr; RooM the Agency Mobile / janetteasche 306-7t; Grant Rooney 127clb, 225tl; Peter Scholey 186b, 236cl; Scott Hortop Travel 101br; Adrian Seal 198–9t; Marco Secchi 90bl; Alex Segre 54–5b, 291cra, 322br, 325b; Ian Shaw 213t; Mick Sinclair 271bc; Trevor Smithers ARPS 140–41t; Kumar Sriskandan 96t, 157tr; Robert Stainforth 98–9b; Stockinasia 297tl; Sunshine 320–21b; Homer Sykes 159br, 294t; Erik Tham 8clb, 108–9; Tim Gartside London 35cr; travelibUK 74cl; travelpix 246–7; Steve Tulley 239tr; Simon Turner 50br; Pat Tuson 37cr, 241tr, 269bl; V&A Images 330bl; Steve Vidler 48b, 49tl, 183br; Monica Wells 169tl; Tim E White 57cl; Mark Wiener 183crb; Wild Places Photography / Chris Howes 33t; World History Archive 60–61cla, 181br; Gregory Wrona 17tl, 86–7, 329tr; Marc Zakian 171crb; Zoonar / Michal Bednarek 132–3b; Zoonar GmbH 237tr.

AWL Images: Jon Arnold 6–7; J.Banks 66–7; Alan Copson 82br; Chris Mouyiaris 208–209b; PhotoFVG 239cra; Alex Robinson 281t; Mark Sykes 254tl; Travel Pix Collection 16, 68–9.

Barbican Centre: Max Colson 184br.

Bridgeman Images: Christie's Images 315bl; Mirrorpix 77cra; Royal Academy of Arts, London / Joshua Reynolds *Self portrait* (c 1779–80) oil on panel (1723–92) 93tl; Universal History Archive / UIG 63br.

Coca Cola London Eye: Dave Bennet 229cl.

Courtesy of BFI: 45cl.

Depositphotos Inc: georgios 64bl; jovannig 26cr.
Dorling Kindersley: Max Alexander 52–3t.

Dreamstime.com: Absente 155cra; Andersastphoto 115tl, 154–5b; Anizza 59cr; Anyaivanova 114b; Rafael Ben Ari 156cla; Aivita

Arika 217tl; Anthony Baggett 99cb; Beataaldridge 189tr, 313tl; Jaswant Bhopal 55cl; Philip Bird 85br; John Braid 308–9t; Claudiodivizia 10ca, 79bl, 115bc; Cowardlion 30tl, 209tr, 210clb, 216bl; Ricky Deacon 329b; Chris Dorney 60br, 78, 148bl, 179crb; Elenachaykina 31tr, 328t; Alexey Fedorenko 137crb; Fintastique 227bl; Eric Flamant 59tl; Fuzja44 214–15b; I Wei Huang 51c, 322–3t, 323cr; Imrandr 226; Irstone 39c; Lorna Jane 34ca, 65br; Shahid Khan 2–3; Kmiragaya 26bl; Alexandra King 324tl; Georgios Kollidas 176bl; Erik Lattwein 285br; Lj1980s 212bl; Charlotte Leaper 28crb, 127crb; Londongal27 58cl; Madrabothair 202tl; Phillip Maguire 312bc; Ac Manley 222–3t, 312clb; Marcorubino 259cr; Markwaters 65bl; Timothy Mbugua 36–7t; Lucian Milasan 73cl; Chris Mouyiaris 8cla, 23cb, 103br, 272; Dmitry Naumov 191bl; Tuan Nguyen 304b; Dilyana Nikolova 251; Paolo Novello 58cla; Andrey Omelyanchuk 80b; Onefivenine 60bl; Photo London Uk 276-77b; Fesus Robert 229tl; Elena Rostunova 199bl; Craig Russell 170t; Jozef Sedmak 95bl; Christopher Smith 22cb, 242–3; Spiroview Inc. 279tc; Tose 82–3t; VVShots 135tl; Wei Huang 113cra, 256–7t.

Getty Images: AFP / John Stillwell 65cra; Robert Alexander 62br; Marc Atkins 38tr; Barcroft Media 147br; Dave Benett 79br; Daniel Berehulak 318br; Gaelle Beri 46br; Bettmann 64–5t; Victor Cardoner 13cr; Matt Cardy 211ca; Classic Rock Magazine 255b; Culture Club 64t, 64cr, 181bc; Daniel Leal 99tc; DEA / G. Wright 319cra; DigitalVision / Matteo Colombo 116–7; Siobhan Doran 54tl; Dave Etheridge-Barnes 47cl; EyeEm / Alex Marinelli 24bl, 298–9; Fine Art 180bc; Stuart Gleave 112–13b; Heritage Images 63t, 315fbl; Hufton+Crow 312bl; Hulton Archive 61bl, 62cr, 63bl; The Image Bank / Barry Winiker 209tl; Mike Kemp 249tr; Andy Linden 12–13b; Matthew Lloyd 179ftr; Lonely Planet Images 94bl; Loop Images / Neil Tingle 279br; Peter Macdiarmid 168tl; Andy McGowan 268–9t; Moment / Susan Walker 326–7; Leon Neal 295bl; oversnap 24tl, 286–7; Peter Phipp 210–11b; Print Collector 60–61t, 62tr, 74bl; Redferns / Hayley Madden 59clb; Neil Setchfield 42br, 282tr; Henrik Sorensen 13br; UniversalImagesGroup 62tl, 62bl; Stuart C. Wilson 58crb.

Historic Royal Palaces: 181cr, 315cl, 315br, 315fbr, 316cl, 316clb; Nick Guttridge 181cl, 182crb; Richard Lea-Hair 315crb; James Linsell-Clark 314br; Robin Forster 316cla.

Getty Images / iStock: acmanley 30cla; Alphotographic 149tl, 169bl; Anatoleya 296bl; Leonid Andronov 76cra; anyaivanova 180–81t; Bikeworldtravel 59crb; Bombaert 19cb, 164–5; borchee 26crb; bpperry 145b; Ceri Breeze 41crb; Dan Bridge 292tr; Francesco Cantone 28cr; chameleonseye 229br; chris-mueller 44bl; claudiodivizia 184–5t; DavidCallan 182bl;

Dgwildlife 25, 310; Angelina Dimitrova 144t; elenachaykina 13t; Elenathewise 95t; garyperkin 292–3b; Apostolos Giontzis 290–91b; helovi 30–31c; IR_Stone 190t; Jchambers 185bl; johnkellerman 41cl; marcduf 26t, 118tl; matthewleesdixon 83b; MichaelUtech 108cr, 193tl; MivPiv 97ca, nata_zhekova 182clb; Natasha108 11br; Nikada 4, 10–11b; oversnap 11t, 34–5t, 58cr, 332–3; Paolo Paradiso 113tr; Pauws99 130br; PicsFactory 163cr; Plan-T 314–15t; RomanBabakin 92cra; sjhaytov 227clb; Starcevic 8cl; stockinasia 126–7t, 223clb; taikrixel 72–3; track5 200b, 307br; VV Shots 12clb; whitemay 81bc, 127bl; Willbrasil21 28t; Chunyip Wong 33cl; ZambeziShark 91c; ZoltanGabor 228–9b.

Grant Museum: UCL and Matt Clayton 161clb; James Tye 161bl.

London Coliseum: 133crb

London Design Museum: Gareth Gardner 265cr; Gravity Road 265cla; Hufton + Crow 264–5b, 265tr.

The Trustees of the Natural History Museum, London: 250cl, 250bl, /Lucie Goodayle 250bc.

National Portrait Gallery, London: 111ca.

The Photographers' Gallery: Heather Shuker / *Installation images from Deutsche Börse Photography Foundation Prize 2018* 118–19b.

Puppet Theatre Barge: Gren Middleton 53bl.

Rex by Shutterstock: Ray Tang 93cl; View Pictures / Grant Smith 158br; Lucy Young 171b.

Robert Harding Picture Library: Arcaid 305tr; Peter Barritt 129b; Eurasia 81t; Markus Lange.

Royal Academy of Arts, London: David Parry 92–93b

Imagen cortesía de la Saatchi Gallery, London: Gideon Hart, 2019 / *Installation View Sweet Harmony: Rave* Conrad Shawcross, Seana Gavin 236–7b.

Cortesía Science Museum Group: © Plastiques Photography 253c.

Shutterstock.com: William Barton 20cb, 194; douglasmack 47br ; DrimaFilm 202–3b; Joe Dunckley 171b; LanaG 276bl; mubus7 30–31t; Padmayogini 211tl; Ray Tang 93cl; Alex Segre 110–111b; View Pictures / Grant Smith 158br

Sky Garden: 50–51t.

SuperStock: DeAgostini 79cra; Mauritius 181fbl. **Tate Modern:** Iwan Baan 209cla.

TM & © Warner Bros. Entertainment Inc.
Harry Potter Publishing Rights © JKR.:
Los personajes, nombres y símbolos de Harry Potter son marcas registradas de y © Warner Bros. Entertainment Inc. All Rights Reserved. .

Truman Markets: Haydon Perrior 199tr.

ZSL London Zoo: 277tr.

Cartografía ERA-Maptec Ltd (Dublin) adaptado con el permiso de la cartografía original de Shobunsha (Japón).

Créditos fotográficos The London Aerial Photo Library, and P and P F James.

Solapa delantera:
Alamy Stock Photo: Garden Photo World / David C Phillips br; Enrico Della Pietra t; Jansos bl; **AWL Images:** Alex Robinson c; **Getty Images:** oversnap cra; **Getty Images / iStock:** oversnap cla.

Portada del plano desplegable:
Paul Browns Photography

Imágenes de la cubierta:
Delantera y lomo: **Paul Browns Photography**
Trasera: **4Corners:** Alessandro Saffo cl; **Alamy Stock Photo:** John Kellerman tr; **AWL Images:** Nadia Isakova c; **Paul Browns Photography:** b.

Ilustración:
Brian Delf, Trevor Hill, Robbie Polley, Ann Child, Gary Cross, Tim Hayward, Arghya Jyoti Hore, Fiona M Macpherson, Janos Marffy, David More, Chris Orr, Richard Phipps, Rockit Design, Michelle Ross, John Woodcock.

MIXTO
Papel | Apoyando la silvicultura responsable
FSC™ C018179

Este libro se ha fabricado con papel certificado por el Forest Stewardship Council™ como parte del compromiso de DK hacia un futuro sostenible. Para más información, visite la página www.dk.com/uk/information/sustainability

Toda la información de esta Guía Visual se comprueba regularmente.
Se han hecho todos los esfuerzos para que esta guía esté lo más actualizada posible a fecha de su edición. Sin embargo, algunos datos, como números de teléfono, horarios, precios e información práctica, pueden sufrir cambios. La editorial no se hace responsable de las consecuencias que se deriven del uso de este libro, ni de cualquier material que aparezca en los sitios web de terceros, además no puede garantizar que todos los sitios web de esta guía contengan información de viajes fiable. Valoramos mucho las opiniones y sugerencias de nuestros lectores. Por favor escriba a:
Publisher, DK Eyewitness travel guides, Dorling Kindersley Limited, 20 Vauxhall Bridge Road, London, SW1V 2SA, UK, o al correo electrónico: travelguides@dk.com

Edición actualizada por
Edición de proyecto Edward Awes
Edición sénior Alison McGill
Diseño sénior Stuti Tiwari
Documentación fotográfica sénior
Nishwan Rasool
Asistencia en documentación fotográfica
Manpreet Kaur
Diseño de cubierta Laura O'Brien
Coordinación de cubierta Bella Talbot
Cartografía James Macdonald, Suresh Kumar
Cartografía sénior Subhashree Bharati
Diseño DTP sénior Tanveer Zaidi
Producción sénior Jason Little
Producción Samantha Cross
Responsables editoriales Shikha Kulkarni, Beverly Smart, Hollie Teague
Edición de arte Gemma Doyle
Edición de arte sénior
Priyanka Thakur
Dirección de arte Maxine Pedliham
Dirección editorial Georgina Dee

De la edición en español
Servicios editoriales Moonbook
Traducción DK
Coordinación editorial Cristina Gómez de las Cortinas
Dirección editorial Elsa Vicente

Título original: *DK London*
Vigesimosexta edición, 2025

Publicado originalmente en Gran Bretaña en 1993 por Dorling Kindersley Limited DK, 20 Vauxhall Bridge Road, London, SW1V 2SA, UK

Copyright © 1993, 2024
© Dorling Kindersley Limited, London
Parte de Penguin Random House

Todos los derechos reservados. Queda prohibida, salvo excepción prevista en la ley, cualquier forma de reproducción, distribución, comunicación pública y transformación de esta obra sin contar con la autorización de los titulares de la propiedad intelectual.

ISBN 978-0-241-72564-1

Impreso y encuadernado en China